KB070596

조선왕조실톡

조선왕조 실톡

7

안녕, 조선 패밀리

| 무적핑크 지음 · YLAB 기획 · 이한 해설 |

위즈덤하우스

위대한 『조선왕조실록』

– 이한

『조선왕조실록』은 유네스코가 지정한 세계기록유산이다. 세계가 인정할 만큼 훌륭하다는 뜻일 텐데, 사실 그 훌륭함이 그다지 피부에 와 닿지는 않는다. 집 앞에 있는 식당이 유명한 맛집이라고 해도 언제나 가까이 있었기 때문에 별다른 감상을 느끼지 못하는 것처럼 말이다.

한국은 기록의 역사가 깊은 나라가 아니다. 삼국시대 각 나라가 자신들의 역사서를 만들었다고는 하나 지금까지 전해지는 게 없고, 고려 때 쓰인 『삼국사기』는 솔직히 평가해 단출하다. 『고려사』는 그나마 공정한 역사를 적겠다는 세종의 집념 덕분에 수십 년이 걸려 완성되긴 했지만 『조선왕조실록』의 박력에 비하면 소박하다.

『조선왕조실록』은 일단 분량부터 압도적이다. 태조에서 철종까지, 25대 임금이 다스린 472년 동안의 기록이다. 고종과 순종을 합치면 더 길어지지만, 이 둘의 『실록』은 정리된 때가 일제강점기라는 이유로 『실록』으로 인정하지 않아야 한다는 주장도 있다. 권수로 따지자면 1,893권. 한국뿐만 아니라 전 세계를 뒤져도 이렇게 길고 흥미진진한 역사 기록을 찾기는 쉽지 않다.

대부분의 역사책들이 역사적 사건의 요약본이라면, 『조선왕조실록』은 실황 중계이자 녹취록이다. 왕, 신하, 사건이 있으며 이들이 서로 주고받는 대화를 몹시 생생하게 적고 있다. 『실록』을 읽고 있노라면 그 안의 내용이 수백 년 전의 일이 아니라 바로 눈앞에서 펼쳐지는 듯 생생하다. 한 문제에 대해 말하는 사람, 수긍하는 사람, 반대하는 사람이 각각 존재한다. 날짜가 지나며 사건이 커지기도 하고 엉뚱하게 번지기도 하며 어떤 경우에는 묻혔다가 갑자기 툭 튀어나오기도 한다. 힘없는 백성들의 일도 실려 있으며 때로는 각 지역의 특산물과 지리까지 기록되어 있다. 수많은 결의 파도가 넘실대는 바다라고나 할까? 너무도 방대하여 읽다 보면 때로는 길을 잃어버리기도 하고, 이것과 저것을 분간하기 어려워질 때도 있지만 그렇기에 너무도 많은 진실을 담고 있는 바다이다.

이런 『실록』을 만들어내기 위해 조선 사람들은 엄청난 공을 들였다. 먼저 사초를 작성하는 것부터 시작한다. 사관은 언제 어디서나 보통 두 사람이었는데, 한 사람의 기억력은 불완전하기도 하며 개인의 사관이나 정치적 의견 때문에 기록을 곡해할 가능성이 있었기 때문이다. 그렇게 정리한 사초들을 '임금도 못 보게' 비밀리에 보관해 두었다가 왕이 죽고 나면 본격적인 정리에 들어갔다. 실록청이 만들어지고, 정승이 총재를 맡으며 대제학을 비롯한 당대의 글 잘 쓰는 사람들이 모두 모여들어 편수관이 되었다. 기존의 사초는 물론이거니와 『승정원일기』, 경연의 기록을 더하고, 여기에다가 개인의 문집까지 모두 긁어와 비교하고 궁리하고 정리한 끝에 『실록』이 만들어졌으니 어마한 규모의 작업이었다.

『실록』 정리에 참여하는 것은 고되긴 했어도 굉장히 영광스러운 일이었고, 실제 편수관에 참여한 사람들 중에는 지금까지도 유명한 사람들이 꽤 많다. 그래서 『실록』에는 더욱 큰 권위가 생겼고 사관들은 긍지와 고집, 신념을 품고 자신의 일에 몸을 던질 수 있었으며 조선은 훌륭한 역사 기록을 가지게 되었다.

이렇게 심혈을 기울였어도 사람이 하는 일이다 보니 문제가 생길 때도 있었다. 이를테면 『선조실록』은 북인 정권인 광해군 때 만들어졌기에 남인과 서인에게 적대적이다. 그 정도가 너무 심했기에 광해군이 몰락한 뒤 새로 정리되었으니 이것이 『선조수정실록』이다. 여기서 주목해야 할 점은 공정성에 문제가 생긴 기록이라 해서 이전 것을 깡그리 없애지 않고 고스란히 남겨 두었다는 점이다. 그래서 후대의 연구자들은 고치기 전의 것과 고친 후의 것이 어떻게 다른지를 살펴볼 수 있었고, 이런 과정을 통해 그 시대를 더 깊이 이해할 수 있게 되었다. 무엇보다도 『실록』이 있기에 지금 이 책도 나올 수 있게 되었으니, 이 얼마나 고마운 일인가.

머리말

근대화는 과연 마법의 주문이었을까

– 이한

흥망성쇠. 역사를 말할 때 이처럼 어울리는 단어가 또 있을까. 크게 일어나고 눈부시게 발전했으나 차츰 쇠퇴해 결국 멸망해 버린다는 뜻이다. 조선의 역사도 그러했으니, 정조가 세상을 떠난 뒤 그 이후의 왕들은 무기력하거나 무능하거나 아니면 요절했다. 허수아비 왕들을 대신하여 안동 김씨를 비롯한 권세가들이 나라의 모든 것을 장악했고, 수많은 탐관오리들이 나라를 좀먹어 들어갔다. 높은 세금에 시달리던 백성들은 금지된 종교 서학을 믿기도 했고, 동학을 통해 농민운동을 일으키기도 했다. 하지만 조선은 이 문제들을 해결하기에 너무나도 늙고 쇠약해져 있었다.

이렇게 조선이 내부 문제에 눈을 감고 있는 동안 세계는 제국주의라는 폭풍에 휩싸였다. 산업혁명를 토대로 막강한 발전을 이룩한 서양 열강들은 새로운 시장, 또는 식민지를 찾아 아시아로 왔고, 무력을 통해 중국과 일본의 문호를 차례차례 열어젖혔으며 마침내 조선에까지 찾아오게 되었다.

이때 고종의 즉위는 새로운 전환점이 되었다. 고종의 아버지 흥선대원군은 권력을 잡고 이제까지 쌓여 있던 문제들을 한꺼번에 뜯어고쳤다. 세도정치에 종지부를 찍었고 삼정의 문란을 개선하여 양반들에게도 세금을 내게 했으며 당파 세력들의 뿌리였던 서원들을 대거 철폐했다. 이런 흥선대원군의 개혁은 나라를 위한 것이자 왕족인 전주 이씨를 위한 것이기도 했다. 그는 경복궁을 재건하고 또 부국강병에 힘을 기울였으니, 신미양요와 병인양요를 겪으며 강력한 서양의 군사력을 실감한 탓이었다. 그는 척화비를 세워 나라의 문을 굳게 걸어 잠갔다.

역사의 물결은 너무나도 크고 강력했다. 그 사이 이웃나라 일본은 메이지 유신을 통해 제국주의의 우등생으로 거듭났고 식민지로 조선을 노렸다. 1876년, 강화도조약과 함께 마침내 조선의 문이 열렸고 이내 근대화의 폭풍에 휩쓸리게 된다. 서구 열강들은 물밀듯이 쏟아져 들어와 새로운 문물들을 퍼붓고 조선의 이권들을 차지했다. 일본과 청나라, 러시아 등은 조선을 누가 먹느냐를 놓고 전쟁을 벌였다. 이런 파란 속에서도 어떻게든 살길을 찾기 위해, 조선을 살리기 위해, 강한 나라를 만들기 위해 많은 사람들이 애를 썼다. 그 방법에 대한 의견은 갈라졌다. 개혁을 빨리 할 것인가, 천천히 할 것인가? 일본과 손을 잡을 것인가, 러시아와 손을 잡을 것인가?

폭풍우 한복판을 오가는 작은 조각배 같은 상황에서도 사람들은 치열하게 싸웠다. 흥선대원군과 명성황후가 대표적인 인물이다. 개화파가 등장하고 갑오개혁이 일어났으며, 동학농민운동, 을미사변, 독립협회, 대한제국 선포까지 끊임없이 사건이 이어졌다. 작은 성공들이 있는가 하면 큰 고통과 비극이 벌어지기도 했다.

그러다 보니 조선 후기는 많은 사람들이 싫어하는 시대이다. 결국 일본에게 국권을 빼앗기는 슬픈 엔딩을 맞기도 하거니와, "만약 그때 근대화를 이룩했더라면 우리나라도 강대국이 되었을 것이다!"라는 깊은 소망 때문이기도 하다. 하지만 근대화는 무엇이든 이루어주는 마법의 주문이 아니었다. 다른 나라들이 선망의 눈으로 바라보았던 서구 열강들의 눈부신 발전은 하루에 열여섯 시간씩 일하는 공장 노동자들의 피땀과 식민지 착취를 기반으로 빚어진 것이었고, 무엇보다도 그 길의 끝에 있었던 것은 수많은 희생과 문명의 파괴를 초래한 두 차례 대전이었다. 설령 조선이 근대화에 성공했다 하더라도 이런 열강들 틈바구니 안에서 잘해 나가기는 쉽지 않았을 것이다. 근대화에 성공한 일본도 전쟁을 초래해 역사의 죄인이 되고 말았다.

분명 조선의 마지막과 이어지는 한국의 현대사는 파란만장했으며 진흙탕 그 자체였다. 그것을 실패만 가득한 부끄러운 역사라고 할 수도 있을 것이다. 하지만 그런 추악한 시대를 거치면서도 무너지지 않고 치열하게 싸워 온 끝에 지금의 대한민국이 존재하게 되었다. 모든 열강들에게 만만한 밥으로 여겨졌던, 힘도 약하고 부정부패에 찌들었던 작은 나라 조선이 이 정도까지 발전했다는 것은 놀라운 일이다.

그룹채팅(무적핑크, 이한)

무적핑크(변지민)

작가의 말

무적핑크(변지민)

안녕하세요, 무적핑크입니다.
여러분을 다시 뵙게 되어 아주아주 기쁩니다. 그리고 처음으로 슬픕니다. 지금 손에 들고 계신 이 책이 『조선왕조실톡』 시리즈의 마지막 단행본이거든요.
2015년 8월 17일. 단행본 1권이 태어난 날입니다. 한창 여는 글을 쓰고 있는 오늘도 8월 17일! 와, 딱 3년째네요.
책을 출간한 이후로 정말 많은 분들의 사랑을 받았습니다. 어린이 독자분들, 어른이 독자분들! 정성스레 적어주신 서평을 보며, 기뻐서 잠을 이루지 못한 밤이 많습니다. 그런데 다들 이 말씀을 꼭 하시더라구요.
"결국 조선은 망할 거잖아요ㅠㅠ"
"아 새드엔딩인 걸 알면서도 책장을 자꾸 넘기게 된다."
솔직히 말씀드리자면 그때마다 으흐흐, 하고 속웃음을 웃었습니다.
사실 『조선왕조실톡』은요, 처음 1화 연재를 시작한 그 순간부터 해피엔딩으로 결말짓자고 정해 뒀기 때문이지요!
"아니, 일제강점기가 어떻게 해피엔딩이야?"
『실톡』은 말 그대로 '조선 왕조 이야기를 메신저로 옮긴' 웹툰입니다. 그렇기 때문에 일제강점기가 아닌, 조선 왕조가 막을 내리는 그날! 바로 대한제국을 건국하는 경사스러운 순간 『실톡』은 끝을 맺게 되는 것이지요. 후후, 이 작은 반전을 위해 3년을 기다렸답니다. 서프라이즈!
이번 7권에 나오는 왕 패밀리는 참 고생을 많이도 합니다. 우리처럼요. 힘이 없어 슬프고, 무시당해 슬프고, 자존심 상해 슬프고.
하지만 『실톡』과 함께 500년 기나긴 역사를 읽은 우리 독자님들이라면, 아시죠? 결국 이 고통도 지나갈 것이고, 내일은 다시 해가 뜬다는 걸! 제가 3년을 들여 일곱 권의 책을 완성한 건, 여러분께 이 용기 한 점을 드리기 위해서가 아니었을까…(서프라이즈톤) ㅋㅋㅋ
〈톡 시리즈〉는 계속된답니다! 웹툰 플랫폼 '저스툰'에서 8월부터 〈세계사톡(기획 무적핑크, 제작 핑크잼)〉을 연재합니다. 소크라테스, 진시황, 나폴레옹! 벌써 반갑죠? 응원 부탁드려요.
이 책과 이 책 속의 사람들이, 여러분의 좋은 친구가 되기를 바랍니다.
즐거운 대화 시간 가지시길 빕니다.

P.S. 묘호는 왕이 승하한 후 붙이는 이름이지만, 책에서는 편의상 서로 묘호로 부릅니다. (예:세종, 태종)

이한

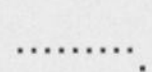

이한

마침내 7권입니다. 처음에는 이렇게 무거워질 거라 생각지 않고 시작한 일이었건만 어느새 일곱 권의 책 무게만큼이나 크고 무거운 제 삶의 일부가 되어 버렸습니다. 끝을 맞이하려니 좋았던 일보다 아쉬운 일이 먼저 떠오르는 것은 왜일까요. 본문 안에 미처 담지 못한 내용들과 꺼내지도 못한 재미있는 이야기가 남아 있어 아쉽기도 합니다. 그래도 무사히 끝낼 수 있었다는 데 다시 한 번 가슴을 쓸어내립니다.

『실톡』 일곱 권의 책을 통해 조선이라는 나라의 역사를 훑는 동안 긴 여행을 하는 기분이었습니다. 이 일을 하며 더 많은 책을 읽고 더 많은 지식을 얻을 수 있어 행복했습니다. 좋은 웹툰을 그려주신 무적핑크 작가님에게 진심으로 감사드립니다. 그리고 매번 원고 마감이 끝날 때마다 고생이 많았던 편집부 여러분에게도 감사드립니다. 무엇보다 이제 밤샘을 하지 않아도 되어 기쁩니다. 『조선왕조실톡』과 마지막까지 함께해주신 분들 감사드리며, 마지막까지 재미있는 여행되시길 바랍니다.

차례

2부 고종, 흥선대원군, 명성황후

조선시대 그분들의 시시콜콜 사는 이야기

인생 살다 보면
별일이 다 일어난다.

그러니까 이런 일도
일어날 수 있다고 생각한다.

어느 날 갑자기
모르는 사람이 나를 친추했다.
구 가

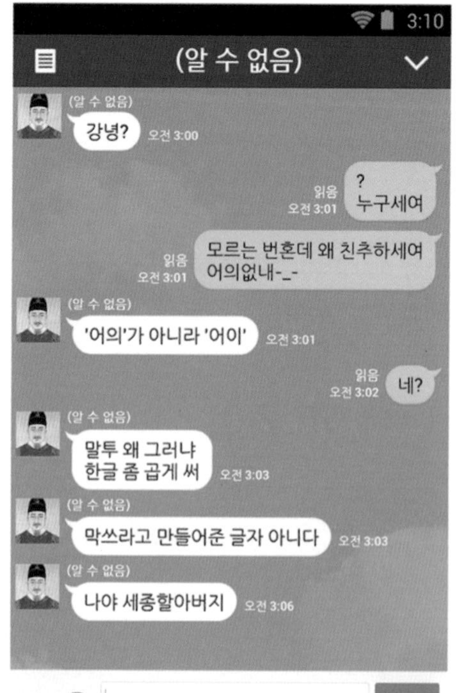

그리고 갑자기 쏟아지는
친구신청 알람.

놀라서 친구목록을 확인한 나는,
쫌 놀랐다.

아니 많이 놀랐다.

어느 날 갑자기 메신저로 찾아온,

조선시대 그분들의
시시콜콜 사는 이야기

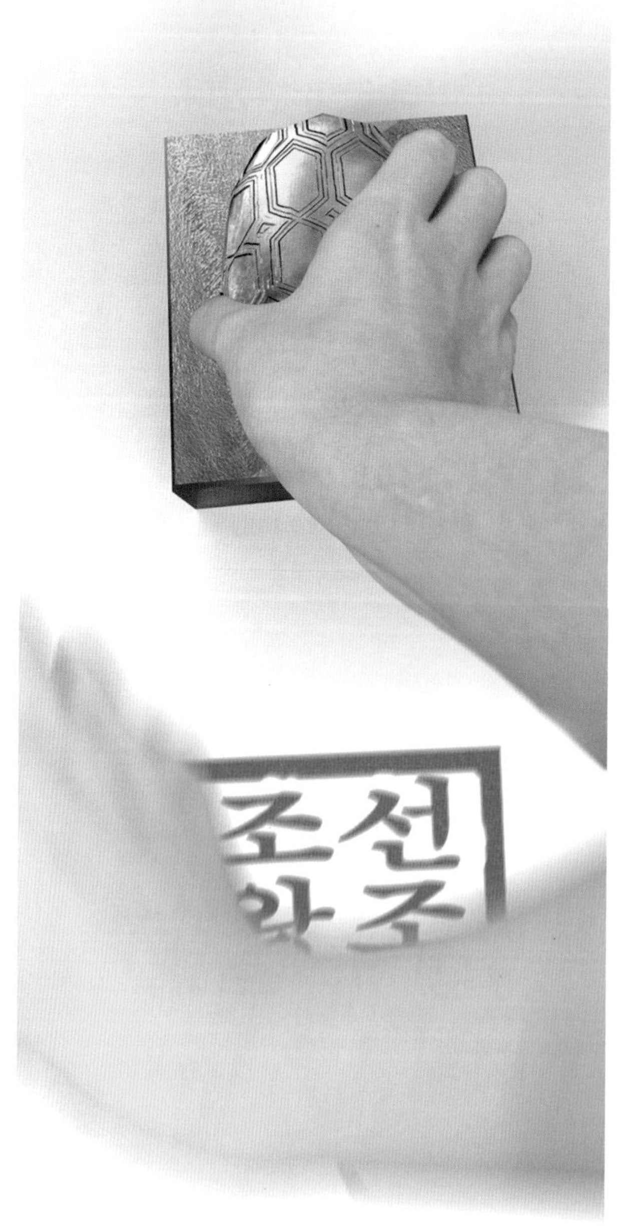

시작합니다.

금연
최고권력담당
안동김씨
김 조 순

1부

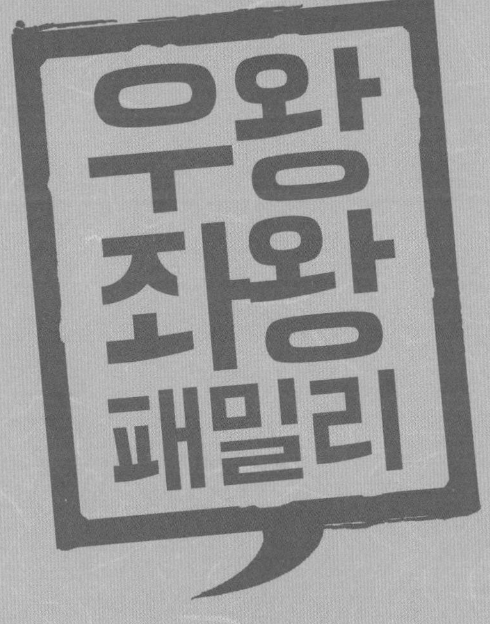

순조 1800~1834년 재위

헌종 1834~1849년 재위

철종 1849~1863년 재위

우왕
좌왕
패밀리

정조의 죽음

정조 이따 깨워

하나요 뽈록

조각 같은 과인 얼굴~
렙흐기도 하지요~ㅋㅋ
#거울셀카

? 뭐야 이거

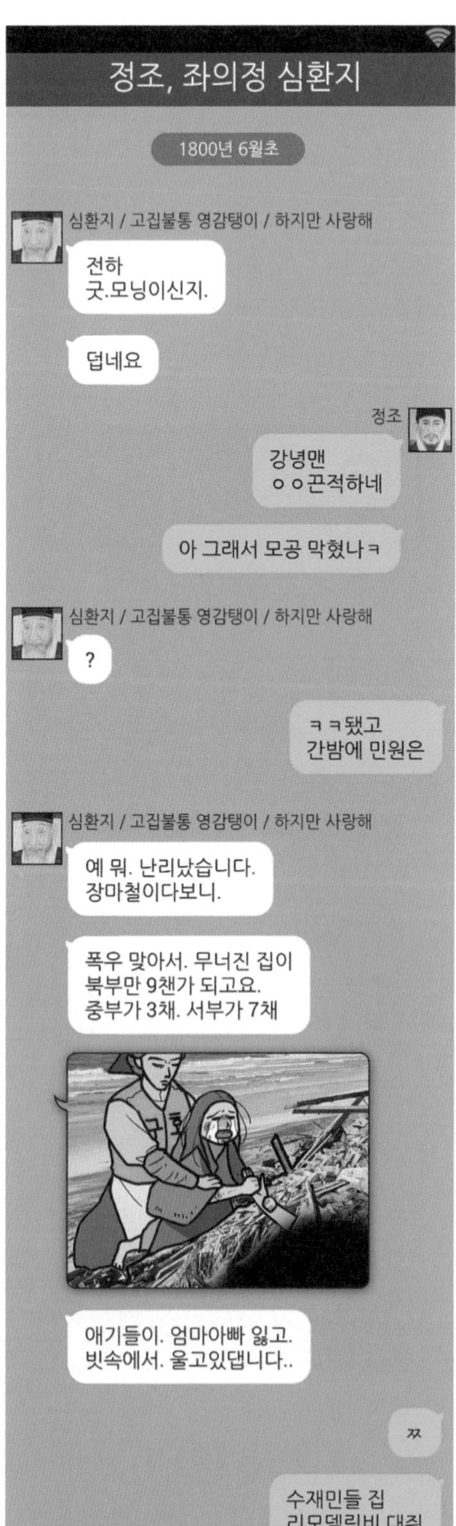
정조, 좌의정 심환지
1800년 6월초
심환지 / 고집불통 영감탱이 / 하지만 사랑해
전하
굿.모닝이신지.
덥네요
정조
강녕맨
ㅇㅇ끈적하네
아 그래서 모공 막혔나ㅋ
심환지 / 고집불통 영감탱이 / 하지만 사랑해
?
ㅋㅋ됐고
간밤에 민원은
심환지 / 고집불통 영감탱이 / 하지만 사랑해
예 뭐. 난리났습니다.
장마철이다보니.
폭우 맞아서. 무너진 집이
북부만 9챈가 되고요.
중부가 3채. 서부가 7채
구호
애기들이. 엄마아빠 잃고.
빗속에서. 울고있댑니다..
ㅉ
수재민들 집
리모델링비 대줘

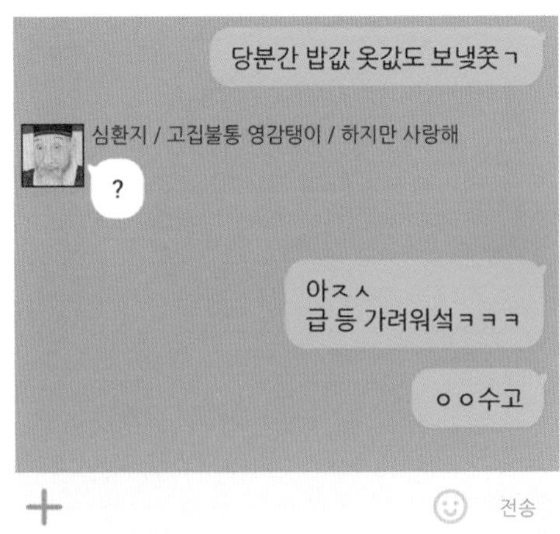

일주일이 지났다.
아직도 가려워.

거기다 괜히 덥고…….

아 짜증…….
진짜 뭔데 이거…….

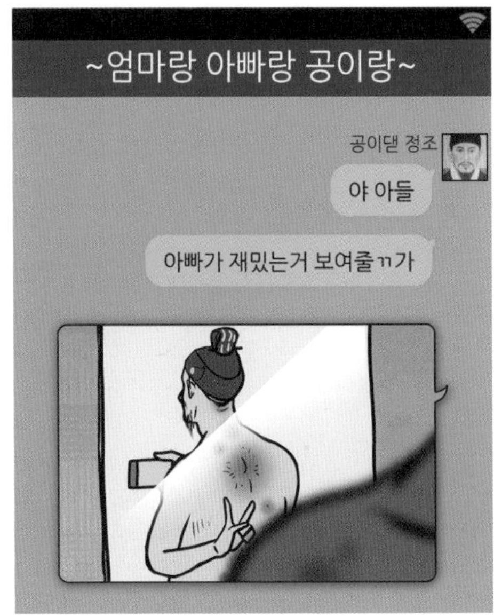

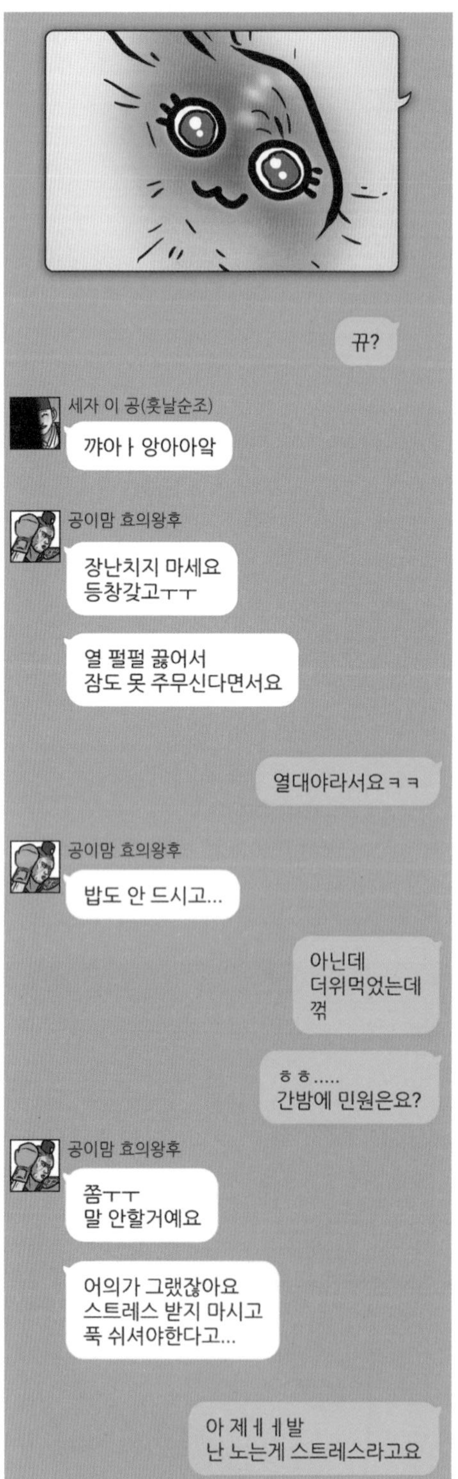

뀨?
세자 이 공(훗날순조)
꺄아ㅏ 앙아아악
공이맘 효의왕후
장난치지 마세요
등창갖고ㅜㅜ
열 펄펄 끓어서
잠도 못 주무신다면서요
열대야라서요ㅋㅋ
공이맘 효의왕후
밥도 안 드시고...
아닌데
더위먹었는데
꺾
ㅎㅎ.....
간밤에 민원은요?
공이맘 효의왕후
쫌ㅜㅜ
말 안할거예요
어의가 그랬잖아요
스트레스 받지 마시고
푹 쉬셔야한다고...
아 제ㅔㅔ발
난 노는게 스트레스라고요

………

………덥다…….

뭐지…ㅎ
얕봤는데 큰 병인가…….

더워… 창문 좀…….

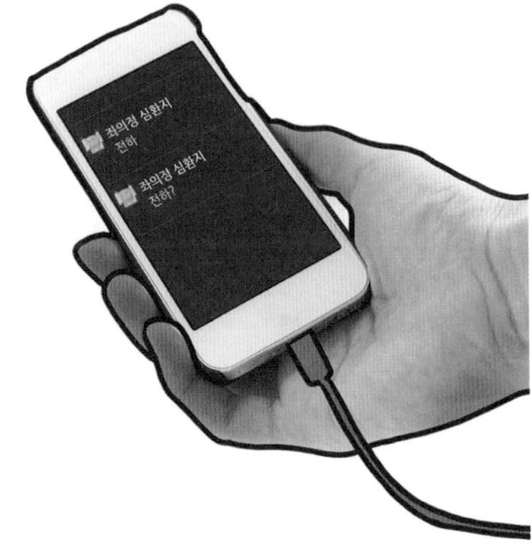

............?

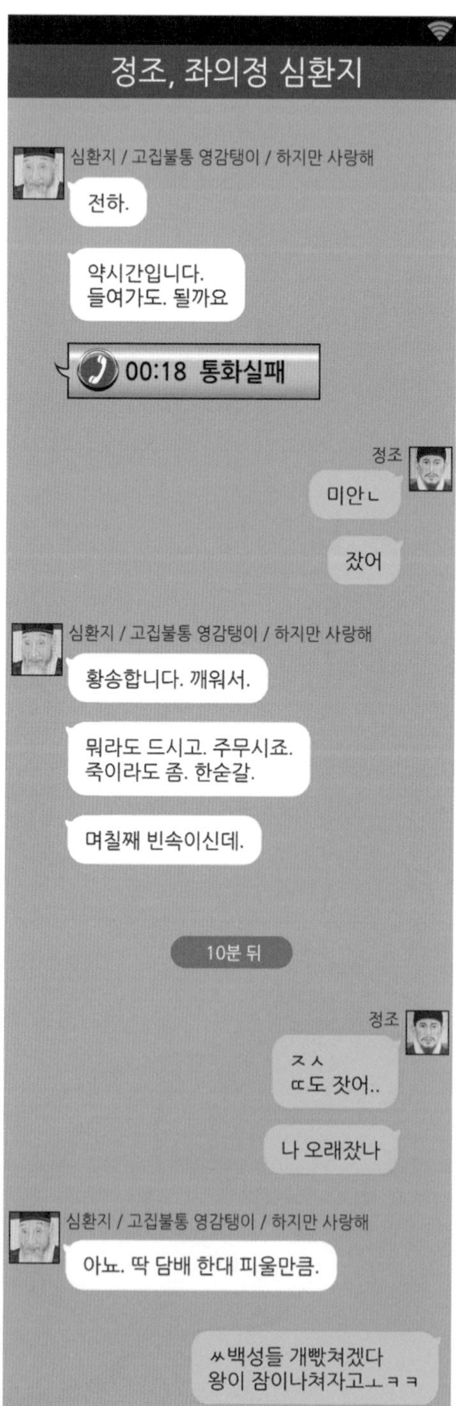

정조, 좌의정 심환지
심환지 / 고집불통 영감탱이 / 하지만 사랑해
전하.
약시간입니다.
들여가도. 될까요
00:18 통화실패
정조
미안ㄴ
잤어
심환지 / 고집불통 영감탱이 / 하지만 사랑해
황송합니다. 깨워서.
뭐라도 드시고. 주무시죠.
죽이라도 좀. 한숟갈.
며칠째 빈속이신데.
10분 뒤
정조
ㅈㅅ
ㄸ도 잣어..
나 오래잤나
심환지 / 고집불통 영감탱이 / 하지만 사랑해
아뇨. 딱 담배 한대 피울만큼.
ㅆ백성들 개빡쳐겠다
왕이 잠이나쳐자고ㅗㅋㅋ

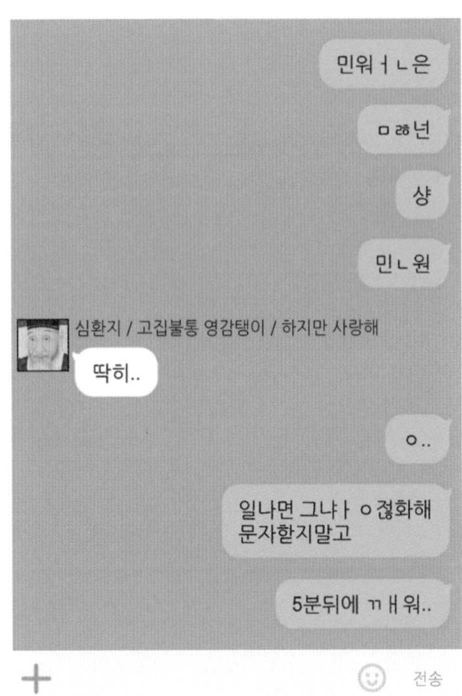

"1800년 6월 28일,
정조, 약을 먹고 눈을 감다."

"다시 일어나지 못하다."
#명복을_빕니다

정사 正史

실록에 기록된 것

- 정조, 자주 부스럼과 종기에 시달리다.
- 1800년 6월 덥고 습한 장마철, 월초에 정조 머리와 등에 작은 종기가 나다.
- 보름이 넘어가며 상태 나빠지다. 종기가 연적만큼 커지고, 피고름이 흐르며, 온몸에서 열이 나다.
- 쉬라는 어의의 말에 정조, "병 탓에 백성과 나라를 위한 일을 전혀 못하고 있지만, 아무리 작은 일이라도 종종 꿈에 나타난다. 민사(民事)에 관련된 일이 있으면 낱낱이 내게 물어서 처리하라." 명하다.
- 정조, 입맛을 잃고 자꾸 잠만 자다. 어의들이 기력을 보태자며 인삼을 처방하자, 자신은 열이 많은 체질이라 인삼만 먹으면 탈이 났다며 주저하다. 그래도 결국 먹다. 부작용이 있을 수 있는 연훈방(연기 쐬기) 치료도 나서서 받다.
- 정조, "덥다"는 말을 반복하다. 혼수상태 빠지다.
- 28일, 정조 "수정전(할머니 정순대비 거처)"이라며 대비에게 연락하려 하나 이미 말을 잇지 못하다. 이내 훙하다.

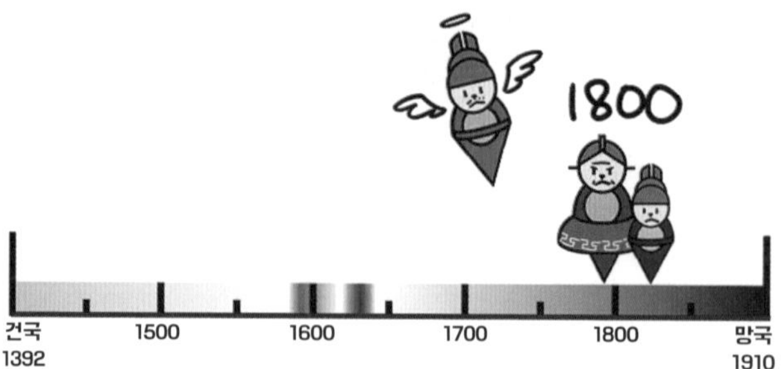

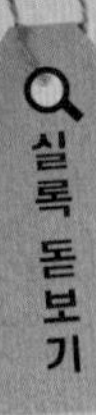

- 첫 번째 이야기 -

외로운 과부와 슬픈 고아

각종 소설과 드라마에서 정순왕후는 악의 축이자 사도세자를 모함하고 정조를 암살한 벽파의 수괴 등으로 묘사된다. 뛰어난 활약상을 보면 이렇게 유능한 사람이 고작 왕비 자리에 머물러도 되는가 싶을 정도이다.

물론 소설적 창작의 결과이다. 정순왕후는 영조의 후비, 그것도 아주 나이 차이가 많이 나는 후비였다. 인조의 후비 장렬왕후(자의대비)나 숙종의 후비 인원왕후는 왕비였음에도 후궁들에게 치일 정도로 존재감이 거의 없었다. 다른 예로는 문정왕후와 인목왕후가 있는데 이들은 후비로 들어왔지만 아들을 낳았기 때문에 앞의 둘과는 입장이 달랐다. 이런 경우 정치의 핵폭탄이 되고는 했다.

정순왕후는 열다섯 살에 왕비가 되었는데 사도세자보다 열 살이 어렸고, 사도세자가 죽을 때는 열일곱 살이었다. 아무리 정순왕후가 유능했다 한들 자식도 없고 한참 어린 왕비가 얼마나 힘을 발휘했겠는가. 오히려 화완옹주나 영조의 후궁 귀인 문씨야말로 진정한 정적이었다.

그러나 정순왕후 역시 정치싸움에 휘말려들었으니, 그녀의 친정 경주 김씨가 정조의 외할아버지인 홍봉한과 대립했기 때문이었다. 결국 정순왕후의 오빠 김귀주는 귀양을 떠나 죽는다. 이런 비극을 겪으면서도 정순왕후는 왕실의 큰어른으로서 흔들림 없이 중심을 잡았으니, 정조가 고집을 부리며 신하들과 싸울 때 이를 말리며 훈계하는 것은 언제나 그녀의 일이었다.

손자 정조가 죽었을 때 정순왕후는 아직 55세였다. 증손자 순조의 수렴청정을 하게 되며 그녀는 정치 전면에 나선다. 정순왕후의 수렴청정은 4년가량 이어졌는데 흔히 그녀를 정조의 개혁을 모조리 때려 부순 마녀로 여기지만 그 내막 역시 자세히 들여다보면 아주 복잡하다.

먼저 정순왕후가 철폐하거나 축소한 장용원과 규장각은 이미 많은 문제점을 안고 있었다. 정조의 꿈으로 시작했지만 시간이 흐르며 너무 많은 예산을 잡아먹고 지나치게 많은 업무를 전담해 정약용조차도 문제 삼을 정도였다. 개혁의 군주 정조의 정책이라 할지라도 오랜 시간이 흐르며 해결해야 하는 시대의 과제로 남게 된 것이다.

그러면서도 정조의 뜻을 이어 공노비를 해방시키고 김조순의 딸을 왕비로 맞아들였다. 수렴청정을 그만두는 것도 명분에 따랐고, 한순간 다시 정치에 손을 대려고도 했지만 신하들이 정당하지 않다고 반대하자 뜻을 접었다. 요약하자면 정순왕후는 명분을 바탕으로 한 원칙주의자였고, 그에 따라 정치를 했기에 막강한 힘을 발휘할 수 있었다. 그녀는 원칙에 따라 정당하게 권력을 휘두른 사람인데, 어쩌면 그렇기에 악녀로 묘사되고 있는지도 모른다.

의외일 수 있겠으나 정조와 정순왕후의 사이는 그렇게 나쁘지 않았던 것 같다. 정조는 신하들 앞에서 정순왕후와 서로를 위로하며 다독인 이야기를 했고, 정순왕후 역시 그렇다고 적었다. 하지만 둘은 가까우면서도 먼 사이였다. 특히 정조는 정순왕후의 오빠인 김귀주를 귀양 보내 죽게 만든 장본인이기도 했으니 말이다.

정조가 승하하기 직전, 약마저 삼킬 수 없을 정도로 병세가 위중해지자 정순왕후는 자신이 직접 약을 먹여 보겠다며 나섰다. 하지만 정조를 본 정순왕후는 목 놓아 통곡을 했으니, 도저히 정조가 살아날 수 없는 지경임을 깨달은 탓이었다. 그런 정순왕후의 울음을 그치게 한 것은 "정조가 죽고 나면 나라를 지탱할 것은 당신과 혜경궁 홍씨뿐이니 감정대로 행동하지 말라"는 신하들의 외침이었다.

과부와 고아만 남은 집안. 이것은 조선 왕조의 현실이기도 했다. 어린 나이에 과부가 된 정순왕후와 아버지를 잃은 고아 정조. 둘 사이에는 많은 껄끄러움이 있었고 원한도 있었다. 하지만 외로운 두 사람은 격렬한 정치의 소용돌이 한복판, 갑갑한 궁궐에서 한평생을 같이 지냈다. 어쩌면 보통 사람들은 알 수 없는 두 사람만의 정이 있었을지도 모른다. 최소한 정조를 먼저 떠나 보낸 정순왕후는 정말 외로웠을 것이다. 조선왕조실톡

지상 최강의 할머니

정순왕후 떽

정조 ㅂㄷㅂㄷ

하나요 할머니

나는 할머니.

22대 왕 정조대왕이
내 손자님이니라.

흐으음.

[감동] "노인정 재롱잔치, 마치 친손주처럼" 세상 모든 할머니는 따뜻해
-할머니 : 오구오구 내 갱아지들 오구구

"빼꾹♪"

정순왕후, 지나가던 손자 1인
지나가던 손자 1인
함모이
함모이이ㅣ ㅇ이잉
깡아지왔더요
정순왕후
?
지나가던 손자 1인
우꾸꾸내새끼 함떠
궁댄이 팡팡 해쥬떼요
끼잉
깨갱
함모이ㅣ 무릅에누어서
띵굴ㄹ띵굴할꺼야
?

미안하군.

난 일반적인 장르의
할머니가 아니다.

?
언제부터 그렇게
#엄격근엄진지하셨냐고?

40년 전

[인간극장] 66세 영조, 15세 소녀 정순과 재혼 "사랑인지 효돈지"
[사랑의 문자 한통에 50원]
1392님 : 너무 귀엽고 안쓰럽네요 중전마마 화이팅!

메시지가
도착했소
?

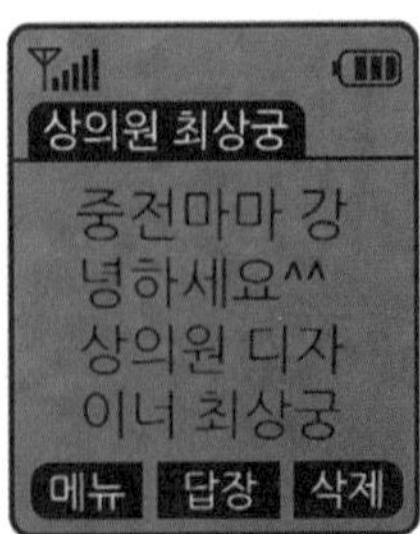
상의원 최상궁
중전마마 강
녕하세요^^
상의원 디자
이너 최상궁
메뉴
답장
삭제

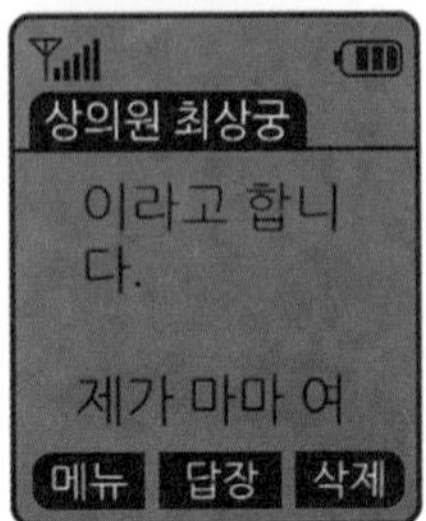
상의원 최상궁
이라고 합니
다.
제가 마마 여
메뉴
답장
삭제

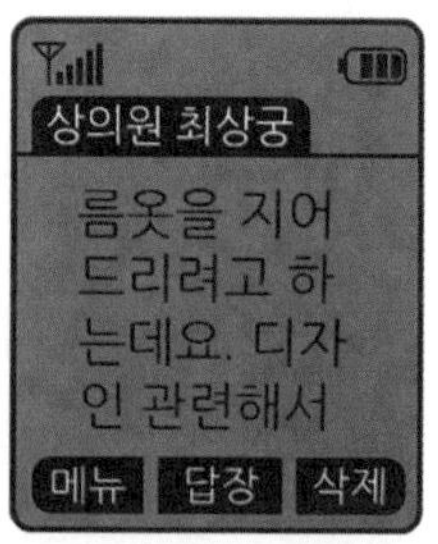
상의원 최상궁
롬옷을 지어
드리려고 하
는데요. 디자
인 관련해서
메뉴
답장
삭제

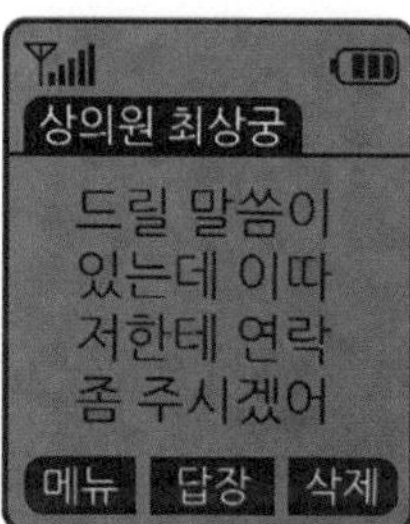
상의원 최상궁
드릴 말씀이
있는데 이따
저한테 연락
좀 주시겠어
메뉴
답장
삭제

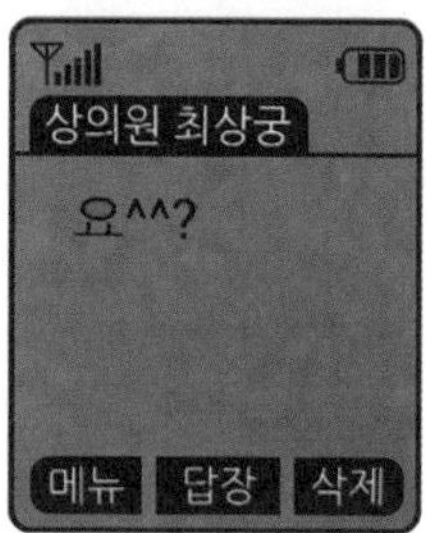
상의원 최상궁
요^^?
메뉴
답장
삭제

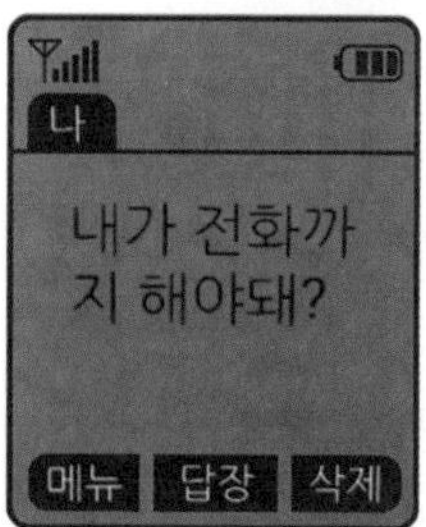
나
내가 전화까
지 해야돼?
메뉴
답장
삭제

나
니가 와서
직접 말해
메뉴
답장
삭제

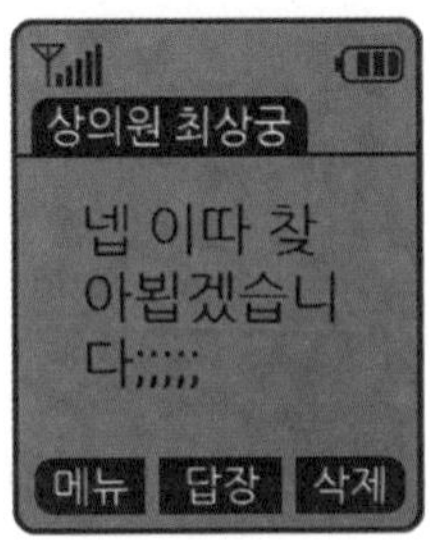

글쎄?
엄마 배 속에서부터?

열다섯 살 때부터 지금까지.

평생을 우리 조선
최고 어르신으로 살았다.

우리 #손주전하조차도
내 앞에선
#학생부장쌤 앞의 중딩인즉!

"할머니 정순왕후와 손자 정조,
12일간 단식 파이트 뜨다."

"정조, 패배하다."

#헐

정사 正史

실록에 기록된 것

- 64세 영조, 첫 왕비 정성왕후를 잃다. 그로부터 2년 뒤, 15세 양갓집 어린 소녀 정순왕후와 결혼하다. 법적 아들 사도세자보다도 열 살이나 연하(손자 정조보다는 일곱 살 누나).
- 그러나 정순왕후, 왕비의 위엄 보이다. 상궁이 옷 치수를 재기 위해 돌아서 달라 하자, "네가 움직이면 될 것 아니냐." 하다.
- 당시 이미 영조는 툭하면 아픈 할아버지. 자식을 낳을 가능성은 거의 없었다. 그래도 정순왕후, 밤낮으로 곁을 지키며 간호하다. 그 사이에 사도세자가 비행을 일으키고, 그 사실을 정순의 오빠 김귀주가 고변하나 역풍을 맞아 오히려 김귀주가 숙청당하다. 정순왕후가 32세 되던 해 영조마저 죽다. 며느리 혜경궁, 시어머니 가문을 묘사하길 "고아와 과부밖에 없는 집이로다."
- 정순왕후, 은퇴한 몸이지만 국정에 관여하다. 정조에게 후사가 없으니 후궁을 들일 것, 역적 홍국영과 그에 연루된 은언군(사도세자 후궁 아들, 정조의 배다른 동생)을 처단할 것 등을 한글로 써 올리다. 대소신료들, 마치 정순왕후가 당 대표라도 되는 듯 우르르 뒤따르다.
- 정조, 친구 홍국영과 형제 은언군을 벌할 수 없다며 화내다. "차마 들을 수 없는 하교(욕설&자학)"하다.
- 하지만 정순왕후와 정조, 사이가 매우 좋았다고. "왜 백성들이 우리가 원수졌다 생각하는지 모르겠다"며 한탄하다.

참고

- 단식투쟁 때 정순왕후 겨우 42세(정조 35세).

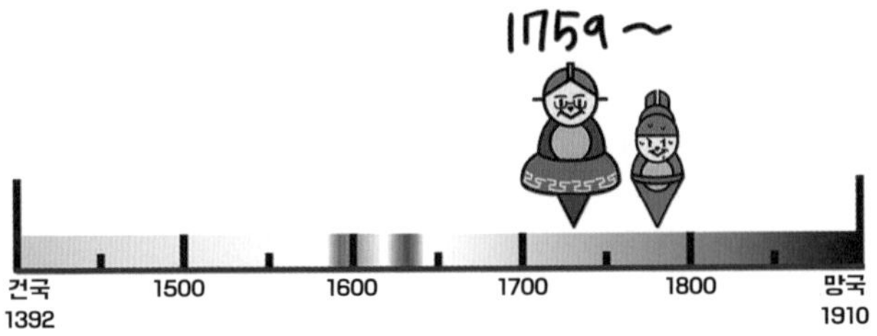

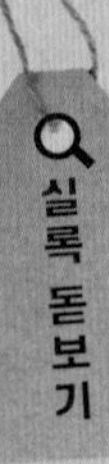

- 두 번째 이야기 -

정조의 슈퍼 썰매 대작전

흔히 인조를 자기 손자를 죽음으로 몰아넣은 피도 눈물도 없는 사람이라 비판하는데 그 점에 있어서는 영조도 다를 바 없었다.

사도세자에게는 서자 셋이 있었으니 은언군, 은신군, 은전군이었다. 그중 은언군과 은신군은 제주도로 유배를 갔다. 영조의 조치는 비정했지만 또 다른 손자인 정조의 안정적인 왕위 계승을 위한 것이었으리라 짐작된다. 은신군은 제주도에서 병으로 죽었고 은언군은 간신히 돌아왔지만 그의 아들 상계군이 홍국영의 동생 원빈의 양자가 되었다가 역모에 휘말려 또다시 귀양을 가게 되었다.

정조는 즉위한 지 얼마 안 된 1777년(정조 1), 역모에 휘말린 또 하나의 이복동생 은전군에게 사약까지 내려야 했으니, 정조의 동생은 오로지 은언군 한 사람만 달랑 남아 버렸다.

형제란 무엇일까? 평범한 집안이라면 모를까 왕가의 형제라고 하면 그리 돈독한 관계가 떠오르지는 않는다. 게다가 이복형제라면? 경종과 영조의 스토리를 생각하면 사이가 좋을 것 같지는 않은데 정조는 좀 달랐다. 하나뿐인 피붙이라며 은언군을 몹시 감쌌다. 은언군도 죽여야 한다는 여론이 빗발쳤지만 정조는 "그렇겐 못한다"며 밥을 굶었고, 정순왕후는 신하들과 함께 은언군을 죽여야 한다고 하며 함께 밥을 굶었다. 결국 타협 끝에 은언군은 강화도로 귀양을 떠나게 됐다.

은언군의 처분 문제에는 당연히 왕위 계승이나 정치 문제가 얽혀 있었다. 하지만 그런 복잡한 문제마저도 무시하고, 정조는 왕의 권력을 남용해 동생 만나기 특별 프로젝트를 가동했다.

은언군이 귀양 간 지 3년째인 1790년(정조 14), 정조는 별다른 계획도 없이 갑자기 궁 밖에 나섰다. 채제공을 비롯한 신하들이 말리면서 난리법석을 벌였는데, 그렇게 정조가 시선을 끌고 있는 동안 강화도로 가마 세 대가 몰래 출발했다. 이미 정조의 속셈을 간파한 정순왕후가 막으려 했지만 통하지 않았다.

한밤중, 정조는 용산의 얼어붙은 강 근처에서 난데없이 야간 군사 훈련을 실시했다. 그리고 모든 불이 꺼진 순간 한 대의 썰매가 나는 듯이 달려와 병사들의 호위를 받으며 왕의 처소로 쏙 들어갔다. 그 썰매에 타고 있는 것은 바로 은언군이었다. 이 사실을 알게 된 신하들이 역적을 왕 가까이에 둘 수 없다며 빨리 은언군을 돌려보내라고 말하자 정조는 "겨우 하루만 지내려고 이렇게 준비했겠니? 나 안 돌아갈 거야. 나는 온돌방에 있지만 너희들은 추운 데서 얼마나 버틸 수 있겠어?"라고 약을 올렸다. 왕의 도발을 받은 신하들은 밤새 밖에서 버티고 서서 농성을 했고, 점입가경으로 돌아가는 상황을 들은 정순왕후는 "요즘 주상 얼굴을 보아 하니 뭔가 사고를 칠 것 같았다!"라며 나서서 은언군을 귀양지로 돌아가게끔 했다. 그러자 정조는 궁궐로 안 돌아오고 일부러 은언군이 귀양 가 있는 강화도 언저리를 얼쩡거리며 "안 돌아가, 메롱" 하며 버텼고 정순왕후는 당장 돌아오라고 글을 내리기까지 했다. 이후로도 정조의 은언군 탈출 프로젝트는 계속되었다. 유배지에서 은언군을 몰래 빼낸 것이 중간에 들통나 정순왕후의 명령으로 되돌아가게 되자 정조는 "왜 내 명령은 안 듣느냐!"라며 불쌍한 중간 관리직을 처벌하기도 했다.

이걸 보면 말썽쟁이 손자와 할머니의 티격태격일 것 같지만 당시 정조의 나이는 38세. 장난을 칠 나이는 아니었다. 또 이때는 문효세자가 요절한 직후였기에 나라의 후계자가 없었고, 그런 와중 역모 사건의 관련자인 은언군이 자꾸 도성에 올라오니 신하들로서는 미치고 팔짝 뛸 노릇이었다.

과연 정조는 왜 이 난리법석을 벌인 것일까. 형제의 정이 그리웠던 것일까, 신하들을 놀리고 싶었던 것일까. 아무튼 정조는 끝내 은언군을 귀양에서 풀어주지 못했고, 은언군은 순조 때 죽임 당했다. 하지만 그 은언군의 셋째 손자가 바로 철종이었으니, 훗날 은언군도 복권되어 전계대원군에 봉해졌다. 조선왕조실톡

03 이상한 마님

 노비 막쇠 아멘

 양반 강완숙 아멘

하나요 후……

있잖아요.
너무 피곤하면요.

잠이 더 안 와요.

김첨지댁 노비
막쇠(17)

오늘도 소처럼
하루 종일 주인 나리 밭
갈았는데요.

모이라는
돈은 안 모이고

왜 이런 앱만 산더미일까요…….

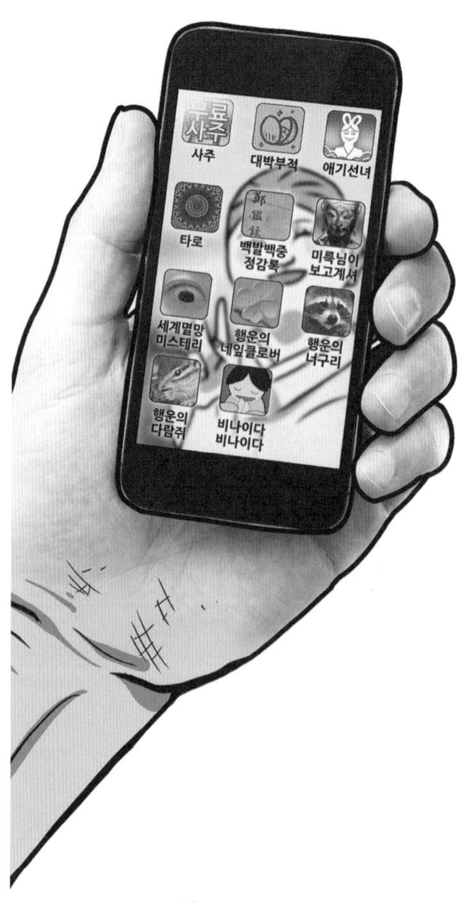

나리한텐 비밀인데요.
그냥요.
불안한 거 같아요.

아무리 열심히 해도
맨날 똑같이 힘드니깐…….

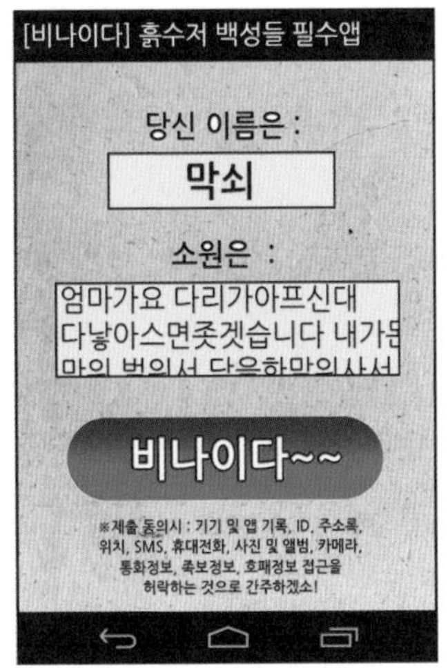

막쇠 외 18명
막쇠님께서 주인나리, 주인마님,
주인아씨, 주인도련님, 옆집마님,
고을 사또님 등등을 초대하셨소이다!
막쇠
비나이다 비나이다~
막쇠(이)가 "엄마가요 다리가
아프신대 다낳아스면좃겟습
니다 내가돈만위 벌워서 닭을
한말위사서 끌여들위고 십습
니다 잠을다섷시간자고십습니
다 주인나리가 욝안하쉬면 좃
겟습니다"라고 빌었노라~!
모두 이루어지리라~!
너도 소원을 빌려면 :
binaida.zzab.app/down...
주인아씨
뭐야
주인도련님
ㅉㅉ
헐ㄹ
주인아씨께서 퇴장하셨소!
주인도련님께서 퇴장하셨소!
고을사또
ㅋㅋ김첨지 니 노비네ㅎ?
교육잘해ㅎ
주인나리 김첨지
엌
죄송합니다ㅜㅜ
옆집마님
?

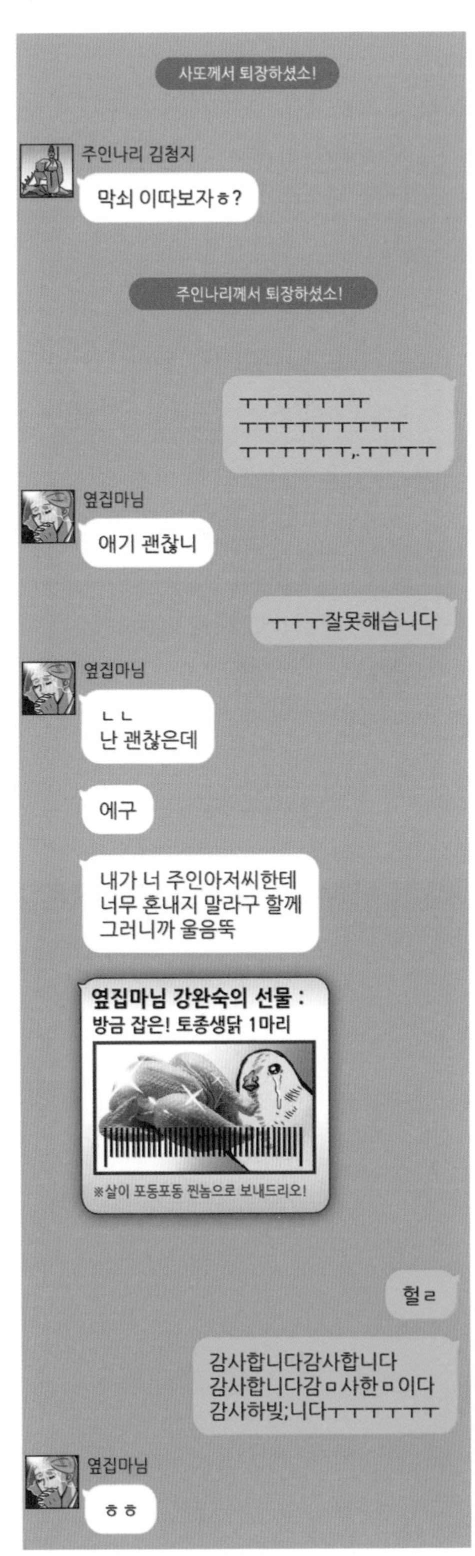
사또께서 퇴장하셨소!
주인나리 김첨지
막쇠 이따보자ㅎ?
주인나리께서 퇴장하셨소!
ㅜㅜㅜㅜㅜㅜㅜ
ㅜㅜㅜㅜㅜㅜㅜㅜㅜㅜ
ㅜㅜㅜㅜㅜㅜ,.ㅜㅜㅜㅜ
옆집마님
애기 괜찮니
ㅜㅜㅜ잘못해습니다
옆집마님
ㄴㄴ
난 괜찮은데
에구
내가 너 주인아저씨한테
너무 혼내지 말라구 할께
그러니까 울음뚝
옆집마님 강완숙의 선물 :
방금 잡은! 토종생닭 1마리
※살이 포동포동 찐놈으로 보내드리오!
헐ㄹ
감사합니다감사합니다
감사합니다감ㅁ사한ㅁ이다
감사하빚;니다ㅜㅜㅜㅜㅜㅜ
옆집마님
ㅎㅎ

뭐지ㅜㅜㅜㅜ
너무 착하시네요ㅜㅜ

양반 맞으신가ㅜㅜㅜ

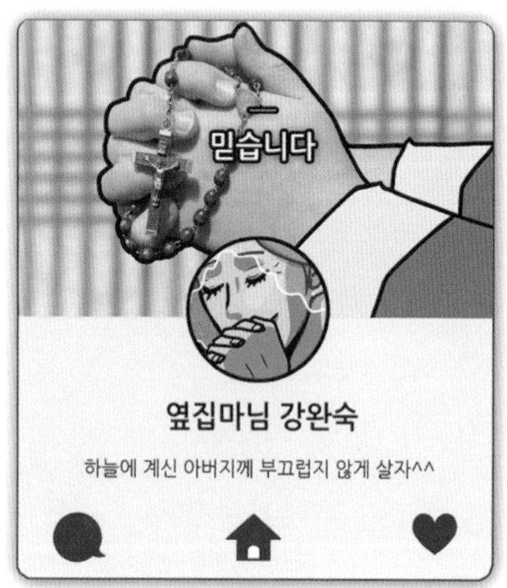

헐................

이 마님은 왜
날 사람 취급할까요?
머리에 보자기는 왜 썼나요?

모르겠어요.
근데 눈물 나네요ㅜㅜ

정사 正史

실록에 기록된 것

- 조선에 들어온 첫 선교사는 임진왜란 때 왜군과 함께 온 서양인이었을 것이라고. 일본에는 일찍이 천주교가 전파되어, 왜장 고니시 유키나가를 비롯한 많은 수의 병사들이 천주교도였다고 한다.
- 이후 중국에서 조선으로 『천주실의』 비롯한 천주교 서적들 들어오다. 사대부들, 학문으로서 천주교를 공부하다.
- 그러다 천주교가 신앙으로 자리 잡다. 사대부와 가족들, 궁인 등 지식인들은 물론 평민들, 그리고 노비들까지 신자가 되다.
- 조선 후기, 사회가 혼란스러운 틈을 타 각종 예언서가 나돌다. "정씨가 이씨를 몰아내고 조선을 무너뜨린다"는 『정감록』, 미륵보살이 힘든 백성들을 구하러 온다는 미륵신앙 등.
- 양반 강완숙 골롬바는 최초로 순교한 여성 신도로, 열성적으로 선교하다. 조선 천주교도들이 요청하여 중국에서 초대해 온 주문모 신부를 목숨 걸고 보호하다.
- 조선 조정, "양반과 노비, 심지어 여인과 남정네들이 한데 섞여 기도를 하고 있었다"면서 놀라움 금치 못하다. 대대적인 천주교인 박해가 시작되다.

참고

- 사주는 양반들도 공부하는 학문이었다.

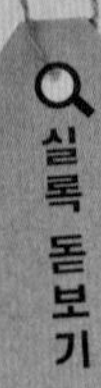

- 세 번째 이야기 -

서학이 사학이 될 때

조선 후기, 천주교 유입은 이 땅을 찾아온 크나큰 역사적 파도 중 하나였다. 당시에 천주교는 서쪽에서 온 학문이란 뜻인 서학西學이라는 이름으로 불렸으며, 나중에는 서학 자체가 천주天主를 믿는 종교를 뜻하게 되었다. 올바르지 않은 이단이라 하여 사학邪學이라고까지 불렸던 천주교. 천주교는 어떻게 조선에 널리 퍼지게 되었을까?

가장 큰 이유는 성리학이 조선 사람들을 끌어안기에 너무나 낡고 팍팍해진 사상이 되었기 때문일 것이다. 왕만으로 국가가 성립되지 않듯 행정 조직만으로 국가를 이룰 수도 없다. 어떤 나라를 만들고자 하는가? 어떤 길로 사람들을 이끌 것인가? 이러한 철학이 있어야 백성들을 한데로 모을 수 있는데 이런 국가 철학도 차츰 모순과 오류가 쌓이게 된다.

수백 년 전 조선은 바로 그렇게 낡고 쇠약해진 불교를 밀어내고 성리학의 깃발을 들어 올리며 새 나라를 세웠지만, 시간이 흐르며 조선도 성리학의 빛도 마찬가지로 바래게 된 것이다. 그리고 고리타분한 성리학에 지친 사람들 앞에 서쪽의 새로운 사상이 짠 나타났다.

처음에는 다들 호기심에 서학을 공부했으나 차츰 깊이 있게 천주교를 따르는 신자들이 늘어났고, 이승훈이 북경의 천주당으로 가서 세례를 받음으로써 종교로서 천주교의 진정한 역사가 시작되었다.

천주교는 특히 남인을 비롯한 비주류 양반들과 여성들, 그리고 천민들을 중심으로 퍼졌다. 그런데 천주교는 유일신을 신봉했고 제사 및 조상 숭배에는 부정적이었기 때문에 성리학과 필연적으로 충돌하게 되었다. 정치 문제까지 더해져서 벽파는 천주교 박해를 명분으로 남인과 시파들을 공격했다. 조선에는 네 번의 큰 천주교 박해가 있었다.

신유박해(1801) : 정조가 죽고 벽파가 정권을 잡자마자 벌어진 박해. 이승훈, 정약종 등이 사형당하고 은언군의 아내와 며느리가 사약을 받았으며, 정약용이 귀양 갔다.
기해박해(1839) : 노론이자 시파인 안동 김씨들은 천주교에 우호적이었지만 헌종과 손잡은 풍양 조씨는 벽파였고, 때마침 프랑스 신부 세 명이 조선에 몰래 들어와 선교를 하다가 체포된 것을 이유로 박해가 벌어졌다. 프랑스 함선이 항의를 위해 방문했다.
병오박해(1846) : 최초의 한국인 신부인 김대건이 처형당했다.
병인박해(1866) : 조선 최대의 천주교 박해로 6,000~8,000명이 넘는 신자들이 처형당했다.

한 번 박해가 벌어질 때마다 천주교 신자라는 이유로 수백, 수천 명이 죽고, 그들의 가족(특히 어린이)들은 버려져 굶주림에 시달리고 고통을 겪어야 했다. 그러나 묘한 일은 천주교를 박해했던 흥선대원군의 부인이자 고종의 어머니 여흥부대부인 민씨만 해도 열렬한 천주교 신자여서 훗날 세례까지 받았다는 것이다.

흥선대원군은 천주교를 이용해 프랑스와 손을 잡아 러시아를 막으려 했지만, 계획이 잘 돌아가지 않고 국내에서도 반발이 일자 박해로 방향을 바꾸었다. 이렇게 벌어진 병인박해는 조선 최대 규모의 박해로 수많은 신자들과 외국인 신부들이 잡혀 죽었다. 그 와중에도 정작 흥선대원군의 부인 민씨는 아무 피해도 입지 않았으니, 종교 탄압조차도 정당한 원칙 없이 정치적 보복 도구로 이용했다는 느낌을 지울 수 없다.

천주교 탄압은 이단을 없애고 성리학의 나라를 지키려고 한 조치라는 명분하에 시행되었지만 오히려 조선의 붕괴를 앞당겼다. 조선은 오가작통법五家作統法을 채택해 다섯 집을 1통으로 묶어 천주교 신자 발생과 고발에 있어 서로 연대 책임을 지도록 했다. 이웃끼리 서로 감시하도록 만들었으니 불신이 가득하게 되었고, 평소 미운 이웃을 천주교 신자라며 모함하는 일도 일어났다. 조선이라는 체제를 지키겠다는 이유로 행한 천주교 탄압이 오히려 조선을 더욱 무너지기 쉬운 모래알로 만든 형국이었다. 조선왕조실톡

04 조선왕조실록

세자 저하와 로맨스?!

 김조순 외척★등장

 정조 엥

하나요 두근두근

음. 그만둘까?

아니다.
사람이 살면서 때로는
과감해야 하느니!

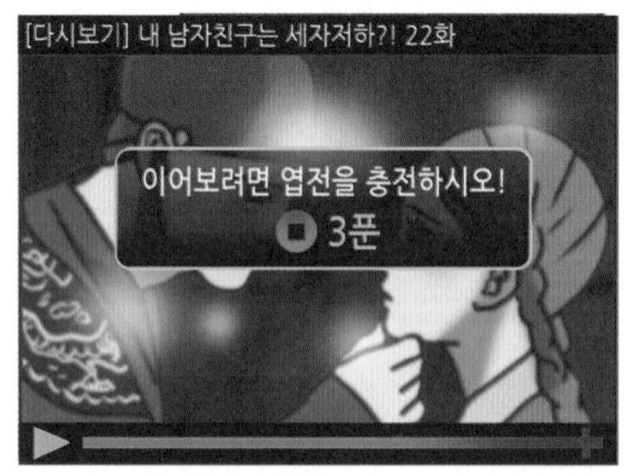
[다시보기] 내 남자친구는 세자저하?! 22화
이어보려면 엽전을 충전하시오!
3푼

[다시보기] 내 남자친구는 세자저하?! 22화
엽전 충전하기
1푼 0.99푼
5푼 3.99푼
10푼 5.99푼

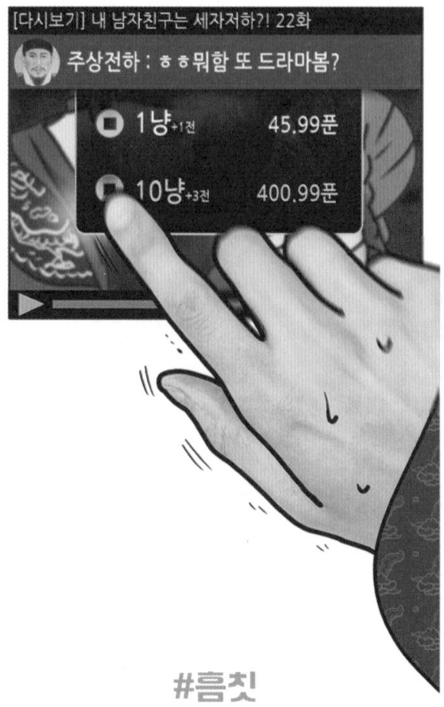
[다시보기] 내 남자친구는 세자저하?! 22화
주상전하 : ㅎㅎ뭐함 또 드라마봄?
1냥+1전 45.99푼
10냥+3전 400.99푼
#흠칫

귀신이신가?
망했다.

주상께서는 #패관컬처를
극혐하시니… 후…….

※패관문학. 글쓴이의 창의성과 픽션이 가미된 이야기.
로맨스, 판타지, 무협 등의 소재가 많았다.

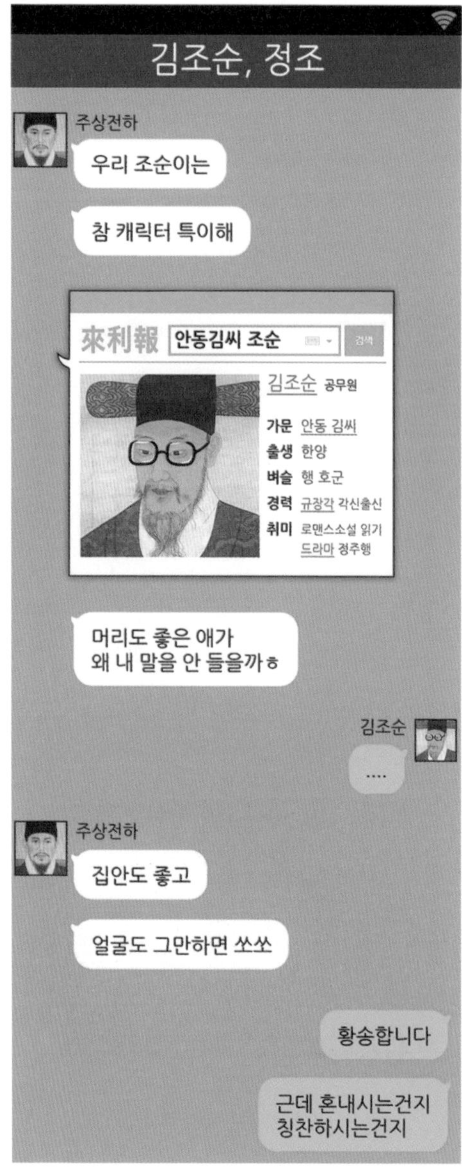

주상전하
ㅋ니 좋다고
근데 요즘은 저런게 인기네
세자랑 썸타기ㅎㅎㅎㅎ
자네 관심 있으면
우리 아들 데려갈래?

???

주상전하
자네 딸 하나 있잖아
둘이 맺어주자고ㅋㅋ
딸은 아빠 닮는다니까
너처럼 똑쟁이 아가씨겠지
김조순
헐 전하
그럼 막 우리 딸랑구가
세자저하랑 꽁냥대고
[심쿵] 내남세 1분 하이라이트
- 여주 : 비맞은 강아지 냄새가
나시옵니다..(두근)
막막 옥가락지 커플링하고

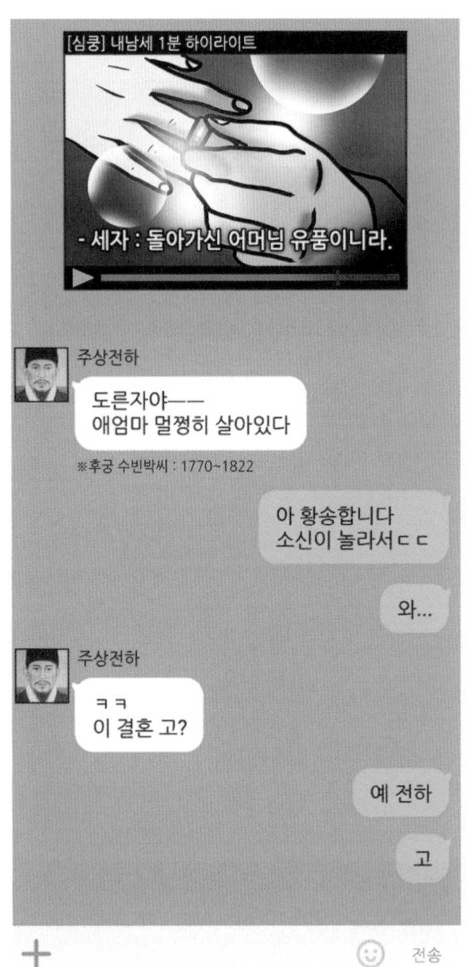

심장이 뛴다.
내 딸이 세자빈이 된다니!

하지만.

전하…….
혼인 신고서라도 남기시지.
이러면 죽도 밥도…….

미안해 딸.
그냥 환상이었나 봐.

요즘은 새드엔딩이 인기니까…….
음?

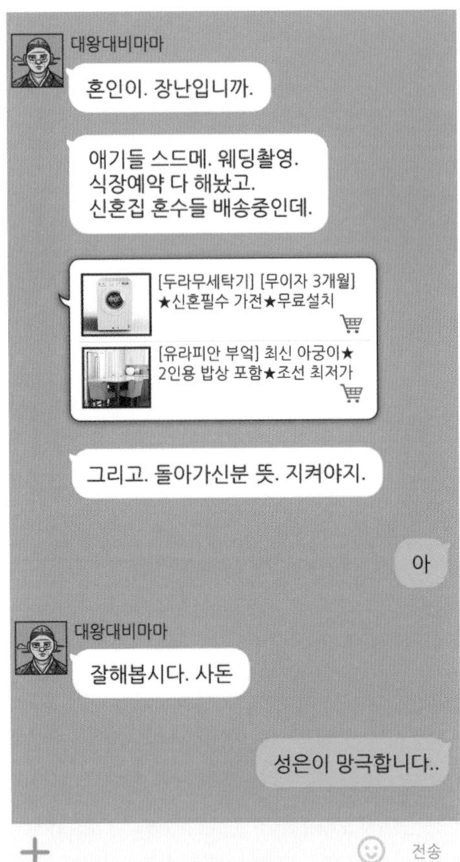

와, 딸랑구 축하해!
덕분에 우리 이제 왕족♥

사랑은 언제나 승리한다!

#로맨스는_해피엔딩
#조선은_새드엔딩

정사 正史

실록에 기록된 것

- 안동 김씨 김조순, 겨우 스무 살에 과거 급제하다. 정조가 규장각에 두고 아끼다.
- 정조, 문체반정으로 패관소설 금하다. 김조순, 로맨스소설을 읽다가 정조에게 걸리다. 반성문을 써내자 정조, "아주 진실되게 잘 쓴 글이다." 칭찬하다.
- 정조, 세자(훗날 순조)의 신붓감으로 김조순의 열두 살 난 딸을 점찍다. 공식적으로 세자빈 간택(전국 오디션)을 하긴 했으나, "김조순의 딸을 보던 날에는 좋은 꿈까지 꾸었다"며 입이 마르게 칭찬해 뜻 비추다.
- 그러나 아직 간택이 완전히 끝나지 않은 때 정조, 급 사망하다. 열한 살 순조 즉위하다. 증조할머니 정순왕후가 수렴청정하다.
- 일부 관료들 사이에서 "세도가 안동 김씨의 아가씨를 중전으로 삼아서는 안 된다. 김조순 딸 간택을 무효로 하자"는 상소 올라오다. 그러나 정순왕후, "선왕 유지를 받들어야 한다"며 결혼 강행하다(순원왕후 책봉). 김조순 형제들, 일부 가문이 나라 운명을 좌지우지하는 세도정치 시발점 되다.

참고

- 최초의 드럼 세탁기는 1908년에 발명됐다고.

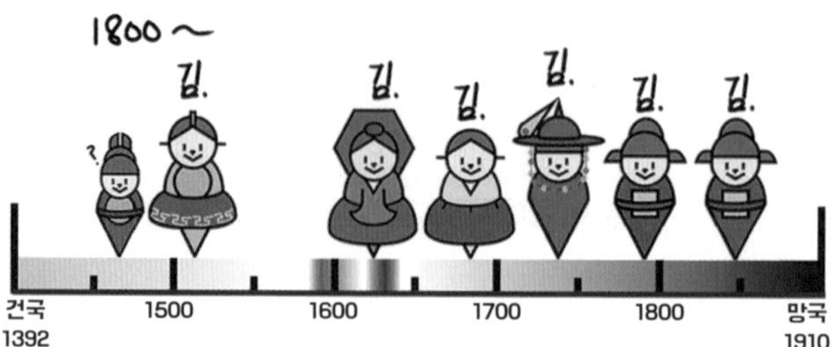

- 네 번째 이야기 -

정조가 남긴 유산, 세도정치

조선의 마지막 전성기를 마련한 정조가 죽은 이후, 조선은 세도정치로 얼룩지며 내리막길을 걷게 되었다고 많은 사람들이 생각한다. 정조가 일찍 죽지만 않았다면 그런 일은 없었을 것이라는 아쉬운 목소리를 마주치기도 어렵지 않다.

하지만 시간을 거슬러 생각해보자. 조선 후기를 어지럽힌 가장 큰 문제는 바로 당파싸움이었다. 당파싸움은 왜 시작되었는가? 인사권을 가진 이조전랑의 자리를 두고 다툼이 벌어지면서였다. 그래서 영조와 정조 시대에 탕평책을 시작하며 취한 조치는 이조전랑의 권한을 줄이는 것이었다.

덕분에 당파싸움은 좀 누그러지는 듯했지만 생각지도 못한 부작용이 있었다. 이조전랑의 사라진 권한은 누구에게 갔을까? 바로 임금이었다. 실제로 정조는 무시무시하게 인사권을 휘둘러 한 번 임명된 관리를 두세 달 만에 갈아 치우곤 했다. 왕이 막강한 권한을 가지니 당파싸움이 잦아들고 왕권이 강해지게 된 것인데, 이런 시스템이 제대로 기능하려면 왕이 아주 성실하면서도 똑똑해야만 한다는 문제가 있었다. 정조 같은 임금이 아니면 이 권한을 제대로 활용할 수가 없었던 것이다. 다음 임금이었던 순조는 아버지처럼 열정적인 사람이 아니었다. 왕이라는 중요 부품이 움직이지 않게 되자, 나라의 시스템은 삐걱거리기 시작했다.

정조의 사돈 김조순은 초계문신으로 젊은 시절부터 정조와 인연이 있었다. 정조가 유별나게 총애했으며 인품도 뛰어났는데 흠이 있다면 집안이었다. 그는 병자호란 때 국서를 찢었던 김상헌의 후손이자 숙종 때 죽임당한 김수항의 후손이었고, 노론 중 노론 명문인 안동 김씨의 핵심이었다. 어느 정도로 대단했냐 하면 다른 노론들은 소론이나 다른 당파하고도 혼인을 했는데 이들 집안은 오직 노론

끼리만 혼인할 정도로 완고했다.

조선은 역사가 오래된 나라인 만큼 외척 문제도 곧잘 벌어졌다(태조, 명종, 광해군 시기). 한미하던 가문도 세자빈이나 왕비를 배출하면 외척으로 부정부패를 벌였는데 명문가에서 왕비가 나오면 그 위세란 호랑이가 스포츠카를 탄 형국이었다. 그럼에도 정조는 세자빈을 안동 김씨로 결정했고, 그가 죽은 뒤 정순왕후는 정조의 뜻을 존중해 김조순의 딸을 순조의 왕비로 들였다. 그녀가 바로 안동 김씨 60년 세도정치의 받침돌이 된 순원왕후 김씨였다.

김조순은 살아 있는 동안 모든 관직을 거절하면서 조용히 살았다. 그래서 세도정치의 시발점이 되었음에도 본인이 비난을 받는 일은 적었다. 하지만 그의 아들 대에 이르러서는 아니었다. 김홍근과 김좌근을 시작으로 안동 김씨들은 조선을 무지막지하게 좀먹어 들어갔는데, 그들이 이전의 외척들과 다른 것은 오로지 '안동 김씨'만이 권력의 줄기를 틀어쥐게 했다는 것이다. 결국 다른 성씨인 사람들이 출세하고 싶으면 안동 김씨에게 예쁘게 보이는 수밖에 없었다.

우리가 역사적인 인물의 속내를 낱낱이 알 수는 없는 노릇이지만, 정조는 상황을 조율할 자신이 있었던 것이 아닐까. 자신이 상왕으로 화성에 지내면서 어린 순조를 뒷받침해 주고, 외척 안동 김씨들을 견제하면서 정조 치세 제2막을 만들어 낼 수 있다는 자신감이. 하지만 정조는 한창 나이에 죽었고 어린 아들은 무기력하고 허약했으며, 화성은 버려지고 안동 김씨의 세력은 점점 커져 조선을 집어 삼켰다. 만약 이후 조선 왕들 중에서 누구라도 건강한 몸과 강력한 의지를 가진 사람이 있었더라면 이처럼 비정상적인 시대가 오래 가지 않았을지도 모른다. 어쨌든 정조가 구상했던 계획의 한 부분이 일그러져 나타난 미래가 세도정치인 것만은 분명하니, 그가 남긴 또 하나의 유산이라 봐도 무리는 없을 것이다. 조선왕조실톡

05 조선왕조실록
너 공노비였어?

Q. 질문입니다.[4점]
다음 셋 중, 노비는 누구?

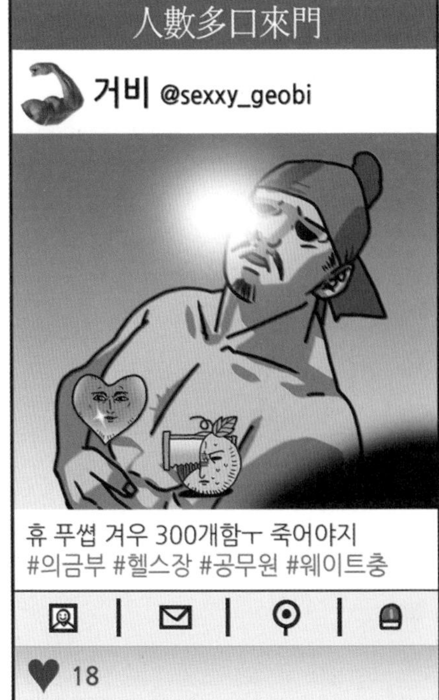

人數多口來門
을동 @sseamsseam
아암 #훈장님 #서당 #쉬는시간 #냠냠
#노는수준이 #서딩하고똑같음
180

人數多口來門
아지 @merci_aji
#의녀 #궁궐 #도서관 #인체공부 #ㅋㅋ
801
정약용 : @merci_aji 저도 의학
관심 많습니다 소통해요~

[정답 : 셋 다 공노비]

쩔지ㅋㅋㅋ
말 안 하면 모르겠지 않아??
휴…… ㅋㅋ

※공노비 : 궁궐, 관청에서 일하며 월급 받는 노비.
향단이, 방자 이런 애들은 사노비.

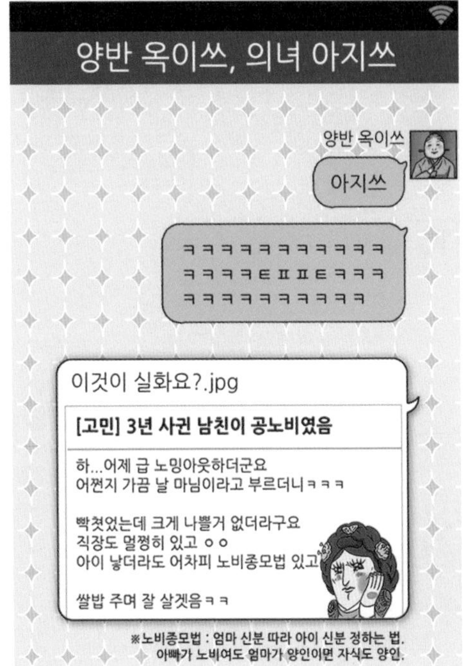

옆집친구 아지쓰
ㅋㅋㅋ
아니
티나지않나
노비는
난 딱보면 알겟던데
옆집친구 아지쓰
ㅋㅋㅋ아닌데
언니 몰라요
?
옆집친구 아지쓰
ㅇㅅㅇ나 공노빈데?
아니잖아
아지쓰 아니잖아
옆집친구 아지쓰
ㄴㄴ맞아요...
내 성씨 뭐예요
송
송 아지
옆집친구 아지쓰
ㄴㄴ
나 성 없어요
노비라서ㅋㅋㅋ

#노비이름 #송아지 #강아지 #도야지
#삭을연 #방귀 #짠내ㅠㅠ

흠…… 근데
차별이 아예 없진 않대ㅠㅠ

나라에서 까라면 까야 한다나?

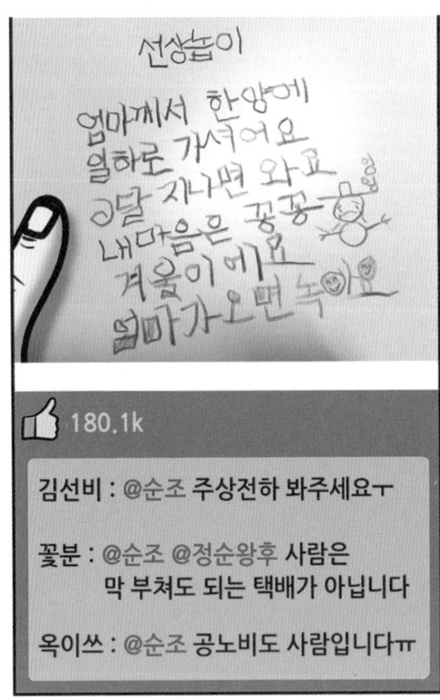
선생님이
엄마께서 한양에
일하로 가셔어요
2달 지나면 와요
내마음은 꽁꽁
겨울이에요
엄마가오면 녹아요
180.1k
김선비 : @순조 주상전하 봐주세요ㅜ
꽃분 : @순조 @정순왕후 사람은
막 부쳐도 되는 택배가 아닙니다
옥이쓰 : @순조 공노비도 사람입니다ㅠ

결국 그해,

양반 옥이쓰, 의녀 아지쓰
양반 옥이쓰
아지쓰
[속보] 왕실, 공노비 관련 중대발표 [생중계]
-정순왕후 : 오늘부로, 공노비 리스트를
모조리 불태우겠노라!
ㅜㅜ
옆집친구 아지쓰
ㅠㅠㅠㅠㅠㅠㅠㅠㅠㅠㅠ
ㅠㅠㅠㅠㅠㅠㅠㅠㅠ

#축하해
#캠프파이어

정사 正史

실록에 기록된 것

- 공노비는 종묘, 사직, 성균관, 의금부, 6조 등에 속해 일하다. 기술직, 행정직 등 다양한 업무를 수행하다.
- 공노비는 선상노비(관아에서 일하는 노비)와 납공노비(일정한 세금을 국가에 내는 노비)가 있었다.
- 지방 선상노비는 3년에 한 번, 6개월가량 한양에 올라와서 일해야 했다.
- 신분제 혼란으로 노비와 양민 구분이 흐릿해지다. 특히 노비종모법 혜택을 받는 양인 여성 + 노비 남성 부부가 늘어나다.
- 영조와 정조, 노비 인권을 중시하다. 특히 정조는 "노비도 내 자식"이라며 공노비와 사노비를 혁파하고자 하다.
- 어린 순조를 대신해 대비 정순왕후, "정조의 뜻을 이어받아 공노비를 혁파한다. 노비안을 돈화문 밖에서 불태운 후 내게 보고하라." 명하다.

픽션

기록에 없는 것

- 고구마는 안 구웠다.

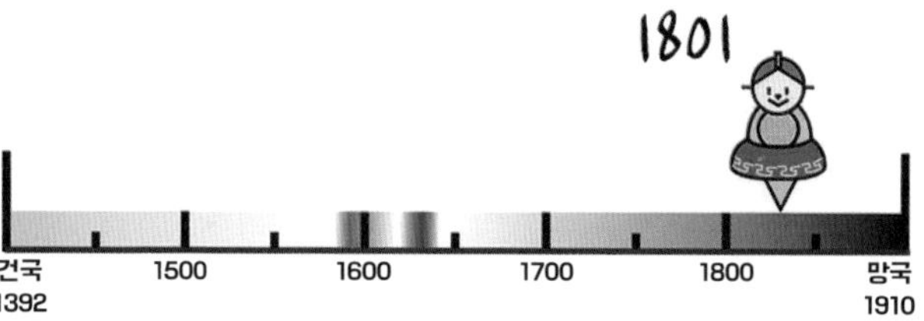

- 다섯 번째 이야기 -

천방지축마골피

'천방지축마골피'라는 말을 들어 본 적 있는가? 만일 성씨가 천, 방, 지, 축, 마, 골, 피 중 하나라면 원래 조상이 천민이었다는 이야기 말이다.

이 이야기를 들었을 때 가장 먼저 떠오르는 의문은 '한국에 축씨와 골씨가 있기는 하는가'라는 것이다. 실제로 추씨는 있지만, 축씨는 없다. 골씨는 강화도에 있었다고는 하는데 현재 한국에 있는 280여 개의 성씨 중 보고된 바가 없다. 외국에서 귀화하는 사람이 많아져 요즘 한국의 성씨는 더욱 늘어나고 있다.

물론 모든 사람이 처음부터 성씨를 가진 것은 아니었다. 성씨가 퍼져 나간 시발점은 아주 먼 옛날, 중국의 왕족이나 공신들에게 성씨를 내려준 것이 시작으로 여겨지는데, 이것이 우리나라에도 전해져 고려 태조 왕건만 해도 수많은 사람들에게 왕씨를 내려주었다.

현재 한국에서는 "너도 나도 양반 집안이라고는 하는데 대부분이 가짜"라는 우스갯말이 나오고 있다. 어느 정도는 신빙성 있는 말이라고 하겠다. 이미 영조 때에 가짜 족보를 찍어 팔아넘긴 업자가 잡힌 적도 있었으며, 일제강점기에 들어선 뒤로는 너도 나도 족보를 찍어내는 붐이 크게 일었는데, 그런 족보들마다 무수한 오류가 가득했지만 쉬쉬하면서 만들어 주고받았다는 이야기도 전하고 있다.

갑오개혁 때 노비들이 해방되며 주인들의 성씨를 그냥 이어 받아 해당 성씨 일원들이 크게 늘었다는 이야기도 있다. 이것은 우리나라에만 있는 일은 아니었으니, 땅콩 박사로 유명한 미국의 과학자 조지 워싱턴 카버(George Washington Carver)도 원래는 노예라 성이 없었지만, 노예 해방을 맞이하여 주인의 성씨를 따와 카버가 되었다.

아무튼 우리나라의 성씨도 그 출처나 정확함이 그닥 믿을 만한 바가 아니라는 것은 분명한데, 대체 이 '천방지축마골피'라는 고약한 이야기가 어디에서 생겨났는지 알 수가 없다. 다른 건 몰라도 실제로 존재하는 천씨나 방씨, 지씨, 마씨, 피씨 등이 입는 정신적인 피해가 있다는 점에서 안타까운 일이다. 오늘날에 와 옛 조상의 신분 따위에 무슨 의미가 있을까 하지만 그것을 빌미로 놀리는 사람들이 존재하기 때문에 피해를 겪는 것이니 괴로움을 느끼는 사람들을 탓할 일은 아니다.

앞서 말한 대로 천민에게는 성씨가 없었고 조선시대 기록이 남아 있는 천민(백정)들의 성은 박씨, 이씨 등 흔한 것이었다. 게다가 '천방지축마골피'에 속하는 성씨의 사람들 중 버젓이 과거에 합격한 사람들도 있었다. 천씨가 그랬고 지씨가 그랬다. 가장 대표적으로 고종 때 문과에 급제했고 종두법을 도입하여 천연두를 막아 수많은 아이들의 생명을 구해냈던 지석영도 지씨이지 않은가.

일단 사람의 출신을 성씨로 따지는 것은 비과학적인 일이다. 성씨의 시조를 생각해 보자. 한 성씨의 시조는 대체로 수백 년, 수천 년 전에 살았다는 어떤 남자다. 그런데 사람은 '당연히' 두 사람의 부모를 가지고, 네 사람의 조부모를 가지며, 여덟 사람의 증조부모를 가진다. 한 단계 위로 올라가 고조부모까지 세면 모두 열여섯 명이나 된다.

성씨란, 이 여덟 명의 증조부모 중 단 한 사람의 성씨를 이어 받은 것이다. 그리고 이런 조상들의 100년, 200년 위로 거슬러 가보자. 8대조만 거슬러 올라가도 256명의 직계조상들이 있는 것인데 그중에는 왕족도 있겠고 양반도 있겠고 천민도 있으며 대역죄인도 있는 것이 자연스럽다. 이처럼 한 사람에게는 굉장히 많은 혈통들이 뒤섞여 있으니 성씨 하나로 사람을 규정짓는 것은 바다를 작은 컵에 담겠다는 것이나 다름없으며 사람을 성씨나 출신으로 구분 짓는 것은 어리석은 일이다.

조선왕조실톡 06

담배가 맛있니?

하나요 이상해

저기, 여봐라.
이거 과인만 불편한 게냐?

23대 왕 순조
(정조 아들)

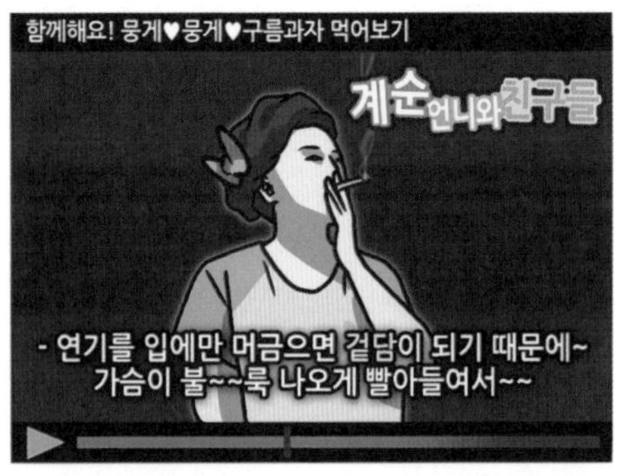

그치??
나만 그런 거 아니지???
진짜 이해가 안 돼.

우리 백성들
담배 너무 좋아해…….

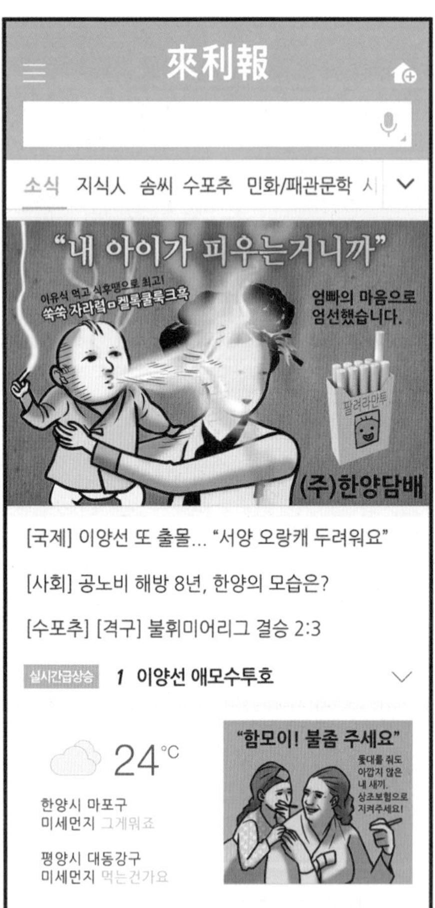

여기도 저기도 온통 담배.
애기들이 젖만 떼면
라이터부터 찾는다니까?

여기 궁궐도
마찬가지고요ㅠㅠ

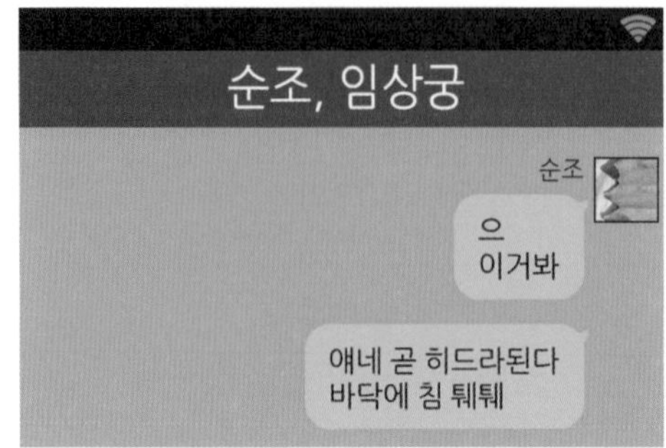

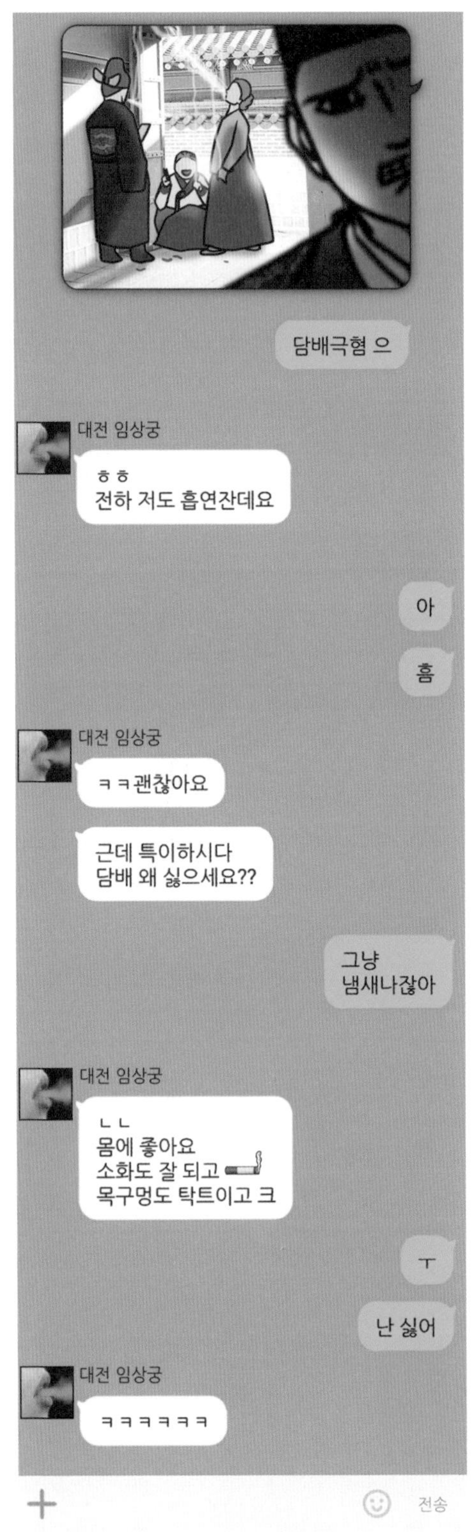
담배극혐 으
대전 임상궁
ㅎㅎ
전하 저도 흡연잔데요
아
흠
대전 임상궁
ㅋㅋ괜찮아요
근데 특이하시다
담배 왜 싫으세요??
그냥
냄새나잖아
대전 임상궁
ㄴㄴ
몸에 좋아요
소화도 잘 되고
목구멍도 탁트이고 크
ㅜ
난 싫어
대전 임상궁
ㅋㅋㅋㅋㅋㅋ
전송

하…… 깝깝하다.

금지하고 싶은데
딱히 근거도 없고ㅠㅠ

흡연러는 늘어만 가고!

ㅇㅋ 더는 못 참아!
#부들부들

이공 e_zero
담배가 왜좋지
저것때매 사람이 죽느니라

막래아씨 markyeah
@이공 ?

덕구 duk9
@이공 뭐지? ㅋㅋ

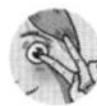
향단이 smelldan
@이공 ???? 팩트인가요

이공 e_zero
@향월이 ㅇㅇ담배가 잘팔리면...
농부들이 밭에 보리는 안 심고
담뱃잎만 심게됨.....

먹을게 없으니...사람들 굶어죽음....

막래아씨 markyeah
@이공 ?? 에바야 ㅜㅜ
백성이 배고픈건 <-아니라
탐관오리들 탓이죠??????

덕구 duk9
@막래아씨 크 팩폭 전치 8주

막래아씨 markyeah
@덕구 ㅋㅋㅋ피워 막피워

이공 e_zero
하.....ㅡㅡ

아 얘들아.
담배 안 된다고ㅠㅠ

정사 正史

실록에 기록된 것

- 광해군 시기, 담배가 조선에 들어오다. 일본에서 들어왔다고도, 중국에서 전해져 왔다고도 한다.
- 백성들, 성별 나이 불문 담배 즐겨 피우기 시작하다. 광해군, 궁궐에서 신하들이 담배를 하도 피워 연기가 모락모락하자 불편한 기색 내비치다.
- 조선에 표류한 네덜란드인 하멜, 『하멜표류기』에 "조선에서는 네다섯 살 아이들조차 담배를 피운다"고 쓰다.
- 순조, "젖먹이들이 젖을 떼자마자 담배를 피워댄다. 모두들 틈만 나면 담뱃대를 물고 앉아 있으니 매우 꼴사납다. 어떤 사람은 담배가 위와 기관지에 좋다곤 하지만, 금할 방법이 없겠는가?" 하문하다.
- 그러나 신하들, "못 피우게 하면 백성들이 싫어할 것입니다. 차라리 술이 몸에 더 나쁘니 술을 금하시죠?" 하다. 당시 담배의 해로움은 알려져 있지 않아, 순조도 "담배 심을 땅이 아깝다"고만 하다가 금연 논쟁, 흐지부지 끝나다.
- 재미있게도 순조 아빠 정조는 지독한 골초였다고.
- 순조 때까지 조선통신사가 왜와 교류했다.

픽션

기록에 없는 것

- 개비 담배가 아닌 길쭉한 담뱃대로 담배를 피웠다.

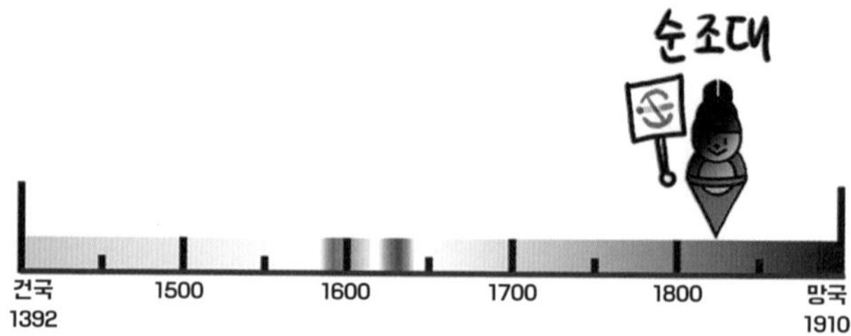

- 여섯 번째 이야기 -

다 된 밥에 담뱃재 빠트리기

온갖 유해물질에 발암물질까지 있다고 해 공공의 적으로 여겨지면서도 담배는 여전히 꾸준하게 사랑받는다. 그런데 담배의 역사는 의외로 길지 않다. 아메리카 원주민들이 발견한 이 유흥은 콜럼버스 덕분에 전 세계로 퍼져 수많은 사람들의 폐 건강을 앗아가고 즐거움을 선사했다. 조선도 예외는 아니었다. 지금 우리가 부르는 담배라는 이름은 포르투갈 말 '타바코'가 일본을 거쳐 '담바고'가 되었다가 변한 것이다. 그 전에는 남령초南靈草라고 했으니 남쪽에서 온 신령한 풀이라는 말이었다.

광해군 즈음에 이 땅에 들어온 담배는 삽시간에 널리 퍼졌고 수많은 사람들이 담배의 노예가 되어 밤이고 낮이고 연기를 풀풀 피워대며 살게 되었다. 담배 피우는 데는 신분도 나이도 없었기에 정조 때 윤기는 "위로는 재상에서부터 아래로는 마부까지 모두 담배를 피운다"는 내용의 시를 짓기까지 했다.

이 정도이다 보니 사회 문제가 되었다. 담배를 피울 때의 필수품은 당연히 담배, 그리고 불이다. 그리고 이것이 없으면 다른 사람에게 빌려야 했는데, 사람들은 모두 담배 앞에 하나가 되어 장유유서 남녀차별 신분고하 상관없이 아무에게나 빌렸다. 양반이 상놈에게, 남자가 여자에게, 아이가 할아버지에게 거리낌 없이 담배와 불을 빌리는 감동적인 사회 대통합이 실현되었지만, 이것은 신분제의 나라 조선에서는 가정이 무너지고 사회가 무너지는 현장이었다.

식량 생산의 문제도 있었다. 담배 소비량이 엄청났으므로 담배를 파는 게 꽤 돈이 되었다. 자연히 자기 땅에 담배를 키워 파는 사람들이 많아졌는데 쌀을 심고 농작물을 심어야 하는 땅에까지 담배를 심는다는 점이 문제가 되었다. 자기가 좋아서 심겠다는데 뭐 어쩌겠느냐 싶겠지만 그러다가 가뭄, 홍수 같은 재해가 벌어지면 당장 식량난이 오고 먹을 수 없는 담배를 끌어안고 굶어죽기 딱 좋아지므로 담배 재배를 규제해야 한다는 목소리가 꾸준히 나왔다.

또한 생활에도 실질적인 피해가 있었다. 생활비를 쪼개 담배를 사 피우니 당연히 생활이 쪼들렸고, 담뱃불로 인해 불이 나거나 베개나 빨랫감을 태워 먹기도 했다. 그리고 또 하나, 음식 위생에도 큰 문제가 되었다.

정조 때의 이덕무는 담배를 몹시 싫어했고 그래서 주변의 끈질긴 흡연 권유에도 아주 질색을 했는데 담배의 각종 폐해를 그의 저서 『청장관전서』에 꼬깃꼬깃 적어 놓았다. 특히 그는 여성들이 담배를 피우며 밥을 짓는 일을 매우 싫어했다. 다 만든 음식에 담뱃재가 떨어지면 음식을 망친다는 이유에서였다. 우리가 곧잘 들어온 "다 된 밥에 재 빠뜨린다"라는 말은 아낙들의 흡연에서 나온 것이다. 모두가 담배를 피우는 환경에서 자란 어린이는 어른들의 담배 심부름을 하다가 흡연의 길로 들어서기도 했으니, 한때 조선에 표류했던 하멜은 조선은 어린아이들도 담배를 피운다는 기록을 남기기도 했다.

김홍도나 신윤복이 그린 조선시대 민화를 보면 참으로 많은 사람들이 당연하다는 듯이 담뱃대를 꼬나물고 있다. 커다란 갓 쓴 양반, 큼직한 가채를 올린 기생, 웃통을 벗어젖힌 천민 가릴 것 없이 말이다. 신분에 따라 담뱃대 길이에 차이가 있을 뿐, 이토록 흔하게 담배 피우는 모습이 그려졌다는 것은 그만큼 담배가 흔했고 사랑받았다는 뜻이겠다. 담배는 약으로도 쓰였다. 회충을 앓는 아이들이나 입덧을 심하게 앓는 임산부를 치료하는 데 좋다며 담배 피우기를 권하는 일도 있었다.

현대의학이 담배의 해로움을 밝혀내고부터는 악의 화신처럼 다뤄지며 미움을 받고 있지만 그럼에도 담배를 사랑하는 사람은 여전히 많다. 앞으로 담배의 역사는 얼마나 더 길어질까? 조선왕조실록

홍경래의 난과 김삿갓

홍경래 왜 차별해ㅗ

김병연 창피ㅠ

하나요 왕따 평안도

1800년대,
흑인들이 피부색 때문에
노예로 부려먹히던 그 때.

조선에서도 차별 때문에
사람들이 고통받고 있었으니.

평안도 평민
홍경래

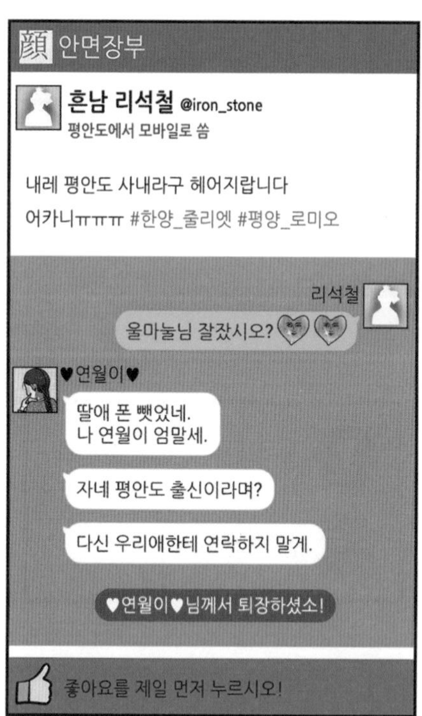

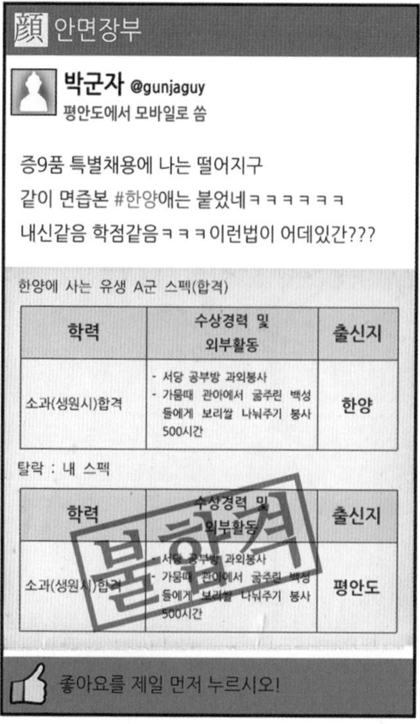

한양에 사는 유생 A군 스펙(합격)

학력	수상경력 및 외부활동	출신지
소과(생원시)합격	- 서당 공부방 과외봉사 - 가뭄때 관아에서 굶주린 백성들에게 보리쌀 나눠주기 봉사 500시간	한양

탈락 : 내 스펙

학력	수상경력 및 외부활동	출신지
소과(생원시)합격	- 서당 공부방 과외봉사 - 가뭄때 관아에서 굶주린 백성들에게 보리쌀 나눠주기 봉사 500시간	평안도

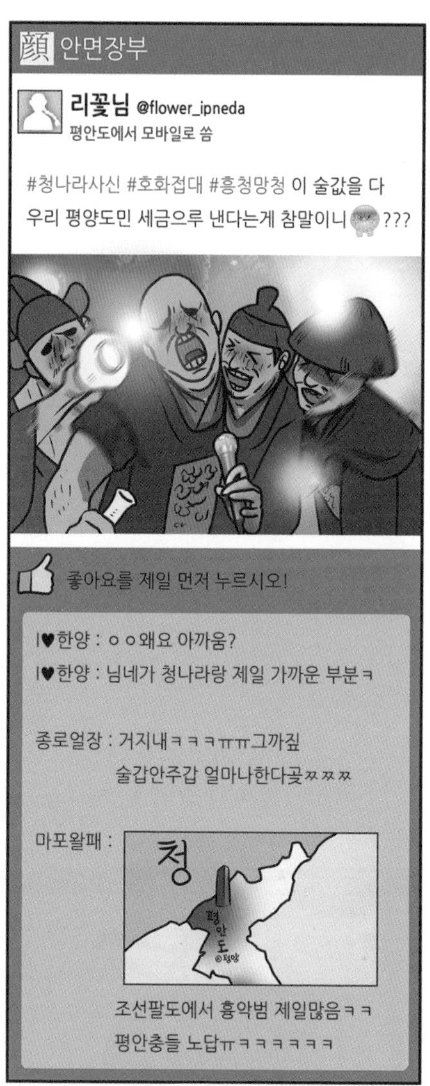
顔 안면장부
리꽃님 @flower_ipneda
평안도에서 모바일로 씀
#청나라사신 #호화접대 #흥청망청 이 술값을 다
우리 평양도민 세금으루 낸다는게 참말이니 ???
좋아요를 제일 먼저 누르시오!
I♥한양 : ㅇㅇ왜요 아까움?
I♥한양 : 님네가 청나라랑 제일 가까운 부분ㅋ
종로얼장 : 거지내ㅋㅋㅋㅠㅠ그까짓
술갑안주갑 얼마나한다곶ㅉㅉㅉ
마포왈패 :
청
평안도
평양
조선팔도에서 흉악범 제일많음ㅋㅋ
평안충들 노답ㅠㅋㅋㅋㅋㅋㅋ

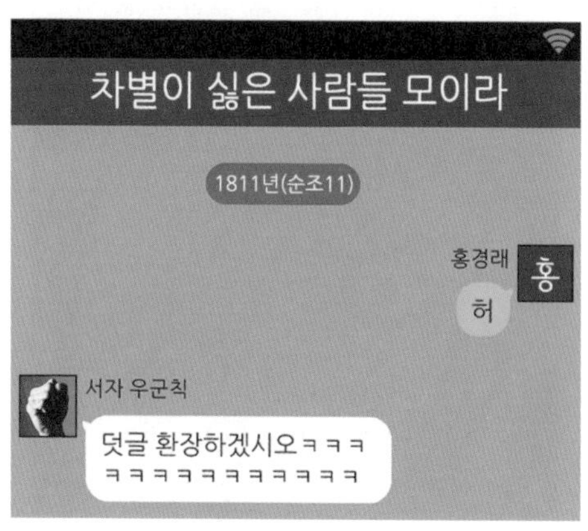
차별이 싫은 사람들 모이라
1811년(순조11)
홍경래
홍
허
서자 우군칙
덧글 환장하겠시오ㅋㅋㅋ
ㅋㅋㅋㅋㅋㅋㅋㅋㅋㅋㅋㅋ

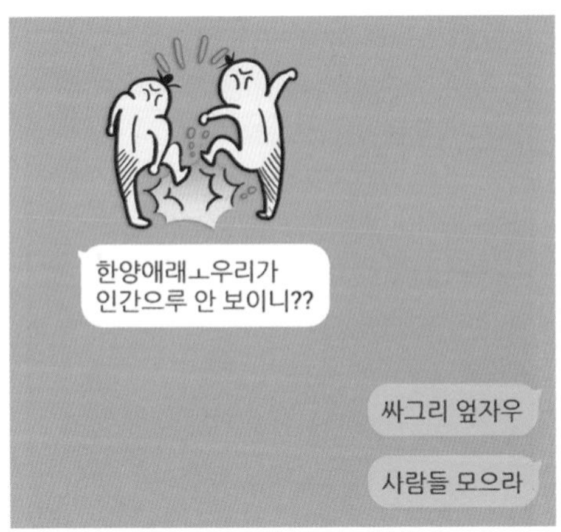

글 읽는 선비에
농민, 상인,

집과 땅 잃고 떠돌던
유랑민들까지 모여들었다.

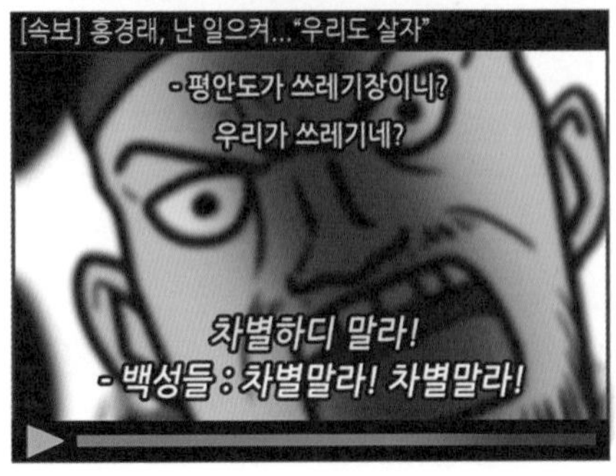

고을 수령들,
홍경래군에게 짓밟힐까 봐

겁먹고 벌벌 떨어댔으니.

홍경래, 김익순

김익순님께서 초대하셨소이다!

선천부사 김익순

실례합니다

홍장군님번호맞나요

ㅠㅠ읽씹하지마십시요
의금부나부랭이아니고요

참말~장군님팬입니다ㅠㅠ

홍경래

홍

?

선천부사 김익순

제가많이배웠읍니다

캬진정한영웅이시구나…
참으로백성들아끼시는구나…

그러나 결국
관군에게 지고 만
홍경래군.

자그마치
1,900여 명이
붙잡혀 목을 베였다.

항복한 김익순은
박제되어 두고두고 까였다.

심지어 15년 뒤,

강원도 과거 시험에까지
등장했으니.

<문제>역적 홍경래에게 항복한
<u>소인배 김익순</u>을 주제로 글을 쓰시오.

유생 김병연, 엄마
1826(순조26)
유생 김병연
엄마
엌
강원도 영월 과거시험(향시) 응시결과
감축드리오! ((장원)급제)하셨소이다!
이름 | 석차 | 합불여부
김병연 | 1(등) | 합격
ㅠㅠㅠㅠㅠㅠ
엄마
헐~세상에장원~
잘했다~ㅠㅠ
카카카
카카
너글케 고생하드니~
보답을 딱받는구나~^^
웅ㅠㅠㅠ
시험지 딱 낼때 어쩐지
느낌이 좋긴 했거든요??
강원도 영월 과거시험(향시)
수험번호 1807-63
이름 김병연
제목 論鄭嘉山忠節死
嘆金益淳罪通于天
Q.역적 홍경래에게 항복한 소인배 김익순을 주제로 글을 쓰시오.
김익순아 ?

강녕 익슌아 ?
네 찌질한 얘기 잘 들었어.
저승에도ㅋ 못 가고ㅋ

귀신이 되어 구천을
떠돌고 있다며 TT ?

엄마

.,

넌 선비의 수치야 ㅇㅇ
너처럼은 살지 말라구
역사에 니 이름 길이길이
남길게.

ㅃㅇ!
병연이가ㅋ

ㅠㅠㅠㅠㅠ근데 설마
수석일줄은ㅠㅠㅠㅠ흡

엄마

아들

너지금 혼자니

? 웅웅 넴

지금 친구들한테
축하턱내러 주막가는 길
ㅇㅇㅋㅋㅋㅋㅋㅋㅋㅋ

왜요?

전송

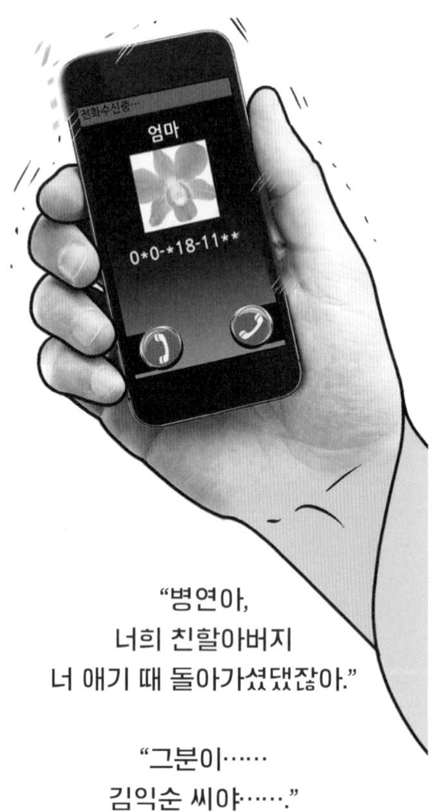

"병연아,
너희 친할아버지
너 애기 때 돌아가셨댔잖아."

"그분이……
김익순 씨야……."

유생 김병연, 과거 공부 때려치우다.

갓 하나 달랑 쓰고
시를 짓고 여행을 다니니
@김삿갓이라 불리다.

정사 正史

실록에 기록된 것

- 관서(평안도 일대) 사람들, 차별당하다. 평안도 선비는 책도 안 읽는다며 놀림 받았고, 정3품 이상으로 승진할 길마저 막힌 채 살다. 역적의 핏줄들이라 욕먹다.
- 평안도 백성들은 세금을 한양에 내지 않는 대신, 군사비와 중국 사신 접대 비용을 냈다(잉류). 그러나 부담이 점점 늘고, 세금 명목으로 탐관오리들이 백성들을 수탈하다.
- 1810년, 흉년 때문에 800만 명에 달하는 유랑민이 발생하다. 백성들 불만이 치솟자 홍경래, 봉기하다.
- 김익순, 항복하고 홍경래와 술까지 마시다. 벼슬도 받다. 그러나 홍경래군, 관군에 포위당하다. 한동안 저항했으나 진압당하다.
- 김익순, 사형을 피하려고 홍경래군의 거물 김창시의 목을 사서 바치다#현질. 그러나 목 값 천 냥을 제때 지불하지 않아 고발당했고#미입금, 결국 죽임 당하다.

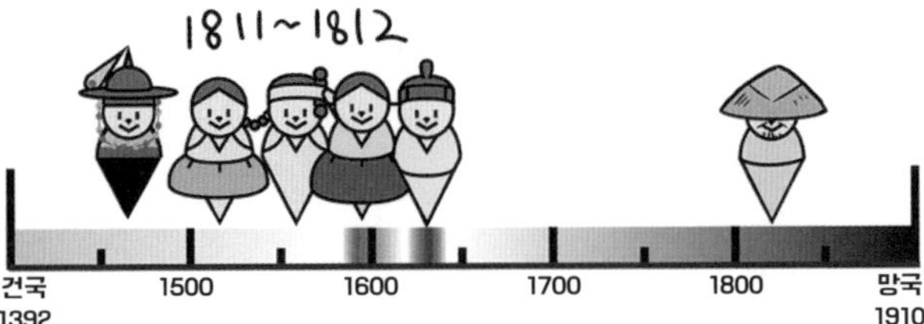

- 일곱 번째 이야기 -

망하지도 죽지도 않고

그동안의 반란들이 당파싸움 등에 이용되기 위해 짜인 판이었던 것에 비해 홍경래의 난은 계획적인 반란이었다. 다른 반란들과 다르게 조선 왕족 중 누군가를 내세워 새 왕으로 삼으려 하지 않았다는 점에서 명백히 '조선이 아닌 다른 체제'를 지향하기도 했다. 도원수인 홍경래와 군사인 우군칙, 행동대장 홍총각 등 나름 역할도 나뉘어져 있었고, 무엇보다 근처의 부자들과 상인들의 후원까지 받는 등 진실로 '나라를 뒤엎는' 난리였다. 결국 진압되면서 실패로 돌아가긴 했지만 그 와중 조선 정부의 무능함을 선명히 보여주었다.

1811년(순조 11) 12월 18일, 홍경래는 평안도 가산군에서 격문을 낭독하면서 반란의 포문을 열었다. 그 내용으로는 평안도 사람들을 평한平漢, 곧 평안도 놈이라고 부르며 차별 대우한다는 것이었고, 간신배들이 조정의 권력을 차지하고 있다는 것이었는데 이때 거론된 사람들이 김조순, 박종경이었다. 김조순은 잘 알려진 대로 안동 김씨 가문의 일원이자 순조의 장인이었고 박종경은 순조의 외삼촌이었다. 이런 이유로 지독한 기근과 재해로 백성들이 굶주리고 고통받고 있다고 외치며 시작된 반란은 가산 관아를 시작으로 차례차례 철산, 곽산, 정주성 등을 함락시켰고, 농민들은 반란군에 합류했으며 지방관들은 도망가다 잡히거나 반란군들에게 항복했다.

반란이 일어나기 전부터 불만을 가진 백성들이 지방 관리를 때려눕히는 사건 등이 벌어졌지만, 무기력한 임금이었던 순조와 조선 정부는 제대로 대처를 하지 못했다. 국가적 무기력과 무능함은 반란이 시작되며 더욱 명명백백해졌다. 홍경래의 난이 일어난 곳은 평안도. 아무리 옛날 교통이 불편했다고는 하지만 경기도 바로 위에 있는, 수도에서 가까운 지역이었다. 그런데도 반란이 일어난 지 7일이 되도록 아무런 조치를 취하지 않았고, 한참이 지날 때까지 반란의 규모와 실황을 제대로 파악하지 못해 주모자의 이름을 잘못 쓰는 등 많은 문제가 있었다.

그런 상황에서도 순조는 "난은 며칠이면 진압할 수 있다"라며 배짱을 부렸다. 반란을 진압할 군대를 파견하면서도 "그깟 반란군 찌꺼기들에게 순무사(총사령관)까지 내려 보낼 필요 없다"며 군대 일부만 보내면서 "며칠 안으로 해결하라"고 명령했다. 한편으로는 진압군을 파견하려고 해도 병사들이 모이지 않거나 장수가 책임을 회피하려 드는 등 여러 가지 사정이 있었다. 상황이 이러하니 민심이 크게 동요하는 것은 당연한 노릇. 사방에 피란민들이 일어나 서울 안에서도 피란 가는 사람들의 행렬이 이어지고, 온갖 유언비어와 벽보가 나붙었다.

이 정도로 정부가 무능했으니 반란이 성공했을 수도 있겠다 싶지만 반란군은 반란군대로 내부의 의견 충돌과 지역 의병들의 활약으로 타격을 입었다. 결국 반란군은 정주성에 들어가 장기전에 들어갔고, 관군에게 포위당해 시간이 지나며 식량이 떨어져 굶주리게 되었다. 그런데도 반란군이 항복을 하지 않자 관군은 성 아래로 땅굴을 파고 들어가 그곳에 화약을 채워 넣고 폭발시켜 성벽을 무너뜨렸다. 반란이 일어난 지 4개월이 지난 4월 18일, 마침내 난은 진압되었고 체포된 자들 중 1,900여 명이 처형당했다.

난은 진압되었지만 비판은 많았다. 반란을 진압하는 데 든 비용의 30%만 빈민구호 등에 들였다면 처음부터 난이 벌어지지 않았을 것이라는 비판이었다. 이런 와중 청나라는 조선에 연락해 "왜 이리 진압이 오래 걸리냐? 도와주겠다"라며 손을 내밀었다. 조선은 알아서 잘하고 있다며 거절했지만 굴욕적인 일이었다. 역설적이게도 홍경래의 난을 맞아 내내 무기력하던 조선 왕조는 조금이나마 활력을 되찾았지만 결국 문제점을 해결하지도 못하고, 그렇다고 망하지도 않은 채 100여 년을 더 이어 갔다. 조선왕조실록

조선왕조실톡 08

받기 싫은 택배

충청도 관찰사 무지개반송

순조 크크큭...

하나요 택배 왔소

어린이들에게
#산타♥할아버지가 있다면,

어른이들에겐
#택배♥아저씨가 있다.

그런데…….

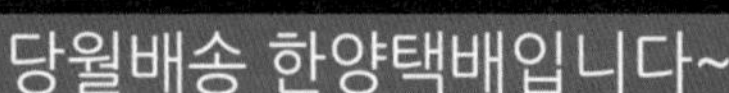

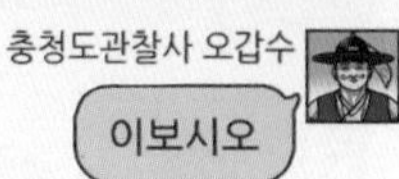

충청도관찰사 오갑수

이보시오

한양택배

네 고객님^^

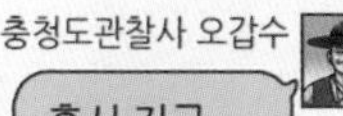

충청도관찰사 오갑수

혹시 지금
갖고오는거..

아이스박스요?

한양택배

네~녹지 말라고
보냉제 들어있네요~

신속배달하겠습니다~~^^

충청도관찰사 오갑수

으 안돼ㅜㅜㅜㅜㅜㅜㅜㅜ
ㅜㅜㅜㅜㅜㅜㅜㅜㅜㅜㅜㅜㅜ
ㅜㅜㅜㅜㅜㅜㅜㅜㅜㅜㅜㅜㅜ

한양택배

?

\+ 전송

왜 질색하냐고?
주상 전하 선물인데?
ㅠㅠㅠㅠㅠㅠㅠ

니들 #저게 뭔줄 알어??

한양일보

[속보] 홍경래의 난 진압…"싹다 처형"

[한양] 역모를 일으킨 홍씨(33) 잔당이 체포됐다.
주상전하 "용서못해…모두 목 벨 것"

"공포의 택배"는 다음주부터
조선 팔도 수령들에게 배송된다.

댓글(1,812개) | 인기순 | 최신순

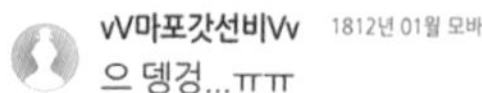
vV마포갓선비Vv 1812년 01월 모바일
으 뎅겅…ㅠㅠ

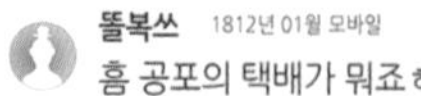
똘복쓰 1812년 01월 모바일
흠 공포의 택배가 뭐죠ㅎ

영옥이의영옥수수염차 1812년 01월 모바일
@똘복쓰 잘라낸……역적들 머리요..ㄷㄷ

역적들 머리요…….

#꺄아아아아아아아악

♥갑수랑 갑순이랑♥
충청도관찰사 오갑수
여보
와버렸어..........
♥내꺼 갑순♥
ㅇㅇㅇ
전하 인성뭔데
왜보내셔 그딴걸
경고지ㅜㅜ충성충성하라구
♥내꺼 갑순♥
그냥 열지마요
ㅇㅇ잘 받았다고 뻥치고
고대로 반송하면 되잖아
안될거같아요....ㅜㅜ
주상전하(순조)
ㅋㅋ택배 받았지?
개봉인증샷 꼭 보내라?
순

허튼짓하면 어찌되는지
똑.똑.히 보도록...ㅎㅎ

♥내꺼 갑순♥
아
씨

따흐흑

셋이요 이이이

연다
3
2
1
♥내꺼 갑순♥
꺄아아아아아아아앙ㅇ아악

정사 正史

실록에 기록된 것

- 조선 왕들, 조선 팔도를 모두 통치하긴 힘들어 지방을 다스리도록 관찰사를 파견하다.
- 눈 닿지 않는 곳에서 누가 허튼 생각을 하지는 않는지 감시하다. 자기 본거지에서 힘을 키우거나 토착세력과 결탁할까 봐, 관찰사의 고향으로는 발령 않는 상피제 실시하다.
- 조선 왕들, 역모를 일으킨 자를 가차 없이 처단하다. 최소 사형, 최대 사지 찢는 거열형.
- 홍경래, 서북 지역민을 차별하는 것에 반발해 난 일으키다. 여성, 아이, 지식인층까지 참여한 대형 사건이 되다.
- 홍경래, 관군 총에 맞아 정주성에서 사망하다. 2,000명 가까운 인명이 처형당하다.
- 순조, 주동자 목(혹은 팔다리)을 상자에 넣어 조선 팔도에 보내다. 돌려보며 감히 역심을 품지 못하게 하다. 순조만 이랬던 것은 아니고, 영조도 이인좌의 난 당시 같은 방법으로 반역자를 조리돌림 했다.

픽션

기록에 없는 것

- 얼음은 비싸서 소금에 절여 보냈다고 한다.

조선전반.

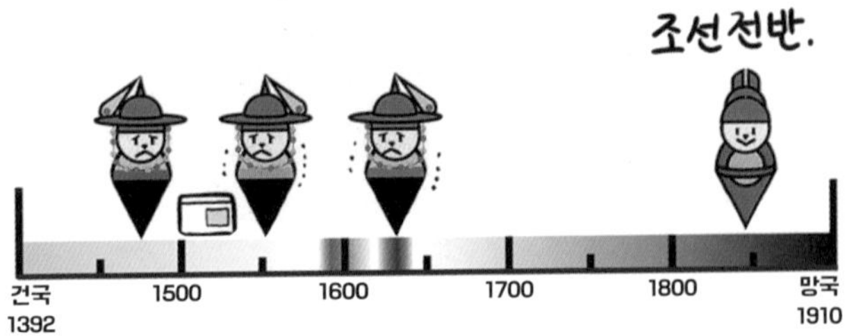

- 여덟 번째 이야기 -

조선의 마지막 부관참시

세상 어느 나라에서든 가장 크고 무거운 죄는 바로 반역이다. 그렇기 때문에 옛날 반역자의 처벌은 아주 잔인했다. 본보기를 보여 다른 사람들이 감히 따라할 생각을 하지 못하게 하려는 의도 때문이었다.

이 분야에 일찌감치 기틀을 닦은 나라는 중국이었다. 그 옛날 중국은 반역자를 죽이고 그 고기를 썰어서 소금에 절였다. 젓갈을 만드는 것과 같은 방식인데, 상하기 쉬운 단백질을 소금에 푹 절여 수분을 빼고 그렇게 함으로써 보존율을 높이는 방식의 이 요리법은 지금으로부터 2천 년도 더 전의 중국에서 대역죄인의 시체를 모욕할 때도 사용했다. 이런 처형 방법을 해醢라고 했다.

조선은 반역자를 젓갈로 만들진 않았지만 시체를 훼손해서 본보기로 전국 팔도에 돌리곤 했다. 조선에서 마지막으로 이 처형을 당한 대표적인 인물은 김옥균이다. 그는 갑신정변이 실패한 뒤 일본으로 달아났는데, 일본은 그의 이용 가치가 떨어졌다고 보고 아주 찬밥 대접을 했다.

꿈꾸던 개혁도 실패하고, 일본에게 퇴출 명령을 몇 번이나 받다가 연금되기까지 했던 김옥균은 결국 청나라로 건너갔다가 그곳에서 자객 홍종우의 총에 맞아 세상을 떠나고 만다. 그런데 그의 시신을 거두려는 나라가 없었다. 일본은 그의 시신을 거두는 것을 거부하고 청나라에 넘겼으며, 청나라는 또 조선으로 넘겼다.

그리하여 죽은 지 한 달 만에 조선으로 돌아온 김옥균의 시신은 양화진에서 능지처참을 당하게 된다. 잘린 그의 머리는 장대 위에 걸려 대역부도옥균大逆不道玉均이라는 하얀 천이 붙었다. 이 모습은 지금까지도 기록 사진으로 남아 있다.

고종은 일본을 매우 미워했고 그 연장선상에서 김옥균도 미워했다. 때문에 이렇게 잔인한 형벌을 내렸으나 당시의 조선은 더 이상 폐쇄된 왕의 나라가 아니었다. 시체를 토막 내고 그의 가족들마저 처형하는 전근대적이고 잔인한 형벌을 목도한 여러 나라들은 크게 놀라 외교관들을 통해 중단을 요청했고, 특히 일본은 김옥균을 기리는 행사를 개최하면서 조선을 압박해 들어갔다.(물론 앞서 김옥균에게 방 빼라는 압박을 넣고 2년 넘게 연금을 시킨 나라도 일본이라는 것을 잊어선 안 된다.) 그리하여 김옥균의 효시는 겨우 16일 만에 끝나게 된다. 원래라면 효시는 훨씬 더 길고 오랜 시간이 걸리는 일이었다.

그보다 훨씬 앞선 명종 때, 묵재 이문건은 을사사화에 연루되어 집안이 풍지박산 나고 조카가 능지처참을 당했다. 처형 3일 뒤, 이문건은 조카의 시체 일부를 거두어 일단 묻을 수 있었는데, 나머지는 소금에 절여져 나라 곳곳으로 조리돌림 당했으며 이것이 6개월이나 계속되었다. 그런 다음에야 비로소 가족들은 시체의 나머지 부분을 돌려받아 비로소 온전한 장례를 치를 수 있었다고 한다.

현재 김옥균의 무덤은 충청남도 아산과 도쿄 아오야마의 외국인 묘지 두 곳에 있다. 어느 묘지에도 진짜 시체는 없고 옷과 머리카락을 묻은 것이라고도 한다. 처참한 일이었지만 이미 시체는 고깃덩어리일 뿐, 그 사람의 모든 것을 사라지게 할 수 있는 건 아니었다.

살아서는 온갖 냉대를 당했던 김옥균이었지만 정작 죽고 난 뒤에는 조선 근대화의 마지막 가능성이 아니었느냐며 재평가되었다. 일본에서는 후쿠자와 유키치福澤諭吉를 비롯한 많은 명사들에게 지지를 받았고 지금까지도 일본인들에게 가장 잘 알려진 한국인 중 하나이다. 그리고 일본에게 나라가 거의 먹혀 들어간 순종 때, 김옥균은 역적의 허물을 벗고 규장각 대제학에 제수되어 충달공忠達公이라는 시호까지 받게 된다. 수모 끝에 죽은 이에게 최대의 모욕과 영광이 함께 했으니, 참으로 아이러니한 일이다. 조선왕조실톡

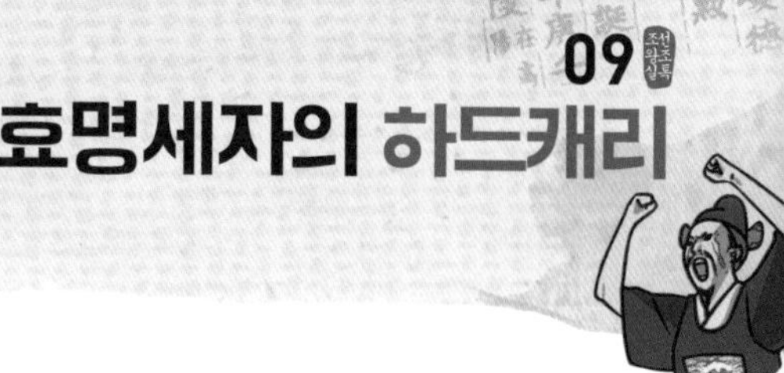

09 효명세자의 하드캐리

하나요 빼는질

나의 아버지,
#순조임금께서는

아주 훌륭한 분이시다.

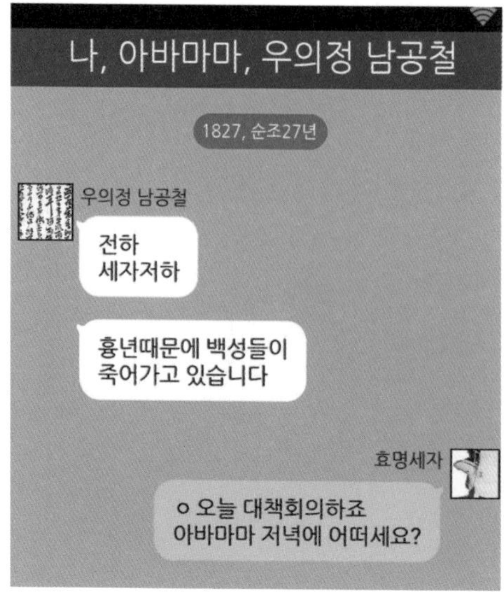

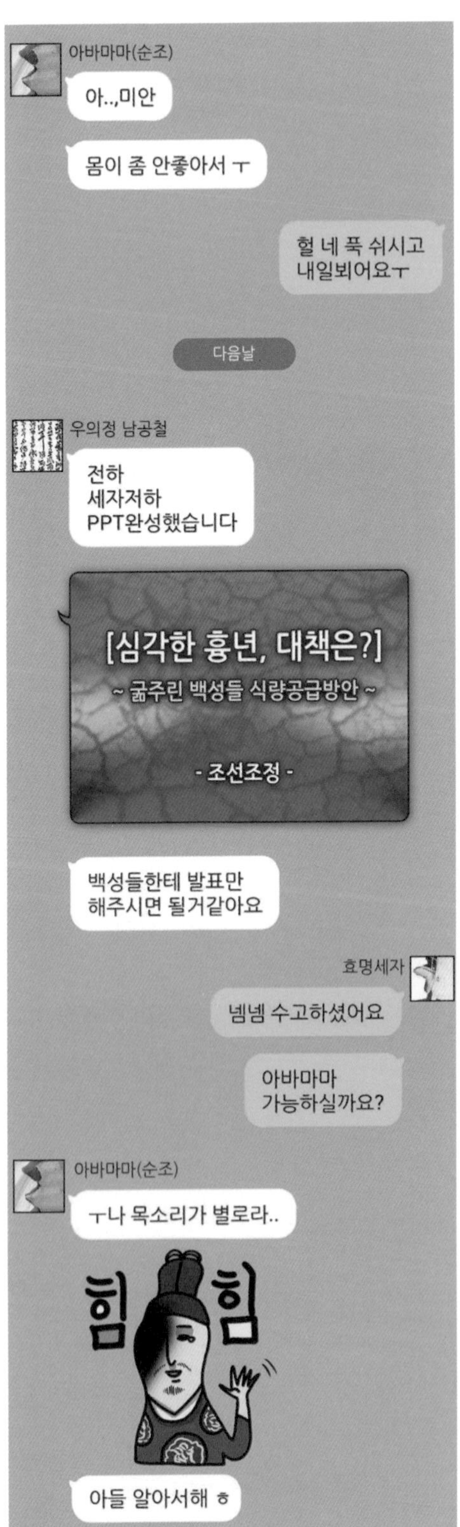

아바마마(순조)
아..,미안
몸이 좀 안좋아서 ㅜ
헐 네 푹 쉬시고
내일뵈어요ㅜ
다음날
우의정 남공철
전하
세자저하
PPT완성했습니다
[심각한 흉년, 대책은?]
~ 굶주린 백성들 식량공급방안 ~
- 조선조정 -
백성들한테 발표만
해주시면 될거같아요
효명세자
넴넴 수고하셨어요
아바마마
가능하실까요?
아바마마(순조)
ㅜ나 목소리가 별로라..
힘 힘
아들 알아서해 ㅎ

오해야.
좋은 분 맞다.

다만 워낙
#프로허약러서서
평소에, 좀…… #무기력

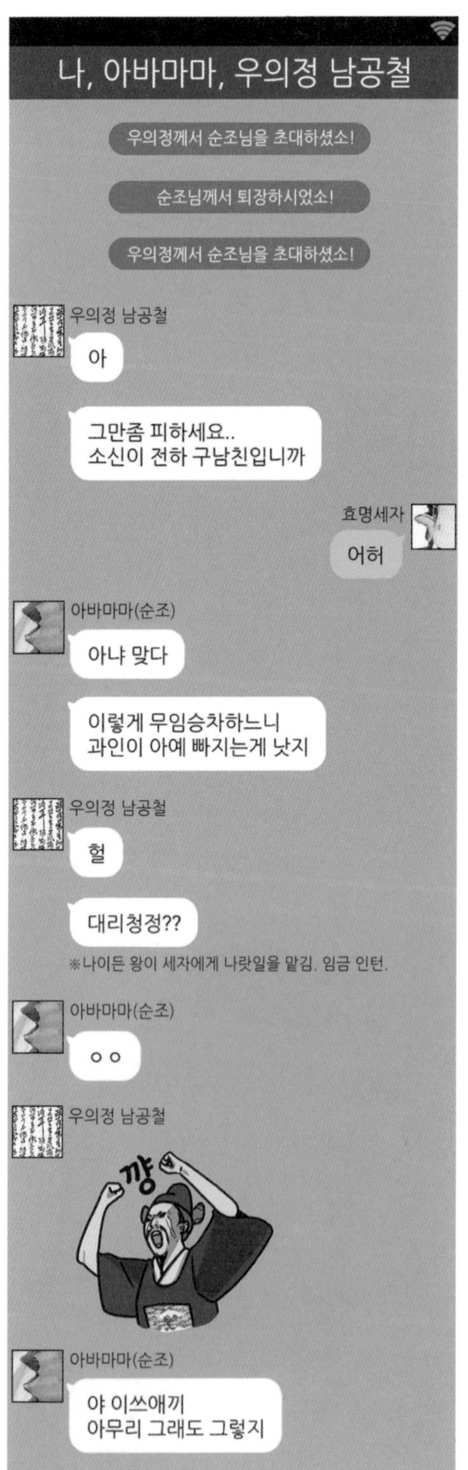

나, 아바마마, 우의정 남공철
우의정께서 순조님을 초대하셨소!
순조님께서 퇴장하시었소!
우의정께서 순조님을 초대하셨소!
우의정 남공철
아
그만좀 피하세요..
소신이 전하 구남친입니까
효명세자
어허
아바마마(순조)
아냐 맞다
이렇게 무임승차하느니
과인이 아예 빠지는게 낫지
우의정 남공철
헐
대리청정??
※나이든 왕이 세자에게 나랏일을 맡김. 임금 인턴.
아바마마(순조)
ㅇㅇ
우의정 남공철
꺙
아바마마(순조)
야 이쓰애끼
아무리 그래도 그렇지

그 순간,
손이 벌벌벌벌 떨렸다.

긴장해서가 아니라
알림 폭탄 때문에 ㅋㅋ

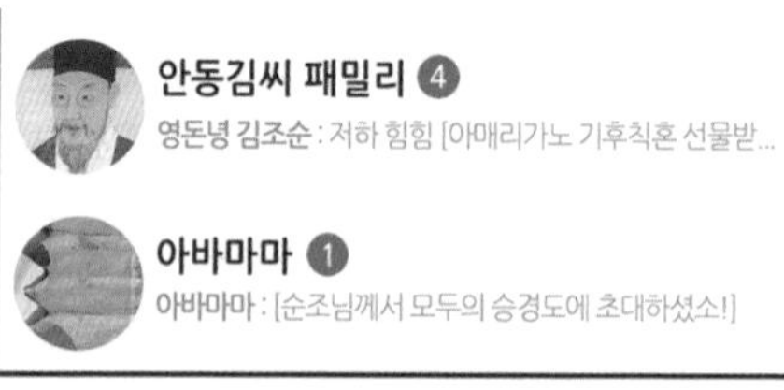

ㅜㅜ할 일이 많구나.
내 책임이 막중하다.

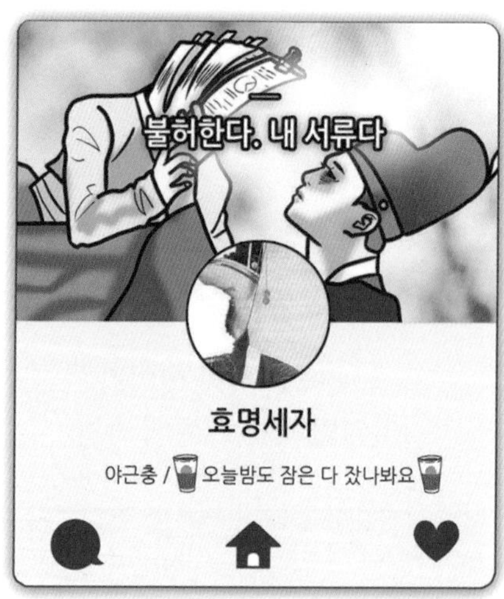

자, 오늘도 힘내자!

세자저하_근황.gwaro

人人人 人人人
〉 #돌연사 〈
〉#겨우_22살 〈
—Y^Y^Y^Y^Y—

정사 正史

실록에 기록된 것

- 정조, 급사하다. 세자 순조, 뒤를 이어 왕이 되다.
- 순조, 몸이 좋지 않다며 정사 돌보지 않다. 자신의 침전으로 일부 관료들만 불러 가끔 독서회나 하다. 신하들, "전하 얼굴을 도대체 뵐 수가 없다. 우리가 싫으시냐? 제발 자주 출근하셔서 저희들이랑 일 좀 하시라." 호소하다.
- 순조, 자신이 병 때문에 나라를 보살피지 못해 미안하다며 세자 효명에게 대리청정을 명하다. 효명 나이 겨우 19세.
- 왕위를 곧 넘긴다는 뜻이므로 보통은 예의로라도 뜯어말렸지만 순조 결정에 신하들, 나라의 축복(!)이라며 기뻐하다.
- 효명세자, 왕권 강화와 조선 부흥을 위해 몸이 부서져라 일하다. 당상관을 갈고, 탐관오리를 벌하고, 양란 이후 엉망이 된 궁중 음악을 정비하다. 롤모델은 세종대왕. 그러나 효명, 겨우 3년여 만에 급사하다. 상심한 순조, 4년 뒤 스러지듯 죽다.
- 겨우 여덟 살인 헌종 즉위하다. 외할머니 안동 김씨 가문과 어머니 풍양 조씨 가문, 주인 잃은 조선을 이끌어 나가다.

픽션

기록에 없는 것

- 여장남자 내시는 없었다.

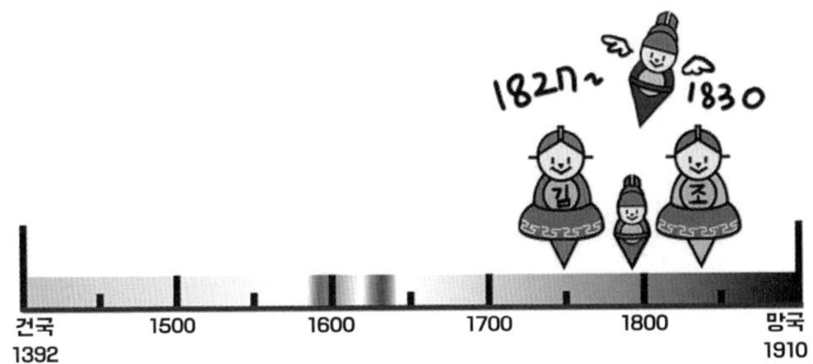

실록 돋보기

- 아홉 번째 이야기 -

보이지 않는 큰 발자국

순조의 외아들 효명세자는 겨우 22세의 나이에 세자 신분으로 요절했다. 훗날 그의 아들 헌종이 즉위하면서 익종翼宗을 거쳐 문조로 추존되었지만 그래도 효명세자라는 이름이 더 잘 알려져 있다.

순조는 아버지인 정조와는 달리 아주 무기력한 인물이었다. 처음 즉위했을 때는 어려서 그랬다 넘어가더라도 수렴청정이 끝나고 성년이 된 이후로도 몸도 허약했거니와 무엇보다도 의욕이 없었다. 남들 몰래 비밀 편지도 쓰고 신하들의 보고서에 하나하나 밑줄 긋고 잔소리를 했던 정조는 극성스럽다고 할 정도였는데 순조는 또 정반대여서 신하들이 의견을 올려도 좋다 나쁘다 평이 없이 "알겠다留意"고만 답하기 일쑤였고, 신하들이 문제를 지적해도 미적미적 고치지를 못했다.

왕의 무기력은 국정 전반에 번져 관리들은 할 일을 내팽개치고 해이해졌으며, 아무리 간언해 봐야 소용이 없으니 언론 기능도 쇠약해졌다. 부제학 김이교는 "나라 꼴이 이런데 지난 10년간 임금님이 한 일이 뭡니까?"라며 쏘아붙이는 상소를 올리기도 했다.

이런 와중 외아들 효명세자가 대리청정을 하게 되었다. 효명세자는 나라의 제전은 물론 인사권까지 쥔 막강한 대리청정을 하게 되었고, 실제로 이때 많은 인재를 뽑았다. 그 인물들은 상당수 세력을 잡고 있는 안동 김씨가 아닌 남인을 비롯한 다른 소수 파벌들이었으니 안동 김씨들을 견제하겠다는 의도를 명명백백하게 드러낸 것이었다. 덕분에 순조 시대 내내 썩은 동태처럼 숨만 쉬고 있던 언론도 살아나 간원들은 안동 김씨의 핵심 인물들을 비판했고, 효명세자는 그에 따라 안동 김씨의 중심 인물인 심상규, 김유근, 김교근 등을 귀양 보내거나 좌천시켰다.

또 효명세자는 자신의 세력을 강화하기 위해 할아버지 정조를 이용했다. 정조가 그랬던 것처럼 능행을 일곱 번씩 가며 백성들과 만나 여론을 들으려고 했고, 이미 껍데기만 남아 있던 규장각의 기능을 부활시키기도 했다. 또 효명세자는 연향을 세 번이나 열었는데, 이때 필요한 궁중무용인 정재呈才의 정리에도 힘을 기울였다. 무용이라 하면 별것 아닌 것 같지만 정재는 노래와 춤, 음악이 어우러지는 정교한 작업으로 이때 궁중무용은 질적, 양적으로 크게 발전해 조선의 무용사를 다룰 때 효명세자 없이는 이야기가 되지 않을 정도이다. 고작 3년의 대리청정 시기에 이렇게까지 한 일이 많았으니 요절하게 된 것도 납득이 간다고 하겠다.

물론 효명세자도 완벽한 인물은 아니었다. 안동 김씨의 핵심 인물이자 김조순의 아들인 김유근이 공무 때문에 평양으로 가다가 강도를 만났는데, 이 와중 첩을 데리고 간 일로 비난을 받자 효명세자는 오히려 김유근을 옹호했다. 아무리 정적이라곤 하나 결국엔 외가이고 외삼촌이었으니 아주 냉정하게 대하지는 못했을 것이다. 무엇보다도 안동 김씨를 견제하기 위해서라고는 하지만 자신의 처가인 풍양 조씨를 끌어들였으니 설령 효명세자의 계획이 성공했더라도 안동 김씨가 아닌 또 다른 세도가가 나타났을 뿐 변하는 건 없었을지도 모른다.

분명한 사실은 그의 요절로 상황은 더 나빠졌다는 것이다. 효명세자가 죽은 뒤 아버지 순조는 다시 정치를 맡았지만 그렇잖아도 무기력했던 그는 아들을 잃은 슬픔까지 얻어 더욱 상태가 나빠졌다. 순조가 죽은 뒤에는 효명세자의 외아들이던 헌종이 뒤를 이었지만, 이 역시 자식을 남기지 못하고 세상을 떠나 대가 끊어지고 만다.

효명세자의 비였던 신정왕후 조씨는 아들인 헌종의 뒤를 이은 철종이 죽은 뒤 왕실의 최고 어른의 자격으로 흥선군 이하응의 둘째 아들을 왕으로 삼겠다는 결정을 내렸다. 그가 효명세자의 족보상 양자가 된다는 조건에서 이루어진 것이며, 이가 고종이다.

세자의 신분으로 고작 3년 동안 정치를 했을 뿐인데 그가 당시 조선에 끼친 영향력을 보면 놀라울 정도이다. 만약 그가 일찍 죽지 않고 왕이 되어 천수를 누렸더라면 조선의 미래는 바뀌었을까. 어디까지나 상상의 한 자락으로 남을 뿐이다.

조선왕조실톡 10

정약용이 남긴 선물

다산 정약용

하나요 궁금해

아 뭐였지?
있잖아 그거 그거ㅠㅠ

백성 옥이, 백성 분이

백성 옥이
분이쓰
나 기억이않나
고구려 무슨대왕인데
땅엄청 따먹은 ㅠ 누구지??

백성 분이
ㅇㅇ

다산위키 백성을 잘살게~

광개토대왕
[작성자 : 정약용]

- 상위 문서: 역사
- 관련 문서: 고구려

1. 개요 [편집]

廣開土大王. 374년 ~ 412년?
고구려의 19대 왕으로 영토를 크게 넓혔다. 장수왕의 아버지.

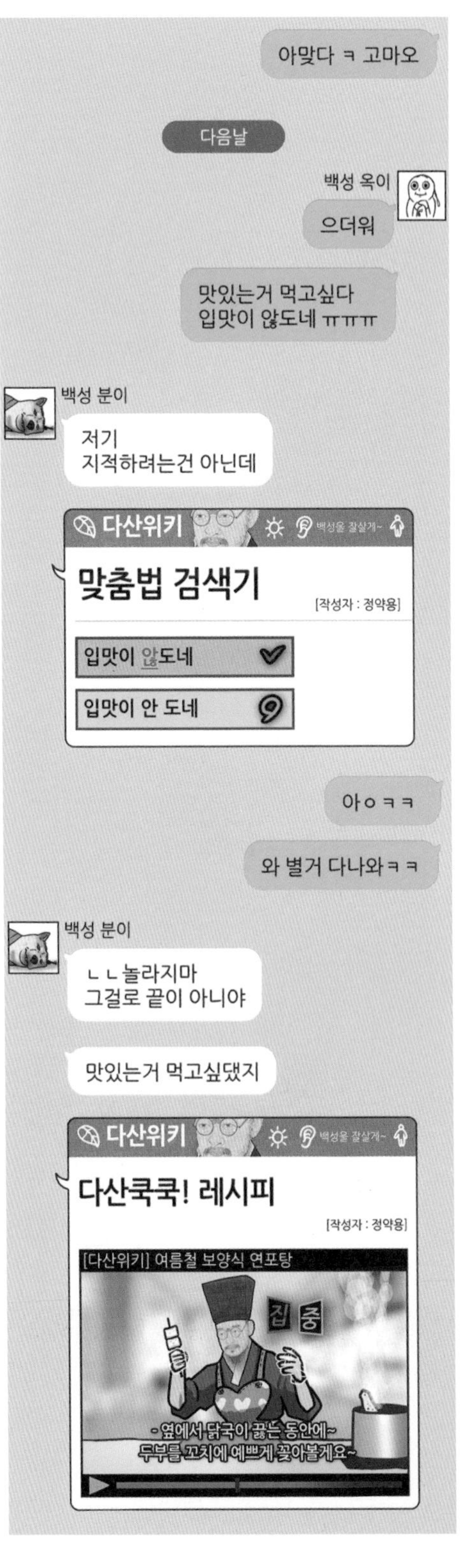

아맞다 ㅋ 고마오
다음날
백성 옥이
으더워
맛있는거 먹고싶다
입맛이 않도네 ㅠㅠㅠ
백성 분이
저기
지적하려는건 아닌데
다산위키
맞춤법 검색기
[작성자 : 정약용]
입맛이 않도네
입맛이 안 도네
아ㅇㅋㅋ
와 별거 다나와ㅋㅋ
백성 분이
ㄴㄴ놀라지마
그걸로 끝이 아니야
맛있는거 먹고싶댔지
다산위키
다산쿡쿡! 레시피
[작성자 : 정약용]
[다산위키] 여름철 보양식 연포탕
집 중
~옆에서 닭국이 끓는 동안에~
두부를 꼬치에 예쁘게 꽂아볼게요~

억ㅋㅋㅋㅋㅋㅋㅋㅋㅋㅋㅋㅋ
ㅋㅋㅋㅋㅋㅌㅌㅋㅋㅋㅋㅋㅋ

전송

#역사 #국어 #요리
#예술 #정치 #의학

놀랍게도
저 모든 지식들이,
단 한 사람에게서 나왔으니.

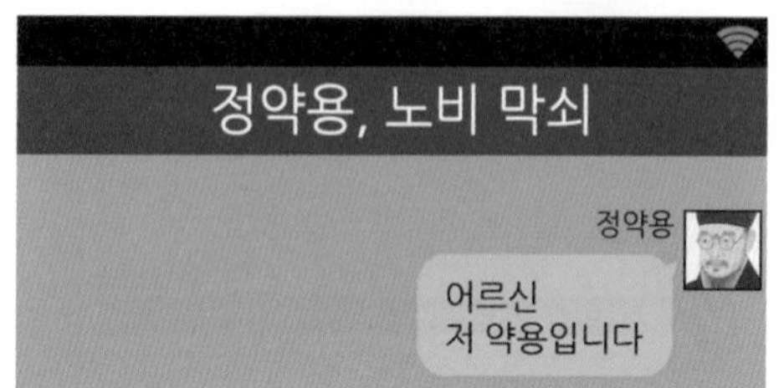

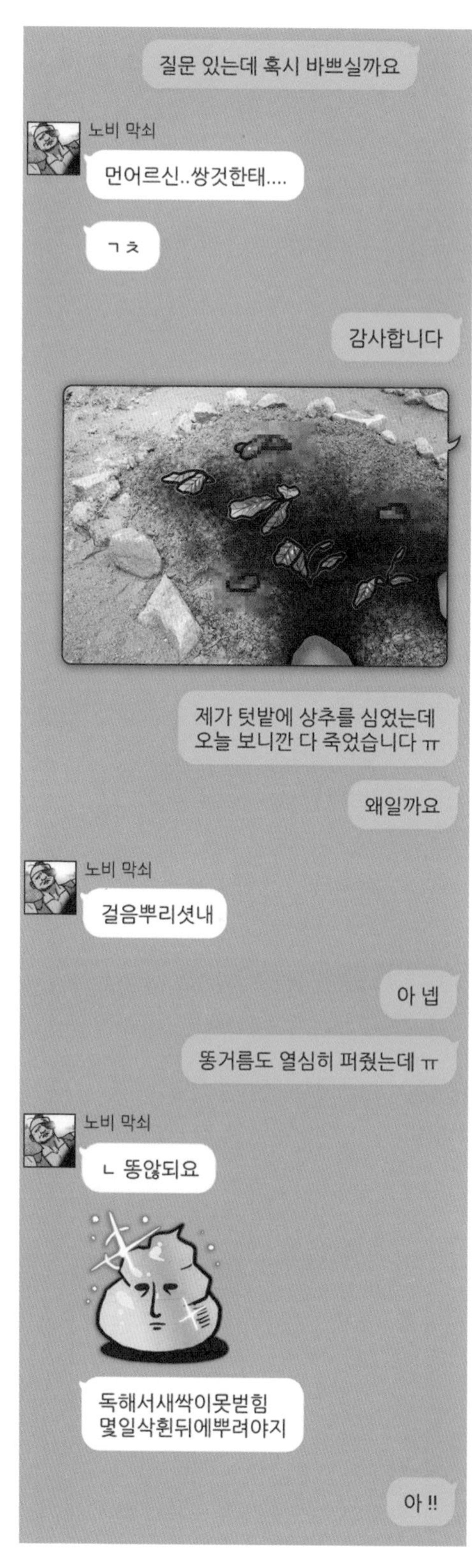
질문 있는데 혹시 바쁘실까요
노비 막쇠
먼어르신..쌍것한태....
ㄱㅊ
감사합니다
제가 텃밭에 상추를 심었는데
오늘 보니깐 다 죽었습니다 ㅠ
왜일까요
노비 막쇠
걸음뿌리셧내
아 넵
똥거름도 열심히 퍼줬는데 ㅠ
노비 막쇠
ㄴ 똥않되요
독해서새싹이못벋힘
몇일삭흰뒤에뿌려야지
아 !!

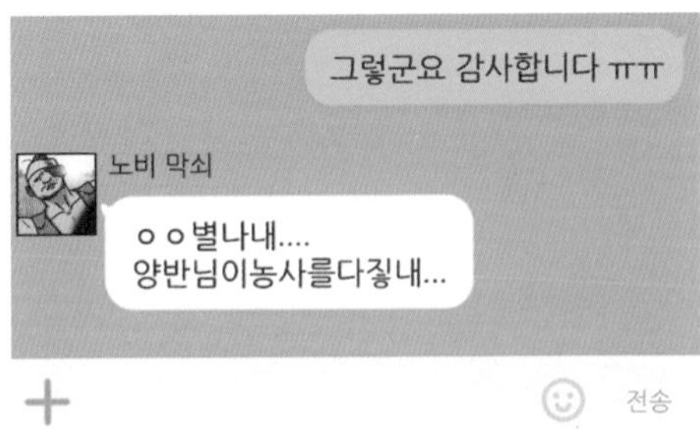

하지만
하늘도 무심하시지,

정약용은 자그마치
18년간(!) 풀려나지 못했다.

그만큼 학문은 깊어졌으니.

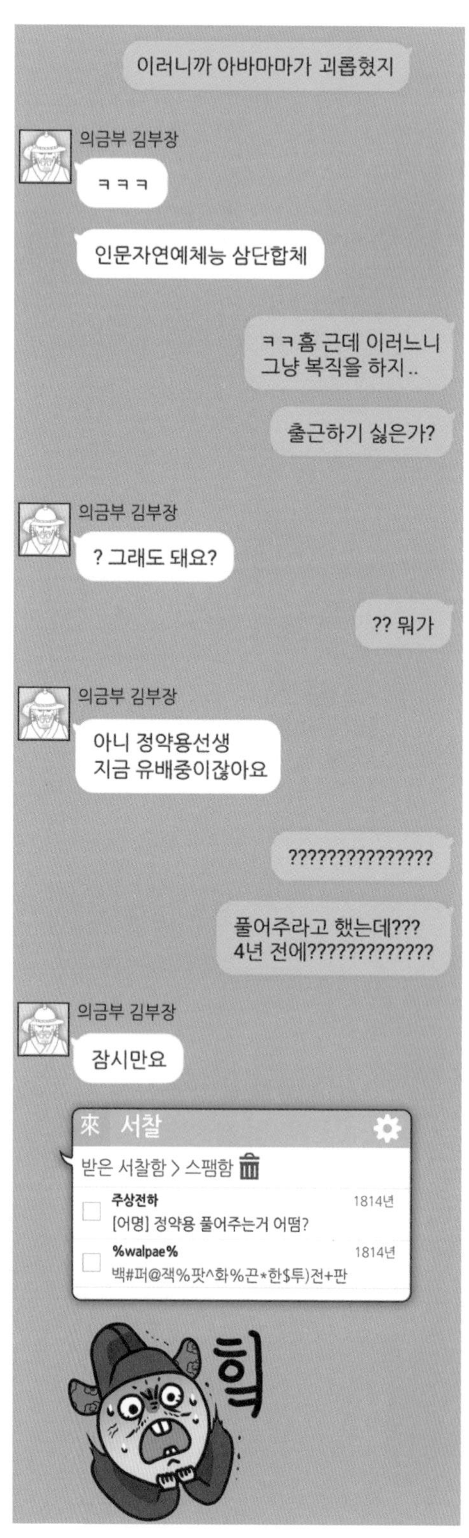

이러니까 아바마마가 괴롭혔지
의금부 김부장
ㅋㅋㅋ
인문자연예체능 삼단합체
ㅋㅋ흠 근데 이러느니 그냥 복직을 하지..
출근하기 싫은가?
의금부 김부장
? 그래도 돼요?
?? 뭐가
의금부 김부장
아니 정약용선생 지금 유배중이잖아요
???????????????
풀어주라고 했는데??? 4년 전에?????????????
의금부 김부장
잠시만요
來 서찰
받은 서찰함 > 스팸함
주상전하 1814년
[어명] 정약용 풀어주는거 어떰?
%walpae% 1814년
백#퍼@잭%팟^화%끈*한$투)전+판
흐

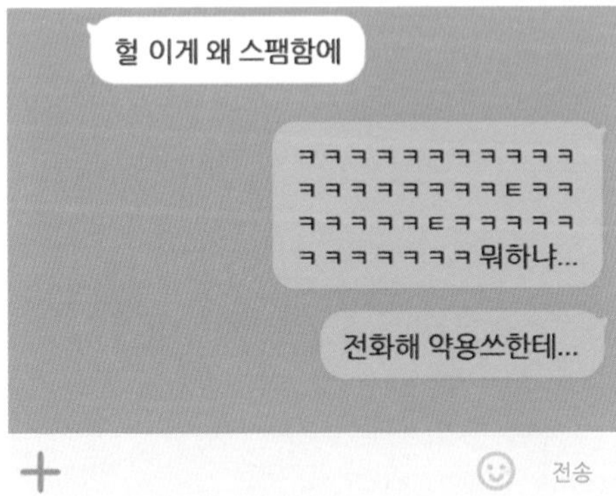

약용약용 (D:)

1836GB중 0GB 사용 가능

만든날짜 : 1801년
크기 : 1836GB
파일 : [목민심서] 좋은정치_하는법.jwp
[경세유표] 이젠_개혁합시다.jwp
[마과회통] 우리아이_홍역_살아남기.jwp
[아언각비] 쏙쏙_들어오는_우리말유래.jwp
[악서고존] 조선_클래식_입문서.jwp
[흠흠신서] 내가바로_CSI.jwp

"40세에 유배 간 정약용,
환갑이 다 되어 집에 돌아오다."

"외장하드 꽉꽉 채워서."
#다합치면_500권_이상

정사 正史

실록에 기록된 것

- 정조, 정약용 총애하다. 학자, 기술자, 암행어사로서 알차게 잘 써먹다.
- 그러나 정조, 예상치 못하게 일찍 사망하다. 정약용, 1801년(순조 1) 천주교도를 박해한 신유박해 때 사교도로 찍혀 유배 가다.
- 정약용, 유배지에서 저술 활동하다. 자료를 모아 집대성하기도 하고, 직접 실험 관찰하며 연구하기도 하고, 제자들을 모아 가르치기도 하다.
- 정약용, 아내 풍산 홍씨와 아이들의 전폭적인 지원을 받으며 오랜 세월을 견디다. 아내가 보내 준 낡은 치마를 잘라 자식들에게 책을 써 보내기도 하다(『하피첩』).
- 순조, 1814년 정약용을 석방하라고 명하다. 그러나 '석방 대상 죄인 명단 삭제 사건' 때문에 정약용, 4년을 더 유배지에 갇혀 있다가 1818년 이태순의 상소로 겨우 풀려나다. 사헌부와 의금부가 일부러 정약용을 골탕 먹이려고 이름을 지웠다는 의혹도.

픽션

기록에 없는 것

- 노란 고무 장화는 없었다.

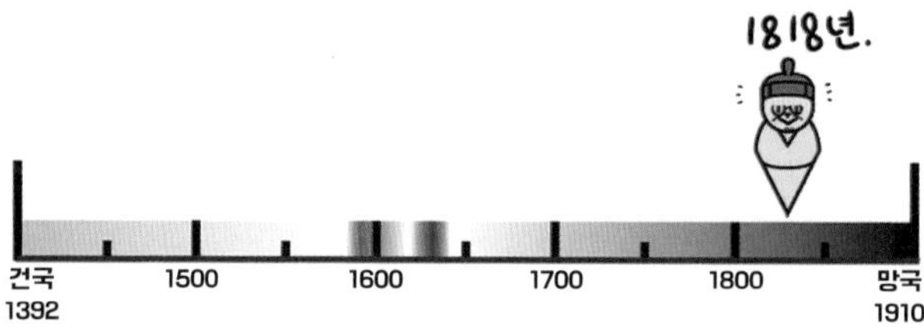

- 열 번째 이야기 -

다산의 백과사전

한국에는 '다산학'이라는 학문이 있다. 다산 정약용이 평생 쓰고 쌓아 온 저서를 토대로 그가 살던 조선 후기의 사회를 이해하는 학문이다. 한 사람이 썼음에도 그 분야와 깊이가 어마어마하게 넓고도 깊어 다산학이라는 학문이 발생해 논문이 쓰이고 연구소가 만들어졌다.

한 가지를 주제로 학문 세계 하나가 만들어진 것은 중국의 고대 불교 유적인 돈황 막고굴에서 파생된 '돈황학' 정도가 있을까. 게다가 돈황은 남북조시대에서부터 당나라를 거쳐 원나라에 이르기까지 수백 년 동안 만들어진 유적이다. 그러니 고작 100년도 살지 못한 한 인간을 주제로 학문이 만들어졌다는 것은 정말 놀라운 일이다. 그러나 그럴 만도 한 것이, 다산 정약용이 남긴 저작은 500여 권에 달하는데 과학, 문학, 의학, 언어, 천문, 역사, 지리, 철학, 윤리, 심지어 음악과 그림까지도 다루었으며 자신의 저작 목록을 체계적으로 정리하고 개요까지도 스스로 써 놓았다.

정약용이 그의 저서 첫 번째로 꼽았던 것은 유교 경전인 『육경』과 『사서』에 단 주석들이었다. 『시경』, 『서경』 등 먼 옛날 중국 경전들과 공자, 맹자가 쓴 글들을 풀어 "이 부분의 이 말은 어떤 뜻이다", "이 한자는 어떻게 읽는다" 등의 설명을 단 것이었는데, 이렇게 말하면 사소한 작업 같겠지만 조선에서 이런 주석서는 '경학經學'이라 하여 학문의 기본이자 굉장히 중요한 일이었다. 그리고 이 주석서가 230여 권을 이루어 다산 정약용의 저서에서 엄청난 비중을 차지하고 있다. 나머지 270여 권은 정약용 스스로 잡다한 글이라고 해서 '잡문雜文', '잡찬雜纂'이라고 정리했는데, 주요한 것을 고른다면 다음과 같다.

정약용이 직접 쓴 시 2,000여 편과 부, 전 : 정약용은 열 살에 이미 문집을 낼 정도로 많은 시를 썼는데, 직접 목격한 백성들의 괴로운 삶과 사회 당쟁의 문제들을 생생하게 그려 놓아 지금까지도 교과서와 시험 문제 등에 쓰이고 있다.

『경세유표』: 48권. 미완성이지만 다산의 경세론의 첫 작품이었고 각종 사회 개혁의 원리를 제시하고 있다. 평등한 인재 등용, 토지 제도 개혁, 지방 행정 조직 개편, 세금 제도 합리화 등을 주장했다.

『목민심서』: 48권. 지방 수령들이 지켜야 할 조목들을 이야기하며 그들의 잘못된 행정을 비판했으니, 조선 후기의 사회 문제 및 실태를 민생 문제와 함께 서술하고 있는 역작으로 두고두고 거론된다.

『흠흠신서』: 30권. 법의학 서적. 당시 범죄 사건들의 조사를 너무 대충 하는 것을 보고 저술한 것인데, 앞서 『경세유표』, 『목민심서』에서 빠진 형법을 보완한 것으로 볼 수 있다.

『아방강역고』: 10권. 조선 영토에 대해 문헌을 조사하고 고증한 역사 지리서이다.

『대동수경』: 2권. 조선의 산과 물(강)을 조사하고 고증했으며 설명을 덧붙였다.

『아언각비』: 3권. 조선 속어 중 어원이나 출처가 모호한 것을 찾아 정리한 것으로, 잘못된 말을 바로잡기 위해 만들어졌다.

『마과회통』: 12권. 홍역을 치료하는 방법을 기록한 것이다.

『의령』: 1권. 질병의 발병을 미신으로 믿는 당시 재래의학에 반대해서 과학적인 의술을 설명했는데, 특히 안경의 원리를 이용해 근시나 원시 등 눈이 나빠지는 현상을 해명하기도 했다.

이처럼 놀라운 저작을 남겼지만, 『조선왕조실록』에 남은 정약용의 기록은 실망스러울 정도로 적다. 교과서에서 당연하게 나오는 수원성 축성, 거중기, 부교의 이야기는 잘 나오지도 않고 나온다 해도 정약용의 이름 석 자는 들어가 있지도 않다. 정조와의 인연도 부실하게 다뤄지는 건 마찬가지. 왜 이렇게 대우가 박할까 궁금하다면, 비슷하게 『실록』에서 찬밥인 이순신의 사례를 생각하면 될 것이다.

조선왕조실톡 11

네 맘을 훔칠 헌종

헌종 셀카중독

하나요 넘버원

"최고의
임금은 누구일까?"

"당신만의
성군을 뽑아주시오!"

※사인이士仁理 : 선비는 인의로 백성을 다스린다.

※빙미憑美 : 몸에 미덕을 깃들이다.

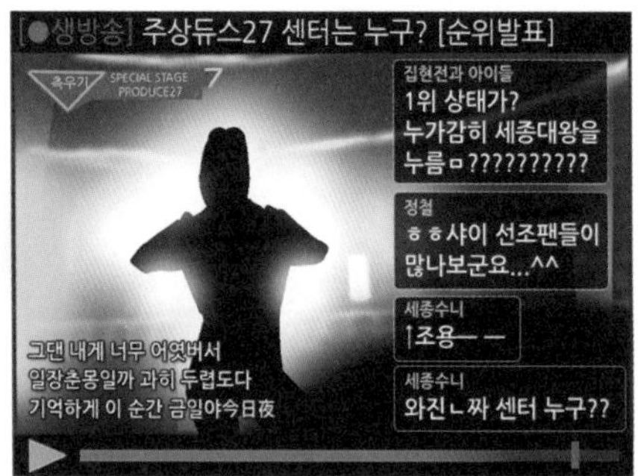

#정조의 증손자,
24대 왕 #헌종.

그는 아주 대단했다.

※마음의 눈으로 보면 잘생겼습니다.

궁녀들이 반할 만큼,
어마어마한 #잘생김을
용안에 묻히고 다녔다는데.

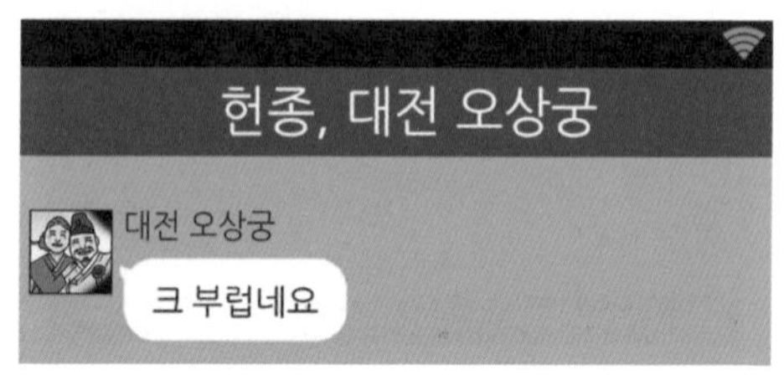

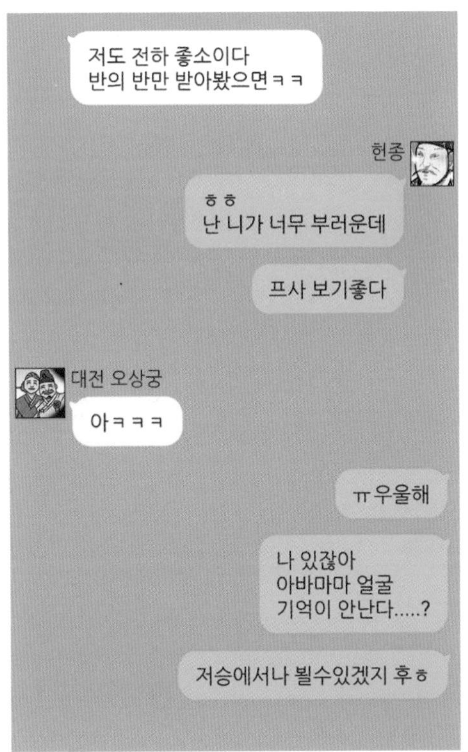

그랬다.
안타깝게도 헌종은
겨우 네 살에 아버지를 잃은 것.

기억은 흐릿하기만 했으니.

셋이요 거울아 거울아

정말 기뻤던 헌종.
종일 자기
얼굴만 들여다봤다고 한다.

갓선비갓 : !욕하지마세요!
!전하 효도중이십니다!

hwasunny : ....

hwasunny : 왜지 부끄럽다

정사 正史

실록에 기록된 것

- 정조 자식 순조, 효명세자를 낳다. 효명세자, 외모도 훤하고 똑똑하며 어질어 백성들 기대를 한 몸에 받았지만 겨우 스물두 살에 죽다.
- 효명세자의 자식 헌종, 뒤이어 즉위하다. 얼굴이 매우 잘생겼다고.
- 헌종, 아버지 효명세자가 그리워 늘 눈물짓다. 그러자 곁의 누군가가 말하길 "돌아가신 아버님의 초상화가 남아 있긴 하지만, 그보다 전하의 용안이 효명세자 저하를 더 닮았습니다." 하다.
- 그러자 헌종, 거울을 보며 눈물을 줄줄 흘리다.
- 헌종, 아버지처럼 스물세 살에 요절하다. 자손이라고는 딸 한 명뿐이었고 그마저도 태어난 날 죽어, 헌종 대에서 조선 왕실 대가 끊기다.
- 헌종 초상화, 불타 없어져서 전해 내려오지 않다. 『실톡』에서 참고한 초상화는 조선 왕실 족보인 『선원보략』에 실린 간단한 삽화라 실제 인물 생김과는 차이가 있을 것이다.

픽션

기록에 없는 것

- 성군 오디션은 감히 못했다.

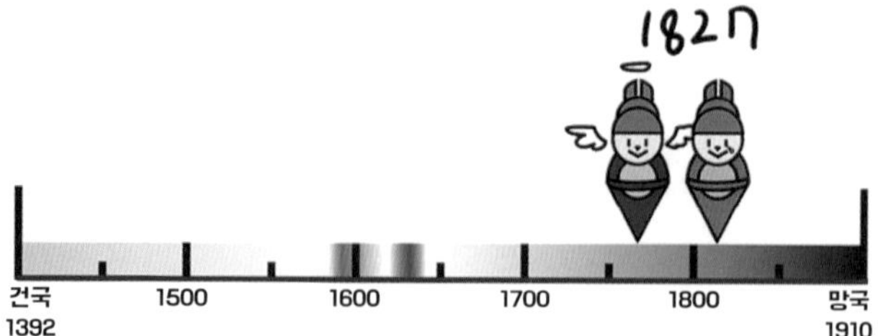

- 열한 번째 이야기 -

그 많던 어진들은 다 어디 갔을까

왕의 초상화는 보통 어진御眞, 다른 말로 진용眞容이라고도 한다. 사진기가 없던 옛날, 자신의 얼굴과 용모를 그림으로 그려 남길 수 있다는 것부터가 굉장한 부와 권력을 가졌음을 의미했고 그래서 삼국시대부터 왕을 비롯해 권력자들은 초상화를 남겼다. 고려 때만 해도 부부의 그림을 나란히 그리곤 했으니 지금까지도 공민왕과 노국공주의 초상이 남아 있는 것이 그 예이다. 하지만 조선시대로 가면서 부인의 초상화를 그리는 일은 스물스물 없어져 버리고 남자, 특히 임금의 그림만이 남게 되었다.

그런데 그림은 시간이 흐르면 낡고 떨어지며 또 불타기 쉽다. 그리고 조선은 임진왜란 등으로 몇 번씩 전쟁을 겪었고 그러다 보니 어진도 자주 불타 없어졌다. 우리나라 어진들의 첫 번째 수난은 임진왜란이었다. 경복궁이 불타면서 어진도 몽땅 타 버렸는데 불 속에 뛰어들어 간신히 구해낸 세조, 문종의 어진, 먼 함흥에 보관 중이던 태조의 어진만 살아남았다. 세종의 어진도 이때 불타 버려서, 이후 그려진 모든 그의 어진은 작가의 상상이지 진짜는 아니다.

조선 전기 임금들의 어진은 모두 불탔지만 조선 후기 임금들도 꾸준히 어진을 그렸다. 정조는 특히 많은 어진을 그린 임금이었다. 세손 시절 김홍도가 그린 그의 그림을 비롯하여 무슨 행사만 있으면 그림을 그렸다. 그 외에도 변상벽이 그의 아버지 사도세자를 그린 그림을 바친 적도 있었다. 그러나 이런 그림들이 이제는 남아 있지 않다.

이 그림들이 사라진 데도 역사의 비극이 있었다. 1950년 한국전쟁이 발발하자 한국은 왕들의 어진을 모아다가 부산으로 피란을 보내 관재청에 보관했다. 휴전

협정이 맺어지고 나서 1년 뒤, 부주의하게 켜 둔 촛불이 번져 불이 나 숙종과 정조의 어진들을 포함한 수많은 보물들이 잿더미가 되었다. 겨우 살아남은 어진들도 피해가 막심했으니, 순조, 문조(효명세자)의 그림은 세로로 절반이 탔는데 얼굴 부분은 거의 다 타 알아볼 수 없게 되었다. 그나마 철종과 원종(인조의 아버지)의 것은 얼굴이 일부 남아 있었기에 복원을 할 수 있었으며 흠 없이 말짱하게 남은 것은 태조와 영조, 고종과 순종뿐이다. 영조는 연잉군 시절 것과 나이 든 왕으로서의 초상화가 남아 있는 유일한 경우다. 그렇기 때문에 지금 우리가 보고 있는 세종대왕이나 정조의 초상화들은 모두 화가들이 상상해서 그린 것일 뿐, 그들이 정말 어떻게 생겼는지는 알 수 없다.

관재청 화재는 한국이 해방되고 전쟁이 끝나고도 어느 정도 시간이 흐른 뒤에 일어났다. 물론 격동기를 거쳐 온 나라 정비에 바빠 미처 문화재까지 보살필 상황은 아니었을 수 있다. 하지만 만약 누군가가 그 두루마리를 펼쳐 사진 한 장씩만 찍었더라면 지금 우리는 얼마나 많은 왕들의 얼굴을 알 수 있었을까. 타임머신이 있다면 그때 그 순간으로 돌아가 소화기를 들이대고 싶은 심정이다.

그나마 불행 중 다행이랄까? 2016년 조선의 마지막 궁중화가였던 김은호의 유품이 경매에 나오면서 세조의 어진 초본이 발견되었다. 비록 색깔은 칠해지지 않았지만 얼굴의 윤곽선은 뚜렷하다. 김은호는 고종의 초상화도 그린 어진화가였으니 이 그림은 궁궐에 있던 진짜 세조의 어진을 보고 그렸다는 말이다. 임진왜란 때 불 속에서 구해졌다가 결국 한국전쟁 이후 불타고 만 그 그림말이다. 그래서 세조는 의외로 임팩트 없는 평범한 중년 남성의 얼굴이라는 것을 알 수 있게 되었다. 그래도 여전히 안타까움은 남는다. 그 많던 정조의 어진은 어디로 갔을까.

조선왕조실톡

12

층간소음? 층간죽음!

하나요 이웃사촌

사람은
함께 사는 동물.

하지만
이웃을 잘못 만나면
팔자 꼬인다.

조선시대엔 어땠냐고?

~한양 24통 사랑방~
1839년, 헌종5
101호 만수
저기요
101혼데요
201호 요즘 너무하시네요
201호 영애씨
뭐가요
아니 인간적으로ㅋㅋ
너무 조용하잖아요
위에서 발망치좀 찧으라고요
소파도 좀 옮기시고 드드드득
201호 영애씨
ㅇㅏ 네네
황송합니다
밭갈다가 발목나가서
나으면 집에서 줄넘기할께요
예예
쌩쌩이도 하시고

이상해? 뭐가?
이웃집 조용하면
무섭지 않아?

#오가五家작통법
알잖아ㅇㅅㅇ

한 줄 요약:
옆집이 사고치면 나까지 독박 쓴다.

감시 잘해야지(<■>_<■>)

~한양 24통 사랑방~
101호 만수
101혼데요
강녕하시죠?
201호 영애씨
네네
네네
다음날
101호 만수
101혼데요
외출하셨나요??
댁에 아무도 안계신데
201호 영애씨
품팔러 나왔어요
네네
다다음날
101호 만수
저기 인수다에 이거 뭐죠
저 매일 죽도록 일하는데 왜 매일
똑같이 힘들까요..ㅈ님 도와주세요...
피에르 모방 : 조ㅔ매님 와이띵

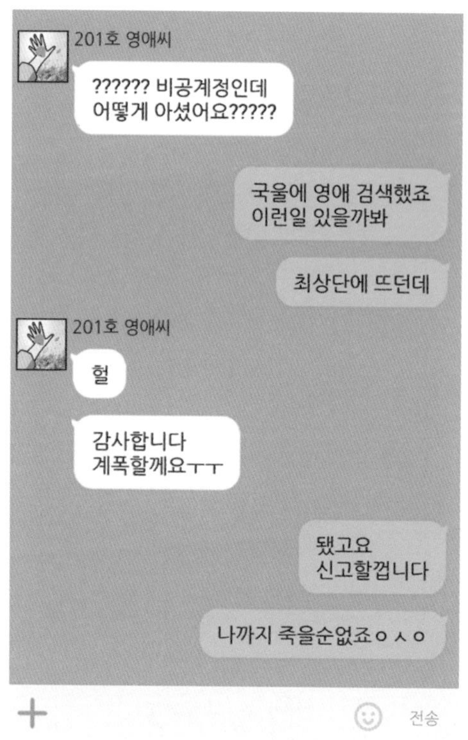

그러나 다음 날,
우리 집 현관문에 이런 게.

201호? 텅 비어 있었다.
아…… 안 돼!!!!

오가작통법 도망 처벌 검색

Q. 오가작통법 질문

질문자 : mansuru

질문이 있습니다
저희 통에서 그랬ㅆ다는건 아니구요

만약에 옆집사람이 도망치면...
저는 무슨 벌을 받게 되나요??????

A. 답변 : 질문자님

답변자 : 꽃님

혹시 코 성형하셨나요?

코???

Q. 오가작통법 질문

질문자 : mansuru

아 ㅎㅎ 네

제가 다른덴 다 완벽한데
콧대 낮은게 콤플렉스라 ㅎㅎ분필을 살짝...

A. 답변 : ㅜㅜ

답변자 : 꽃님

ㅜㅜ
큰돈 쓰셨을텐데 아깝네요

님 코 잘립니다.

정사 正史

실록에 기록된 것

- 세조 오른팔 한명회, 다섯 집을 1통으로 만들어 제일 나이 많은 사람이 동네 사람들의 식량 상태를 살피게 하다. 일본에 흉년이 들었을 때 일본인들이 칡뿌리와 솔방울로 죽을 쑤어 먹으며 버티던 것에서 얻은 아이디어라고.
- 오가작통, 십가작통 등 변화하다.
- 삼정의 문란으로 고향을 버리고 도망치는 백성 늘어나다. 또한 천주교인이 늘어나 로마 교황청에서 조선으로 모방 신부, 앙베르 주교, 샤스탕 신부 등을 파견하다. 조선 조정, 이를 막고자 오가작통법을 활용하다.
- 생활을 서로 돌보기 위해 만든 오가작통, 서로 감시하는 도구로 변질되다.
- 하지만 사회 혼란을 막는 근본적인 해결책은 아니었기 때문에 도망자, 천주교인 늘어나다.
- 비변사, 헌종에게 "사학이 만연하였으니 오가작통 엄히 시행해 죄를 연좌하여 남김 없이 코를 베어 진멸시키소서." 청하다.

픽션

기록에 없는 것

- 코 성형은 못했다.

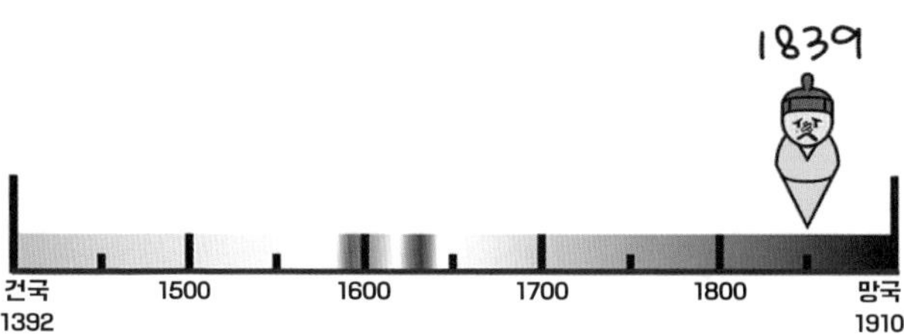

- 열두 번째 이야기 -

환상의 법, 오가작통법

오가작통법은 원래 취지에 따르자면 다섯 집이 한데 모여 서로 챙겨 주고 도와주는 아름다운 이웃사촌 결연 제도라고 할 수 있겠다. 그 연원을 따지자면 중국이었으니, 먼 옛날 성인의 나라였다던 주나라에서 시작했다고 한다. 대체로 다섯 집안이 개나 닭소리가 들릴 만큼 가까이에 살면서, 혼자 힘으로 할 수 없는 농사일이나 제방을 쌓는 일 등을 힘을 합쳐서 함께하고, 먹을 것이 없어 굶거나 병을 앓게 되면 서로서로 도와주게 했다.

다섯 집을 묶은 것이 통, 그 통을 또 묶은 게 리里, 이 다음엔 면, 그 다음엔 동이 되니 지금 우리가 아는 행정 제도의 시작도 여기에 있다. 현대 소설이나 드라마를 보면 가끔씩 동네에 '통장님'이라는 인물이 나올 때가 있는데, 그 말의 뿌리가 바로 이 오가작통에 있으며 조선시대에는 통주統主, 아니면 통수統首라고 했다.

이렇게까지만 보면 오가작통법이 꽤 좋은 것 같지만 단점도 많았다. 이름이 좋아 통統이지, 사실상 중앙 권력이 백성 하나하나를 다스리거나 돌보거나 통제할 수 없으니 지방 자치 및 감시의 형태로 백성 관리를 떠맡겨 버린, 어떻게 보면 매우 무책임하고 무자비한 제도였다.

만약 한 집에서 범죄가 발생하면 그걸 막지 못한 통주가 책임 소홀로 무거운 벌을 받게 되고 다른 집안들도 연대 책임을 지게 된다. 이뿐만이 아니다. 통의 잘못은 리에까지 올라갔다. 만약 리가 통의 보고를 묵살해 문제가 더 커진다면 이번엔 리 단위로 벌을 받게 되고, 당연히 그 위의 면과 동까지도 책임이 올라간다. 그러니까 이론적으로는, 한 동이나 면에 포함되어 있다면 평생 같은 고을에 살았다는 이유로 생판 얼굴 한 번 보지도 않은 아무개의 잘못 때문에 벌을 받을 수도 있는 무시무시한 제도였다.

이런 오가작통법은 성종 때 한명회가 처음 도입했는데, 가뭄이 들어 굶는 사람이 있는지 마을의 어른들이 동네를 돌아다니며 챙기게 하려는 의도에서였다. 그래서 이 오가작통법은 『경국대전』에 실릴 만큼 조선 지방 제도의 기본으로 받아들여졌다.

그런데 상식적으로 생각해 보면, 백성들 하나하나를 챙길 여력도 없는 나라가 어떻게 다섯 개 집끼리를 딱딱 나누어 구획할 수 있었겠는가. 게다가 매일매일 남을 감시하는 것은 굉장히 피곤한 일이었다.

그러다 보니 오가작통법은 쉽게 허물어져 매 시대마다 "이제 오가작통법을 제대로 시행해야 하는 것 아닙니까?"라는 제안이 올라오고는 했다. 중종 때 십가, 아니면 이십가작통법의 시행이 건의되거나 정조 때나 철종, 그리고 고종 때 신하들이 올린 말에서 "이제 오가작통법이 흔적도 없어졌으니……"라는 말이 나오고는 한다. 법전에 실린 제도였고, 정조는 나라의 중요한 법이라고 강조도 했지만 실제로 제대로 시행하기는 무척 어려운 환상 속의 유니콘 같은 법이었던 것 같다.

그래서 오가작통이 없었냐 하면 그건 아니다. 치안이 필요한 국경 지대에서 특별히 실시되기도 했고, 관리가 느슨했으며 때로는 5가가 아니라 20가, 30가로 쭉쭉 늘어나기도 했지만 아무튼 동네끼리 챙기는 제도가 있기는 했다.

물론 좋은 쪽으로만 챙기는 것은 아니었으니, 연대 책임 때문에라도 서로를 감시해야 했다. 꼭 오가작통 때문이 아니더라도 살인이나 패륜 같은 큰 사건이 나면 해당 마을의 행정 등급이 깎이거나 나쁜 이름으로 바뀌는 등 손해가 막심했으니 말이다. 오가작통은 서학 신자를 감시하는 방법으로 가장 유명하지만 그 외에도 도박이나 도둑질 등을 막는 데도 활용되었다. 동학이 한참 유행할 당시 조성가라는 사람이 쓴 『월고일기』를 보면, 하동 지역에 동학농민군의 세력이 워낙 크게 번지니 관아에서는 이걸 대비하여 수비를 마련하는 한편, 백성들의 이탈을 막기 위해 오가작통법을 실시했다고 한다. 그럼에도 동학은 널리 퍼져 일대의 관군이 패하기까지 했으니, 아무리 제도가 있어도 사람의 마음이 따르지 않는다면 소용이 없다 하겠다.

그래도 이웃끼리 서로 도와주고 챙겨준다는 것만은 꽤 훈훈하게 여겨지기도 한다. 이웃끼리 얼굴도 보고 살지 않는 현대인의 삶에 비하면 낫지 않을까 하는 생각도 들지만, 결국 감시라는 이름의 무한 오지랖에 시달려야 했으니 과연 어느 쪽이 좋은 삶일까.

13

우리 헌종이 공부는 안 해도

하나요 꾹

나 이제
폰질 안 해.

진짜야. 전원 껐어.

#크아아

그래!
딱 로그인만 하고
공부할 거다.

따악 이것만 잡고……!

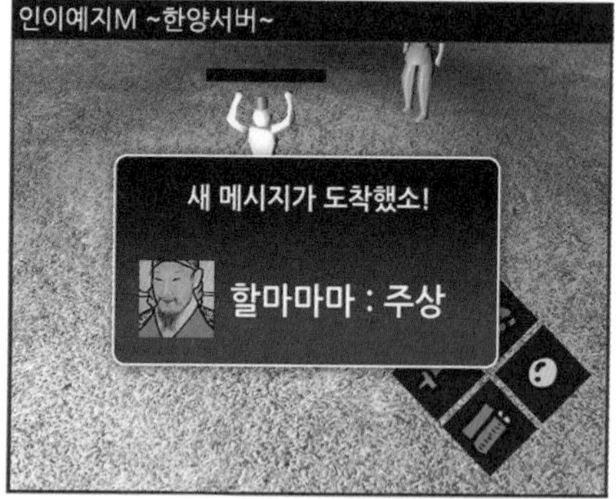

아

#깊은빡침

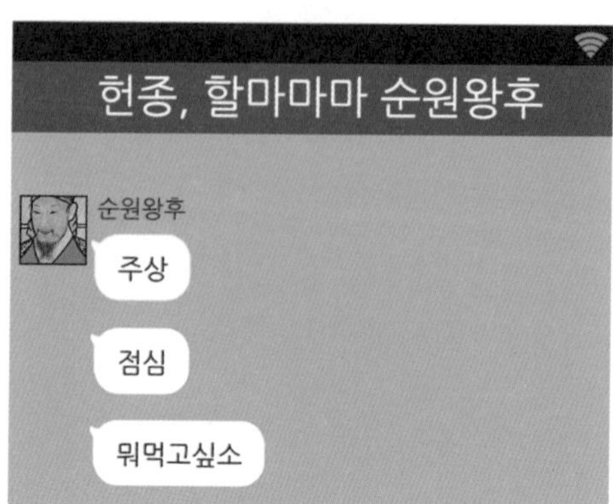

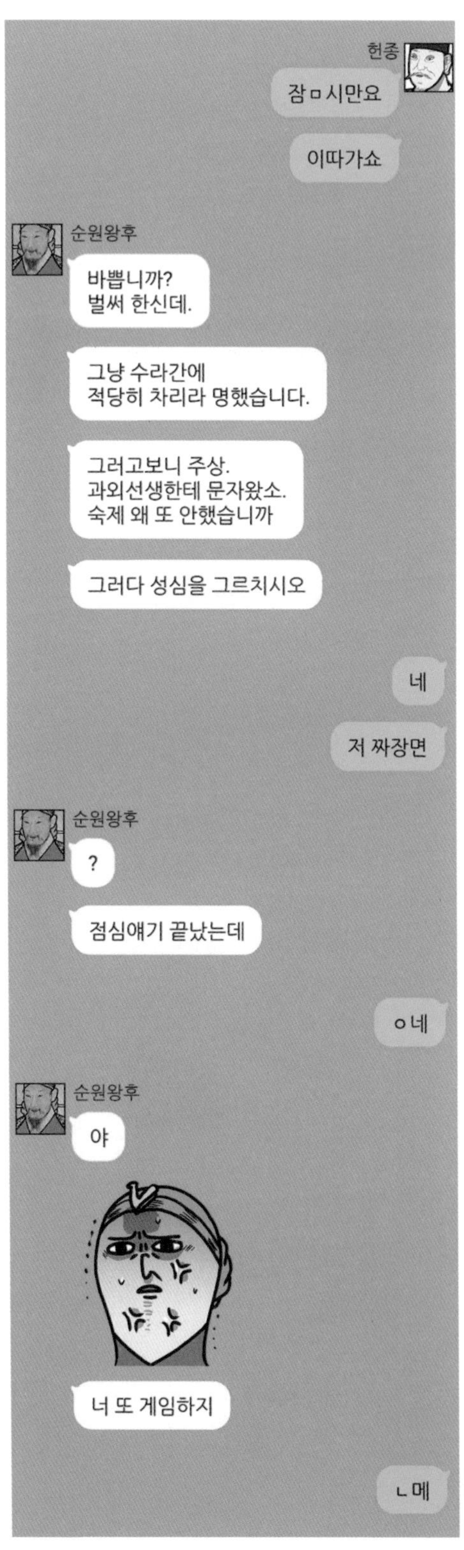
헌종
잠ㅁ시만요
이따가쇼
순원왕후
바쁩니까?
벌써 한신데.
그냥 수라간에
적당히 차리라 명했습니다.
그러고보니 주상.
과외선생한테 문자왔소.
숙제 왜 또 안했습니까
그러다 성심을 그르치시오
네
저 짜장면
순원왕후
?
점심얘기 끝났는데
ㅇ네
순원왕후
야
너 또 게임하지
ㄴ메

엄청 혼났다.

그리고 동네방네
소문 다 났다.
왕이 공부 안 한다고.

하…… 어쩌겠어ㅋㅋ

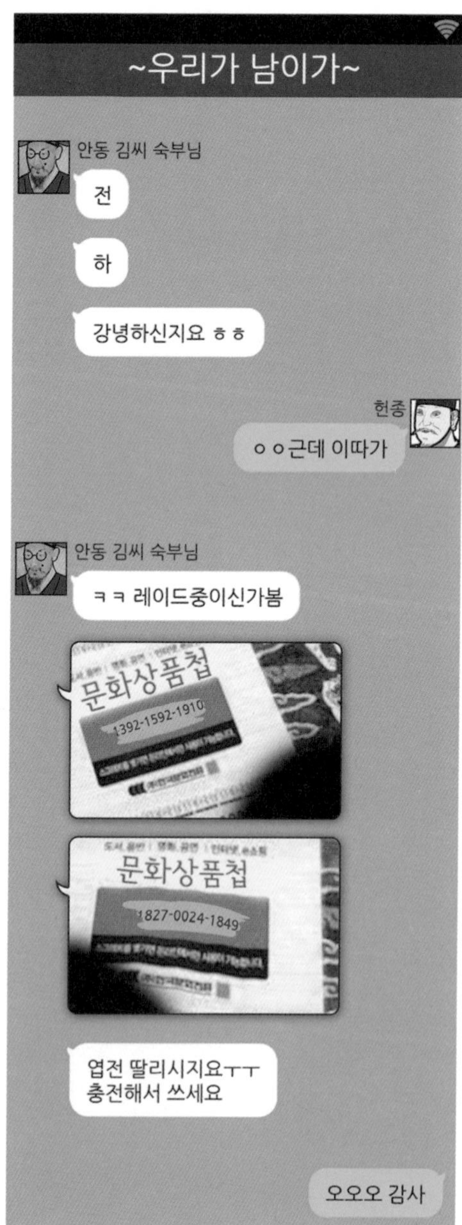

안동 김씨 숙부님
ㅎㅎ 네 뭐 바쁘시니까
용건만 말씀드립니다
저 비변사에 자리 하나 주십시요
예 주신다고요? 감사
? 삼촌
이거 서버에 하나 있는건데
내가 지금 끼고 있거든요
정의집행검
전설
잘 썰린다
주방기구의 혁명
모든 능력치 +24%
몹 무조건 한방에 썰림
안동 김씨 숙부님
올 네네
근데
삼촌 배에는 칼 안들어가요?
들어갈꺼같은데?
안동 김씨 숙부님
헐
ㅇㅇ
수작질 사양
조심해
전송

정사 正史

실록에 기록된 것

- 헌종, 겨우 8세에 즉위하다. 할머니 순조비 순원왕후가 수렴청정하다.
- 헌종, 똘똘한 기질을 보이다. 겨우 열다섯 살부터 직접 나라 다스리다.
- 그러나 헌종, 아직 어린 나이 탓인지 공부를 자꾸 미루다. 대소신료들, 달래기도 하고 때로는 대놓고 혼내기도 하다. 할머니 순원왕후, "애가 아직 어려서 허튼 것에 관심이 많아 그렇지 주변에서 잘 타이르면 성군이 될 것이 분명하다"고 기대하다(순원왕후 편지). 실제로 겨우 10대에 정치적 단호함 보이다.
- 한편 헌종, 철이 들고부터 척신들을 견제하다. 오죽하면 안동 김씨 김조순의 딸이지만 친정 가문과 거리를 두던 순원왕후조차 "주상은 성정이 예민하고 의심이 많다", "어쩌다 우리 가문에서 저런 애가 나왔을꼬"라며 혀를 내두르다.
- 그러나 헌종, 겨우 23세에 요절하다.

픽션

기록에 없는 것

- 헌종이 "(세도가인)그대 배에는 칼이 안 들어가느냐"고 말했다는 것은 야사에 실린 에피소드다.

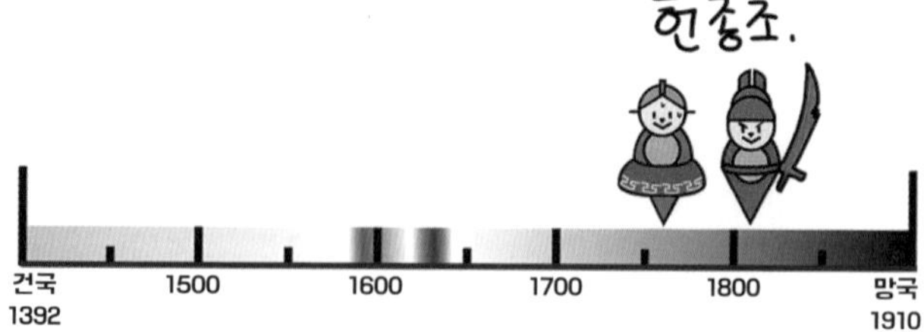

- 열세 번째 이야기 -

세자 육아 기록 『계방일기』

조선시대 세자는 어느 정도 나이가 차면 성균관의 입학례를 치렀다. 이는 왕으로서 공부를 열심히 하겠다는, 그중에서도 성리학을 열심히 익히겠다는 의미였지만 그렇다고 세자가 직접 성균관에 다니는 일은 없었다. 대신 나라 안 최고의 학자들을 불러다가 개인 과외를 했다. 세자는 다음 왕이 될 사람이었고, 그가 똑똑하고 현명해야만 나라의 미래가 안녕할 수 있었으니 세자 교육에 온 나라가 힘을 기울여야만 했다.

그래서 송시열, 윤선도, 안정복 등 교과서에 이름이 실리는 유명 인물들도 곧잘 세자의 과외 교사가 되었다. 세자를 가르치는 사람을 '세자익위사'라고 했는데, 이걸 다른 이름으로 계방桂坊이라고 했다. 오늘날 과외도 국어 따로, 수학 따로 하는 것처럼 그때도 여러 스승이 각자의 전문 분야를 밤낮으로 가르쳤다.

아무리 좋은 선생이 붙는다 해도 학생의 자질이 중요한 법. 게다가 커리큘럼도 쉽지 않아 이미 조선 초에 양녕대군이 견디지 못하고 비뚤어져 박차고 나갈 만큼 세자 공부는 어렵고도 힘들었으며 무엇보다 재미가 없었다.

『담헌서』의 저자이자 북학파의 대표적 인물이던 홍대용은 1774년(영조 50)과 1775년 세손의 스승을 맡아 보며 그 내용을 기록으로 적어 남겼으니, 이게 바로 『계방일기桂坊日記』이다. 그가 가르친 세손은 훗날의 정조였는데, 이 일기에 그려진 정조의 모습은 지금 우리가 알고 있는 근엄하면서도 똑똑한, 비극의 주인공과는 굉장히 많이 다르다.

교사들이 질문을 하면 "그런 건 너무 어렸을 때 배워서 기억이 나지 않는다"고 뻗대거나, 숙제를 하라고 하면 나중에 하겠다며 미루기도 한다. 이때 이미 23세의 나이로 막 대리청정을 시작해서 무척 바쁜 시기이긴 했지만, 보다 못한 홍국영이

('정조의 남자'였던 그 홍국영이 맞다) "만날 나중에 하겠다고 하는데 이러다 하기나 하겠느냐"라고 잔소리를 할 정도였으니 정조도 참 어지간했다.

정조의 심정도 이해가 가는 것이 세자 교육의 커리큘럼들은 참으로 끔찍하게 재미가 없었다. 『중용』이나 『대학』 같은 한문 고전을 읽으면서 글자 하나하나 뜻을 해석한다거나 주자의 편지에 담긴 가르침을 되새기며 그 도덕적인 의미를 찾는다거나 하는 엄청나게 지루한 것들뿐이었다! 이런 공부도 앞으로 나라를 다스리는 데 필요한 점이 조금은 있을지도 모르겠지만 이토록 유교 경전만 붙들고 중국 역사를 토론하는 것이 과연 '조선의' 후계자에게 알맞은 교육이었는가 하는 의문이 들 수밖에 없다.

더욱 안타깝게도 정조 이후의 임금들은 지식도 배짱도 부족했다. 왕은 경연을 통해 끊임없이 공부를 해야 했는데, 언젠가부터 경연은 왕과 신하들이 모여 학문을 논하며 서로 소통한다는 원래의 취지에서 까마득하게 벗어나 신하들이 왕의 기를 죽이는 현장이 되었다.

순조는 즉위하자마자 영의정 심환지에게 "근신하면서 공부를 열심히 하는 게 가장 중요한 것"이라고 훈계를 들어야 했고, 헌종은 책을 덮는 방식을 지키지 않았다는 이유로 신하들에게 잔소리를 들어야 했다. 하지만 이들이 겪은 굴욕은 철종에 비하면 아무것도 아니었으니, 즉위한 첫날 순원왕후는 신하들을 불러 놓고 "내가 허락하니 앞으로 얘가 잘못하면 맘대로 야단쳐도 된다"고 공언했고, 곧 이어 "이제까지 읽은 책이 뭐냐"는 신하들의 질문이 쏟아졌다. 철종이 차마 대답을 못하고 우물거리자 좌의정 권돈인은 "이제부터는 대신들이 물어보면 꼭 대답을 하십시오"라며 강압했다. 철종은 이런 태도에 화낼 겨를도 없이 아주 먼 옛날 『통감』과 『소학』 조금 읽은 게 전부라는 자신의 짧은 가방 끈을 만천하에 공개하는 굴욕을 당해야 했다. 이러니 왕들이 공부를 싫어한 것도 어쩔 수 없는 노릇이 아닐까.

조선왕조실록

가장 비열한 전쟁

하나요 메이드 in 차이나

영국	조밥이네
청나라	(잠수)
조선	???

위화도회군부터
임진왜란, 병자호란까지.

조선은 거대한 나라 중국에
큰 영향을 받았다.

그것은 바다 건너,
유럽 나라들
역시 마찬가지였으니.

윌리엄, 엠마

윌리엄

헤이 이것봐~

청나라에서 직구했대ㅋ
쩔지ㅎㅎ

엠마

악ㅋㅋ나도
이 사람꺼 보고있었는데ㅎㅎ

이것도 청나라꺼ㅋㅋ
하 부럽다..ㅎ

청나라제 굳굳ㅋ

땅도 크고
사람도 많은 청나라!

영국 상인들은
침을 꿀꺽 삼켰다.

우리 청나라꺼 많이 사줬잖아?

이제 우리 영국물건
청나라에 왕창 팔아보자ㅋㅋ

하지만, 실패ㅜㅜ

청나라 사람들은
영국 상품을 거들떠도 안 봤다.

“너희 걸 왜 사?
우리 나라에 없는 게 없다해ㅋ”
#청나라부심

쌓여만 가던 영국의 적자,
결국 상인들,
해서는 안 될 짓을 하고야 마니.

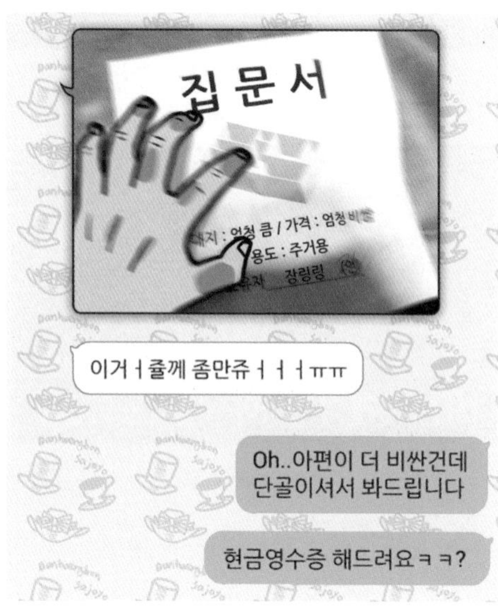

독한 마약, 아편.
무수한 청나라 사람들이
중독되고 말았다.

아편을 사려고
집문서는 물론
가족까지 내다 파는 백성들.

화난 청나라 조정,
그 꼴을 두고보지 않았으니.

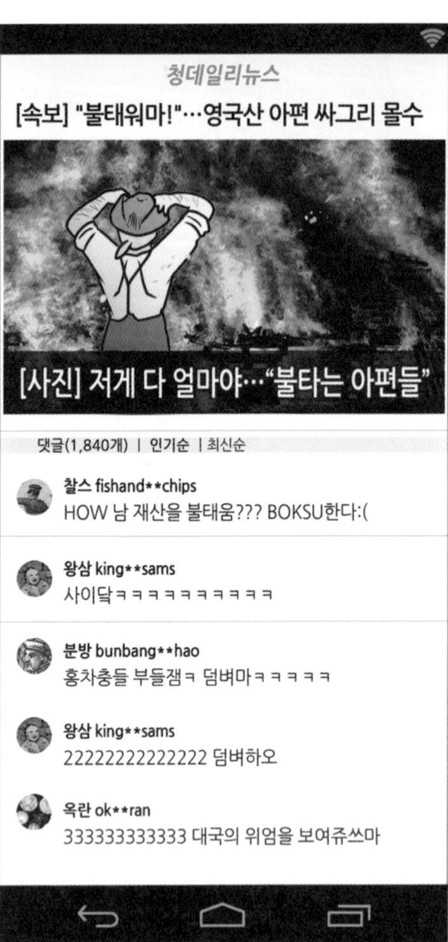

청나라 VS. 영국의 전쟁.
이것을 #아편전쟁이라 한다.

이 소식은 물론
조선에도 전해졌다.

그런데…….

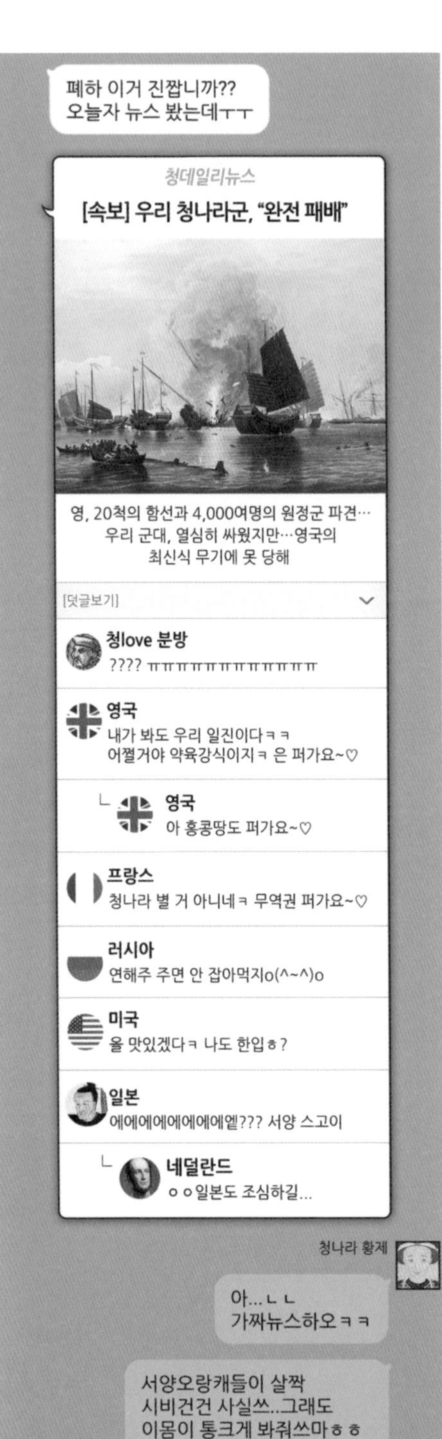
폐하 이거 진짭니까??
오늘자 뉴스 봤는데ㅜㅜ
청데일리뉴스
[속보] 우리 청나라군, "완전 패배"
영, 20척의 함선과 4,000여명의 원정군 파견…
우리 군대, 열심히 싸웠지만…영국의
최신식 무기에 못 당해
[덧글보기]
청love 분방
???? ㅠㅠㅠㅠㅠㅠㅠㅠㅠㅠㅠㅠㅠㅠ
영국
내가 봐도 우리 일진이다ㅋㅋ
어쩔거야 약육강식이지ㅋ 은 퍼가요~♡
영국
아 홍콩땅도 퍼가요~♡
프랑스
청나라 별 거 아니네ㅋ 무역권 퍼가요~♡
러시아
연해주 주면 안 잡아먹지o(^~^)o
미국
올 맛있겠다ㅋ 나도 한입ㅎ?
일본
에에에에에에에에엘??? 서양 스고이
네덜란드
ㅇㅇ일본도 조심하길...
청나라 황제
아...ㄴㄴ
가짜뉴스하오ㅋㅋ
서양오랑캐들이 살짝
시비건건 사실쓰..그래도
이몸이 통크게 봐줘쓰마ㅎㅎ
신석우
아ㅋㅋㅋㅋㅋㅋㅋ

넵넵 그럼 별일 아닌걸로ㅇㅇ

ㅇㅇ......ㅎ.....

외세의 파도,
청나라를 넘어 조선으로도
몰려오기 시작하는데…….

두구두구두구

정사 正史

실록에 기록된 것

- 청나라, 세계적인 수출국으로 떠오르다. 유럽 국가에 차, 도자기 등을 어마어마하게 팔아치우다.
- 특히 영국, 찻잎을 사느라 엄청난 양의 은화를 청나라에 지불하다. 식민지에서 생산한 면직물 등을 중국에 수출하려 했으나 잘되지 않아 늘 적자를 보다.
- 영국, 마약 아편을 청나라에 팔다. 마침 빈부격차, 부정부패 등 사회적 모순에 시달리고 있었던 청나라 사람들, 순식간에 중독되어 사회가 큰 혼란에 빠지다. 청 관료 임칙서, 영국의 아편을 몰수하다.
- 영국 내에서 격한 논쟁 일다. "청나라에 쳐들어가자" VS. "마약을 판 건 우리인데 그럼 너무 비겁하다" 그러나 결국 자국민을 보호하자는 의견이 힘을 얻어 영, 청나라 치다.
- 청나라, 영국의 신식 무기를 당해내지 못하다. 결국 패하여 서구 열강의 먹이가 되다. 일본, 네덜란드와 교역하고 있었기에 소식을 일찍 접했지만 조선은 정확한 내막을 듣지 못하다. 서구 열강, 조선에도 눈을 돌리기 시작하다.

참고

- 아편전쟁은 1840~1860년에 걸친 기나긴 사건이었다.

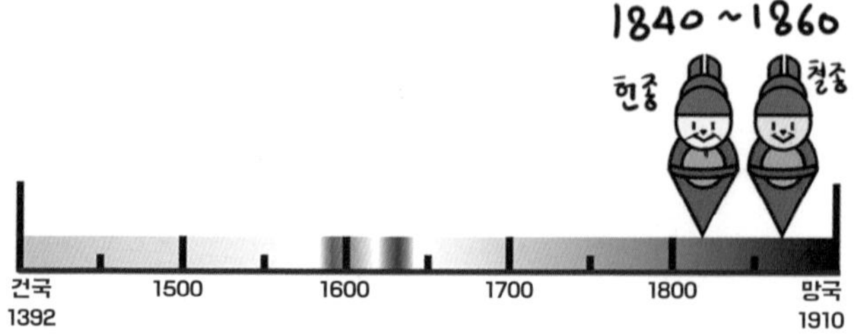

- 열네 번째 이야기 -

근대화라는 마법의 주문

세계사에서 말하는 '신대륙 발견'은 지극히 유럽인들의 시점에서 만들어진 단어다. 아메리카 대륙은 원래부터 존재하고 있었는데 유럽인들이 그것을 '발견'했다는 이유로 '새로운' 대륙이라는 이름이 붙은 것이니까. 그 발견 이후 아메리카 원주민들은 엄청난 탄압을 겪어야 했고 유럽인들은 자꾸자꾸 더 먼, 세계 곳곳으로 나아갔다.

이들을 나아가게 한 원동력은 두 가지. 자원과 종교였다. 후추, 육두구, 비단, 차 등 그들의 땅에서 나지 않는 진귀한 물건들을 맘껏 가져오겠다는 목표와 세상 저 끝에서 구원을 받지 못한 미개한 이들에게 기독교를 전파해 구원해주겠다는 목표, 두 가지를 위해 그들은 배에 몸을 실었다.

그리하여 이들은 아시아까지 오게 되었고 나폴레옹의 전쟁 및 혁명의 진통을 끝낸 유럽은 역사상 최고 전성기를 맞게 된다. 풍족하고 평화로운 세상을 바탕으로 자동차나 비행기, 전화 등 다종다양한 발명품이 만들어져서 문명은 눈부시게 발전했고, 사람들은 현재를 즐기며 다가올 미래를 낙관했다. 그것이 바로 벨 에포크(La belle époque), '아름다운 시대'였다.

그러나 이런 풍요와 행복은 다른 나라들을 식민지로 만들어 자원을 착취하는 제국주의의 다른 얼굴이었다. 영국, 프랑스, 독일, 러시아, 미국 등 힘 좀 쓴다는 나라들은 세계 각지에 깃발을 꽂고 원주민들을 빨래 짜듯 쥐어짰고, 진정한 구원의 종교를 전파한다면서 현지의 역사와 문화를 깔아뭉개고 탄압했다.

제국주의의 침략 앞에서 많은 나라들은 모래성처럼 차례차례 무너져 갔지만, 일본은 메이지 유신明治維新으로 근대화에 성공하고 독립도 지켜냈다. 아니, 같은 열강의 반열로 올라가기까지 했다. 반면 한국(조선)과 중국은 껍데기만 흉내내다가 무너져 버리고 말았다. 이 때문일까, 조선 후기의 역사를 다룬 책과 연구서에는 근대화라는 이름의 저주가 걸려 있는 듯하다. 만약 그때 무엇무엇에 성공했더라면, 혹은 무엇무엇만 없었더라면 우리나라도 근대화에 성공했을 텐데……라는 아쉬운 목소리 말이다. 여기에는 근대화에만 성공했으면 독립도 지키고, 선진국도 되어 지금까지 잘 먹고 잘살았으리란 굉장히 낙관적인 전망까지 포함되어 있다.

과연 그럴까? 당시는 제국주의 시대였고, 일본이 아니었더라도 다른 열강이 조선을 식민지로 꿀꺽 먹었을 수도 있다. 그 시기 아시아에서 독립을 유지한 나라는 일본, 태국 정도였는데 나라가 힘이 있고 없고를 따지기 전에 운도 좋아야 했다. 조선이 아무리 노력했어도 막강한 시대의 흐름을 벗어날 수 있었을지 의문이다.

근대화를 성공의 기준으로 삼는 것도 큰 문제가 있다. 일본은 알려진 대로 메이지 유신을 통해 근대화에 성공했지만 유신에 성공하기 위해 큰 시행착오와 내전(세이난전쟁)을 겪었고, 유신에 참여한 인물들은 줄줄이 암살당하는 등 엄청난 정치적, 사회적 혼란을 거쳐야 했다. 게다가 근대화의 완성에는 식민지의 존재가 반드시 필요했는데 이때 일본은 자신들은 아시아에서 유일하게 근대화에 성공한 나라이므로 미개하고 불쌍한 다른 나라들을 일깨워야 한다는 쓸데없는 선민의식을 발휘했다.

그래서 조선을 합병했으며 중국까지 차지하기 하기 위해 많은 전쟁을 벌였고, 만주사변-난징대학살-기타 등등 추악한 궤도를 착실하게 밟아 나가다가 태평양 전쟁을 일으켜 원자폭탄을 맞았다. 그 과정에서 조선 사람들은 40년 가까이 갖은 고생을 해야 했으며 중국 및 동남아시아의 사람들도 마찬가지였다. 일본 민간인들 역시 전쟁에 끌려가고 폭격을 받는 등 많은 고통을 겪었고, 일본은 전범국이라는 낙인이 찍혔다. 그리고 2차 대전이 끝난 뒤 식민지를 잃어버린 유럽 국가들은 예전의 영광을 되찾지 못했다.

만약 조선이 정조 때든 어느 때든 적극적으로 근대화를 했다면, 그리고 너무나 운이 좋게도 다른 나라의 식민지가 되지 않고 독립국의 위치를 유지했다면 어떻게 되었을까? 과연 그 끝은 지금 사람들의 낙관적 추측만큼 좋았을까? 근대화에 성공한 조선은 곧 찾아올 1차, 2차 대전의 소용돌이를 어떻게 통과할 수 있었을까?

독립을 유지하고 근대화에 성공했던 몇몇 나라들의 경우를 보더라도 그들의 지금이 그리 찬란하지만은 않다. 근대화라는 유령에게서 벗어나 '만약'이 아닌 현재를 볼 때 아닐까. 조선왕조실톡

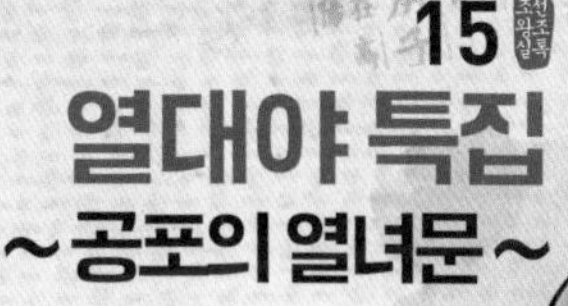

15 열대야 특집 ~공포의 열녀문~

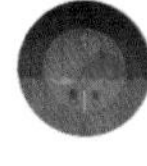	열녀	억울해
	효자	손가락 내놔

조선 말,
슬픈 뉴스 하나가

한양을 뒤흔들었다.

顔 안면장부

한양데일리 @hydaily

[사회] "저승까지 이어진 사랑"

양민 구씨(21)가 강에 몸을 던져 숨졌소.
남편이 병으로 죽자, 슬픔을 못이겨
따라 숨진 것으로 보고 있소이다.

@주상전하께서는 사망한 구씨에게
#열녀문을 내리시고, 구씨가 살았던 고을의
세금을 깎아주라 어명을 내리셨소.

그러나 얼마 뒤,

이상한 소문이
백성들 사이에 돌았으니.

백성 덕분, 백성 연희
덕더러덕덕덕분쓰
요
연여러염염여니쓰
요요
덕더러덕덕덕분쓰
여니쓰
열녀 구씨있잖아 기억남?
어 아 ㅇㅇ
강에 몸던져 죽은분
덕더러덕덕덕분쓰
그분 자살 아니래..
이거봐
서명해주시오
연지아빠
구씨 유가족입니다 도와주세요
열녀 구연지 살인사건 전면 재수사하라
181,8000 / 100,000명
강녕하세요
얼마전에 뉴스에 난 구연지 애비 입니다
우리애 열녀 !!!!!아닙니다!!!!!
절대루 자살한 것이 !!!!아닙니다!!!!
누가 강에 빠뜨려 살해한 것이 틀림없습니다
아래는 딸아이 죽기 전날 대화입니다
이게 자살 할 사람 입니까?
~화목한 울가족^.^~

딸냄 구연지
엄빠
우리셋 오랜만에
데이트할깡ㅎㅎ..
구막섭
딸괜찬니
딸냄 구연지
아직..ㅎㅎ
그치만 기운낼꺼야
여보랑 약속했어 씩씩하기로..
그래그래
~임순덕 여사~
내일보자
사랑한다
딸냄 구연지
웅 내가 모시러갈께ㅕ
잘자용 쪽
전송
사또님에 재수사해달라고 했지만은
"열녀 됐으니 자랑스러운 줄 알라"
"이미 세운 열녀문 왜 부수냐"며
아내와 저에 말....들어주지도 않습니다....
제발 도와주십시요....
범인....꼭.....잡아야합니다......
확인
duk9 : 소오름 서명햇습니다
박지원 : 서명합니다
정약용 : 서명합니다
미친?????
소름이네
야 나 서명했어

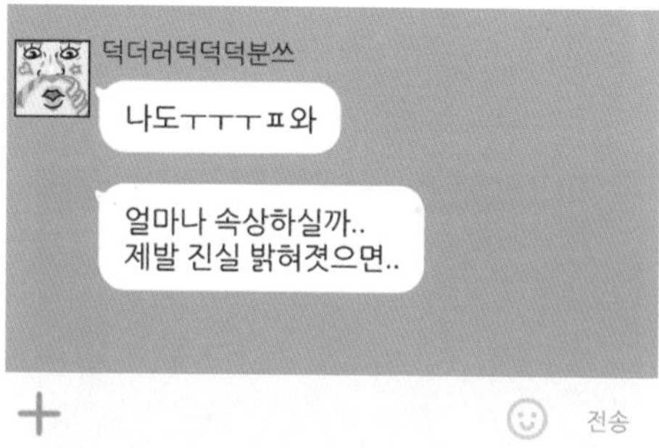

결국 어명으로
다시 수사한 열녀 사건.

얼마 뒤,
정말 살인범이 잡혔다.

헌데 그 정체는 바로…….

[이슈] 집단살인이 "열녀로 둔갑"

yeonheehee
니가 뒤져야 행복하실꺼 같은데?

parkji1
세상이 미쳐돌아가네 ㅋㅋ
애당초 나라에서 자살을 칭찬하는게 나쁨

정약용
2222222222222222222

0jo
후...고인의 명복을 비노라....

정사 正史

실록에 기록된 것

- 조선 후기, 성리학이 점점 교조화(논리적인 비판 없이 무조건 따르도록 억압하는 일)되다.
- 마을, 가문에서 짜고 남편 잃은 여자를 감금해 굶겨 죽이거나, 스스로 죽도록 정신적, 육체적으로 학대하다. 심지어 자기 가족 손에 죽은 사람들도 허다했다. 실학자들 이를 비판하다.
- 이런 사회적 압박에서 왕도 자유로울 수 없었다. 영조의 딸 화순옹주도 남편이 죽자 굶어 죽었다. 신하들이 열녀문을 드리겠다고 하자 영조, "아빠로서 어찌 딸의 죽음을 자랑스러워하겠는가"라며 거절하다.
- 열녀문만큼이나 많은 것이 효자비. 그러나 이 또한 수많은 어린이 희생자를 낳다. 어린아이의 손가락을 일부러 잘라, 관아에 바치고는 "병든 어버이를 위해 스스로 손가락을 끊었다"고 거짓말을 해서는 상을 타 갔다. 아이는 패혈증으로 죽기도 했다고.
- 그러나 이를 신고해도 받아주지 않았다. 자기 마을에서 열녀, 효자가 많이 나면 지방관이 상을 받거나 승진 점수를 딸 수 있었기 때문. #분노

꿀정보

- 남편 잃은 부인을 '미망인'이라고 부르면 안 된다. 죽었어야 하는데 아직未 안 죽은亡 사람人이란 뜻이기 때문.

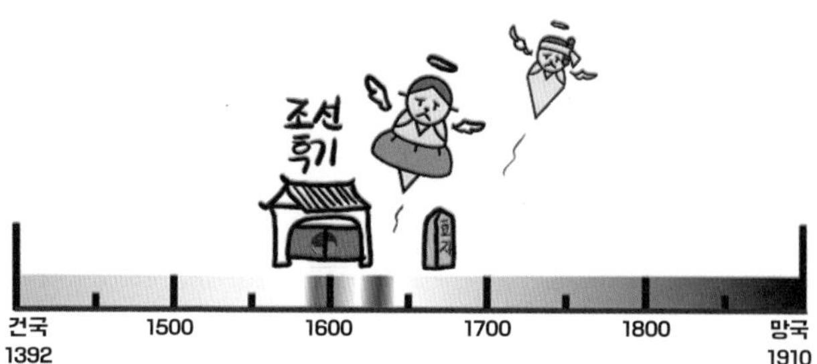

- 열다섯 번째 이야기 -

열녀가 남긴 편지

유교의 나라 조선은 유교적 가치를 실현한 사람들을 표창하고 여러 특혜를 주면서 그 가치를 사회에 장려했다. 그중에서도 강조한 것이 하나는 효자였고, 다른 하나는 열녀였다. 조선시대 초만 하더라도 열녀는 남편이 일찍 죽어 재혼을 할 수 있음에도 하지 않고 수절한 사람을 뜻했지만 왜란과 호란을 거치며 도적을 만났는데 자결한 사람, 먼저 죽은 남편을 따라 죽은 사람이 열녀의 주 종목이 되었다. 그중에는 정말로 본인의 의지로 생을 마친 사람들도 있으나 자세한 내용을 보면 그렇지만도 않다.

1745년(영조 21), 하응림의 부인이던 재령 이씨는 자살하기 전 양자 학호에게 편지 한 통을 남겼다. 남편이 젊어 죽었지만 아직 어린 두 딸이 있어서 차마 죽지 못하고 살았다. 그러면서 딸들을 시집보내고 양자도 들였다. 학호는 이씨가 아프자 자기 손을 잘라 피를 내는 등 지극정성으로 간호했고 덕분에 건강을 회복할 수 있었다. 이대로 행복하게 살면 좋았겠으나 재령 이씨는 자살하기로 결심했다. 40년 전에 죽은 남편을 따라가겠다는 이유에서였다. 훗날 쓰인 『정려기』에 따르면, 남편이 병을 앓을 때 이씨는 학호가 자신에게 그랬던 것처럼 열심히 남편을 간호하며 "당신이 죽으면 나도 같이 죽겠다"라고 약속했다고 한다.

그런데 이 '열녀'는 죽기 전에 쓴 편지에 구구절절한 걱정거리를 적고 있다. 자신이 자살하면 장례를 겨울에 치러야 할 텐데 아들이 나이 오십에 상을 치르다가 건강이 상할까 걱정이고, 아마도 몸종인 듯한 씨개어미란 사람도 두고 가자니 걱정이었다. 마침 며느리가 임신을 하고 있는데 그 아이가 태어나는 것도 보고 싶었다. 그리고 집안 여러 일꾼들 이름을 하나하나 적어가며 불쌍하고 의지할 데 없는 사람들이라며 걱정하고, 심지어 아들이 감기가 들까 걱정해서 누구에게 맡겨 둔 실로 옷을 지어 입으라고까지 말했다.

"마지못해 죽노라." 그녀의 편지에 두 번이나 쓰여 있는 말이다. 당시 68세였던 재령 이씨의 삶에 대한 의지는 그토록 강렬했고, 그럼에도 불구하고 죽음을 택한 것이다.

이보다 훨씬 나중인 1903년(고종 40), 서흥 김씨는 심재덕과 결혼했는데 결혼한 지 몇 달 만에 남편이 병으로 죽었다. 그러자 김씨도 유서를 쓰고 남편의 뒤를 따랐다. 당시 김씨의 나이는 스무 살이었다. 1894년 갑오개혁을 통해 과부의 재가가 가능하게 된 후에도 죽은 남편을 따라 자살하는 사람들이 나왔던 것이다. 시가에서는 이런 김씨를 기리기 위해 『종용록從容錄』이라는 문집까지 만들었는데, 남편의 죽음을 순리처럼 따라 죽었다는 뜻이다.

하지만 이 김씨가 죽기 전 친정아버지에게 쓴 편지를 보면 생각이 달라진다. 편지는 통곡으로 시작한다. "아이고 아이고, 조물이 무심치 않으면 이 글을 바람에 날려 전해주겠지요." 이후로도 슬픔과 신세 한탄으로 가득했다. 하늘도 세상도 무심하며 무슨 팔자가 이렇게 사납냐고, 이게 스무 살 청춘이 당할 일이냐고 적었다. 그 와중에도 김씨는 자신을 귀하게 키워준 부모에게 은혜를 하나도 갚지 못한 것을, 먼저 죽는 것을 미안해하며 고통스러워했다.

"이 불효막심한 딸을 어떻게 자식이라 하겠습니까. 아버지, 아버지!"

김씨는 거듭 아버지를 부르고 또 불렀고 하고 싶은 말이 너무 많지만 다 할 수 없다며 편지를 마무리 짓고 목숨을 끊었다. 김씨의 아버지 김희연은 딸의 편지를 받고 "자식이 죽어 아비가 곡하는 건 무슨 이치냐?"라며 채 피지도 못하고 끝나 버린 딸의 인생을 몹시 슬퍼했다.

과연 김씨는 정말로 죽고 싶었을까? 조선의 긴 역사 동안 정말로 수많은 열녀들이 있었다. 그녀들의 기록은 그저 부인이 죽은 남편을 따라 자결했다고만 남아 있지만, 그 짧은 문장 뒤에 숨은 사연이란 얼마나 깊고도 깊었을까.

분명한 것은 열녀라고 해도 정말 죽고 싶어서 죽은 것이 아니며, 이렇게나 강렬하게 살고 싶어하는 사람마저 억지로 죽음으로 몰고 가는 사회는 결코 건강하지 않다는 것이다. 조선왕조실록

조선왕조실록 16

조선에도 로또가?

하나요 깔끔하게

웅?ㅋㅋ
복순쓰당ㅎㅎㅎ

김판서댁 머슴
백성 덕수(17)

김판서댁 육아알바ss
복순쓰 / 알바중 / 살려줘.....
님
나 옷 어떰
덕수쓰 / 알바중 / 나도.....
? 깔끔
복순쓰 / 알바중 / 살려줘.....
ㅇㅇ
머리스타일은?
다시 땋까??
ㄴㄴ 단정한데?
복순쓰 / 알바중 / 살려줘.....
아 자세히좀 봐줘
대답 왤케빠ㅏ름
나 오늘 완벽해야된다고
진챠 괜찮다고ㅋㅋㅋ
뭔데
니 맞선보나
복순쓰 / 알바중 / 살려줘.....
ㄴㄴ

둘이요 산통계

ㅇㅇ이해했다.
오늘은 #진지진지 #열매를
먹어야 한다.

그래야 복 받을 거 아님ㅇㅇ!

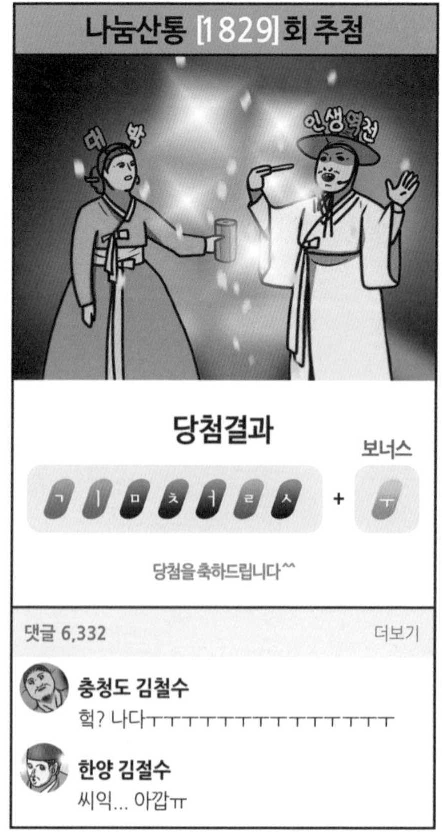

※산통계 : 많은 사람들이 조금씩 돈을 모아 두었다가, 점칠 때 쓰는 산통에 각자 이름표를 넣고 흔들어 하나를 뽑았다. 당첨된 사람에게 돈을 몰아 주었다.

아 나도 보고 싶은데ㅠㅠㅠ

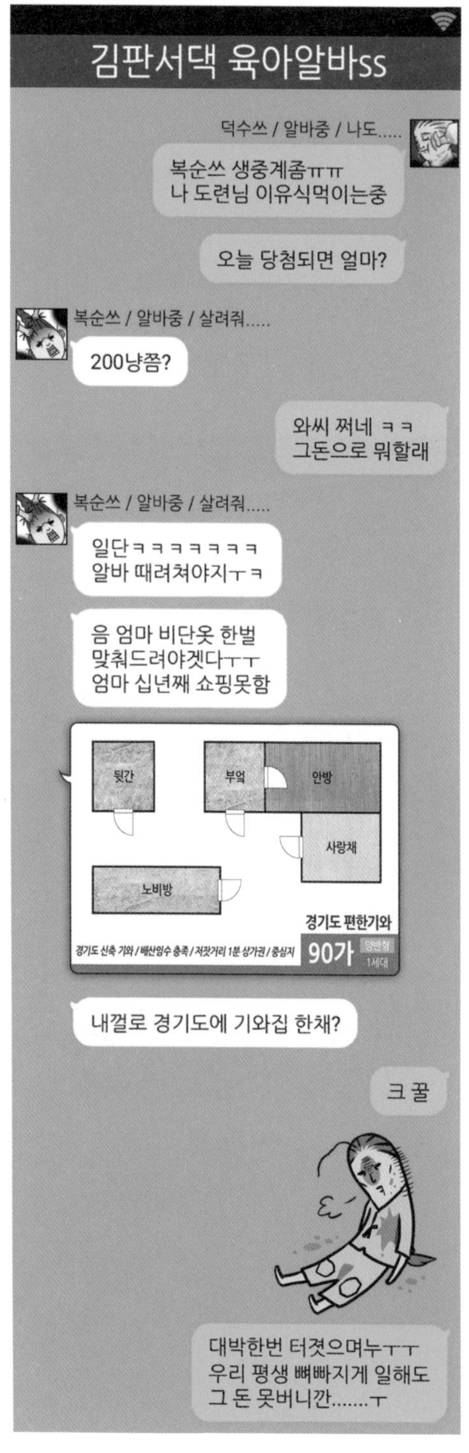

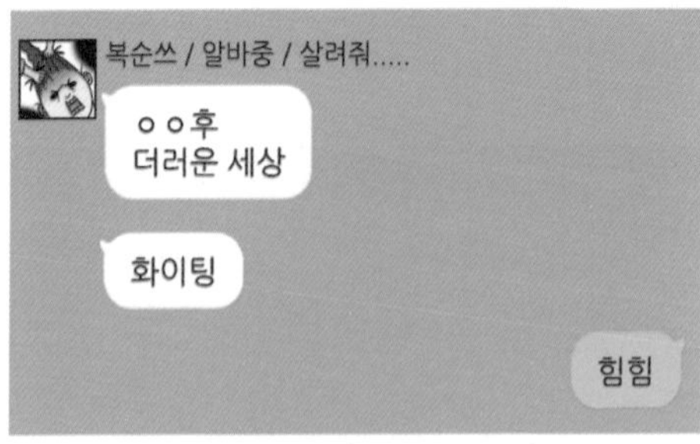

셋이요 두구두구

두구두구두구두구
@공자님 @부처님 @신령님
제ㅔㅔㅔ발!!!!!!!!!

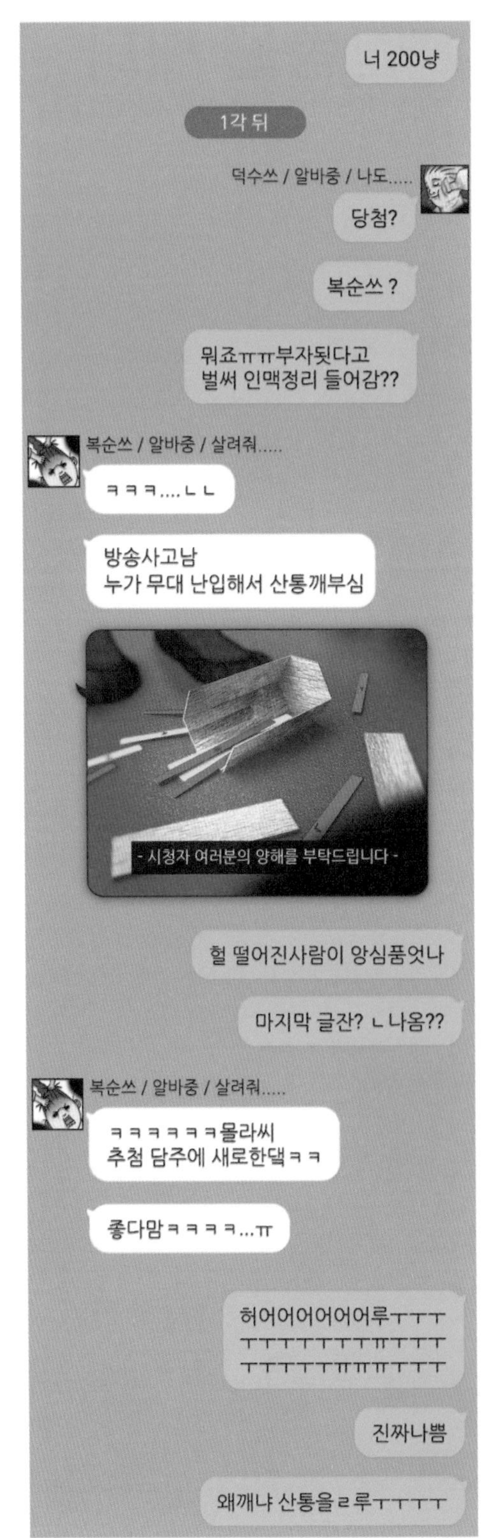
너 200냥
1각 뒤
덕수쓰 / 알바중 / 나도.....
당첨?
복순쓰 ?
뭐죠ㅠㅠ부자됫다고
벌써 인맥정리 들어감??
복순쓰 / 알바중 / 살려줘.....
ㅋㅋㅋ....ㄴㄴ
방송사고남
누가 무대 난입해서 산통깨부심
- 시청자 여러분의 양해를 부탁드립니다 -
헐 떨어진사람이 앙심품엇나
마지막 글잔? ㄴ나옴??
복순쓰 / 알바중 / 살려줘.....
ㅋㅋㅋㅋㅋㅋ몰라씨
추첨 담주에 새로한댘ㅋㅋ
좋다맘ㅋㅋㅋㅋ...ㅠ
허어어어어어어루ㅜㅜㅜ
ㅜㅜㅜㅜㅜㅜㅜㅜㅠㅜㅜㅜㅜ
ㅜㅜㅜㅜㅜㅠㅠㅠㅜㅜㅜ
진짜나쁨
왜깨냐 산통을ㄹ루ㅜㅜㅜㅜ

"산통을 깨다"

[잘되어 가던 일을 어그러뜨리다]

#유래 #미니지식
#엄빠한테_자랑하면_용돈_천원각

정사 正史

실록에 기록된 것

- 조선 후기, 빈부격차 심해지다. 많은 양민들이 고향 땅을 떠나 육체노동을 하며 먹고살다. 일부 양반들마저 종살이를 하다.
- 백성들, 각종 재테크를 시도하다. 돈을 조금씩 모아 한 명에게 몰아 주는 계를 조직하기도 하다.
- 산통은 원래 점쟁이가 쓰는 도구였다. 통 안에 점괘가 쓰인 막대기를 잔뜩 넣어 하나를 뽑아 운수를 점쳤다.
- 산통계원들, 산통을 흔들어 당첨자를 뽑다. 한번 당첨된 사람은 다음 번에는 당첨되지 못했고, 이론상으로 모든 계원들이 한 번씩 당첨금을 받아야 그 계는 끝났다. 곗돈 규모가 수천 냥(수십억)에 달하다. –『하재일기』
- 그러나 계주가 곗돈을 들고 튀거나, 계원들이 곗돈을 제때 내지 않거나, 당첨되지 못한 사람이 앙심을 품고 계를 방해하는 등 중간에 여러 가지 사고가 일어났다. 여기서 "산통을 깬다"라는 말이 생겼다고 한다.
- 다른 설도 있는데, 조선시대엔 많은 시각장애인들이 점집을 차려 돈을 벌었다. 점괘가 맘에 안 든 손님이 산통을 깨버리자 그걸 비난하며 한 말이라고도 한다.

기록에 없는 것

- 공개 방송은 없었다.

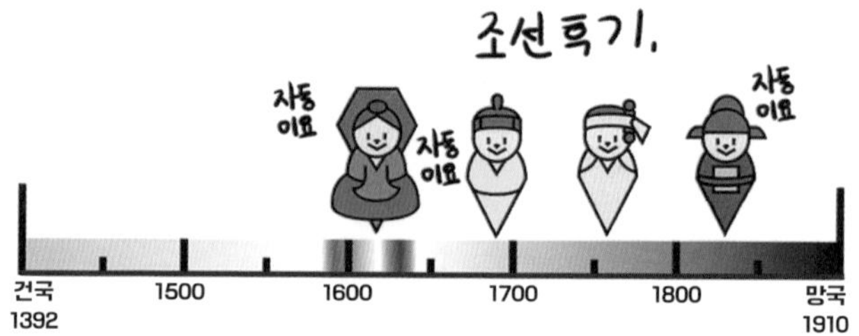

- 열여섯 번째 이야기 -

조선의 황금광 시대

많은 사람들이 복권에 당첨되어 단번에 큰돈을 벌고 부자가 되는 꿈을 꾼다. 역사상 어느 때든 이런 횡재 욕심은 늘 있어왔다. 하지만 이런 대박은 결코 쉽게 굴러 들어오는 게 아니었다. 할 수 있는 일은 농사짓는 것뿐이던 시절, 사람들은 과연 어떻게 떼부자가 될 수 있을까? 바로 금을 캐는 것이었다.

'우리나라에 금광이 있었나?'라고 생각할 수도 있을 것이다. 조선에도 금광, 은광이 있기는 했다. 원래 조선의 광산들은 개인이 아닌 나라의 소유였다. 그리고 전문 광부가 따로 있지는 않았고 그때그때 광산 주변에 사는 백성들을 징발해 광물을 캐게 했다.

재미있는 것은 처음에는 금광보다 은광이 더 중요하게 여겨졌다는 것인데, 은이 더 비싸서라기보다는 명나라에 바치는 뇌물을 마련하기 위해서였다. 썩어 빠지기로 이름난 명나라의 사신들은 미친 듯 조선의 은을 긁어모았고, 심지어 '은으로 만든 다리'를 내놓으라고 으름장을 놓은 적도 있으니 명나라가 멸망한 이유를 알 만하다. 명나라가 망한 이후로도 은의 수요는 여전했으니 청나라와의 무역을 위해서였다.

시간이 흐르며 조선의 행정이 느슨해지자 이전만큼 빡빡하게 국가가 광산을 운영하지 않게 되었다. 그러면서 차츰 개인 소유의 광산들이 하나둘 나타났고, 개인의 사리사욕을 위한 채굴도 벌어졌다. 광산을 만들고자 하는 사람들은 지방 수령이나 감사들에게 잘 비빌 수 있는 사람을 대표로 뽑아 광산 운영의 간판으로 내세웠고 이 사람을 '물주物主'라고 했다. 물주는 나라에게 광산 개발 허가를 받아 인부들을 고용해 금 및 광물들을 캐냈고 대신 세금을 냈다.

똑같이 금을 얻더라도 땅을 파기보다는 자갈들을 물에 씻어 금 조각을 건지는 사금 채취를 하는 경우도 많았다. 사금을 채취하는 업자들을 주로 '덕대德大'라고 불렀다. 그들 아래에서 직접 금을 캐는 일을 하는 사람들은 광부도 징발된 농민들도 아니라 땅도 없고 가난에 시달리다가 농촌을 떠나 떠돌아다니는 사람들이었다. 『실록』에서는 이들을 연군鉛軍이라고 불렀는데 일자리를 찾아 이리저리 떠돌았으니 수상쩍은 사람 취급을 받았고 원래 살던 주민들과 충돌하기도 했으며 문제를 일으키기도 했다.

조선 정부는 이 떠돌이 노동자들을 몹시 못마땅하게 여겼다. 백성들은 가난을 견디고 성실하게 농사를 짓는 것이 가장 다스리기 편하거늘, 황금에 미친 사람들의 폐해는 조선 정부의 입장에서는 이만저만 큰 것이 아니었다. 농사를 때려치우는 것은 물론 금을 찾는다며 온통 밭을 헤집어 놓기도 했다. 종일 개울 진흙탕 속을 들락날락하며 지내다 보니 건강도 상했고, 돌림병이 돌면 우르르 목숨을 잃기도 했다. 또한 하루 종일 땅 파고 흙 고르느라 힘들다 보니 술과 고기를 보통 사람의 두세 배는 먹는다는 보고도 올라왔으며 황금을 찾기도 전에 가산을 탕진하는 사람도 있었다. 당연히 나라는 금을 캐는 사람들을 모두 쫓아내려 했지만 황금에 눈이 먼 사람들은 결코 멈추지 않았다. 수많은 연군들은 먹을 풀을 찾아 이동하는 메뚜기처럼 이 광산 저 광산을 오가며 일했고 나라의 허락 없이 금을 캐는 잠채도 성행했다.

1799년(정조 23), 지금도 금광으로 유명한 황해도 수안에 서른아홉 개의 새로운 금맥이 생기자 한 번에 500명이 넘는 광꾼들이 몰려왔고 그러면서 그들의 가족은 물론 숙박업자인 객주, 음식을 파는 행상들까지 몰려와 엄청난 북새통이 벌어지고 물건 가격이 폭등했다. 이 정도는 귀여운 정도였으니, 조선 말 외세에 의한 금광 개발을 거치고 난 이후로는 진정으로 '황금에 눈이 뒤집힌' 황금광 시대를 맞이하게 된다. 지금 보면 어리석기까지 한 모습들이지만 사람이 지금보다 더 잘살고 싶어 하는 욕망을 무슨 수로 억누르란 말인가. 조선 후기 황금에 매달렸던 사람들은 그것 외에는 길이 없었기에 더 매달린 것이었을지도 모른다. 지금 우리가 사는 세상은 그 시기보다 큰 희망이 남아 있을까? 조선왕조실록

17 극한직업 아전

 수령 사또 뭐왜뭐

 아전 ㅜㅜ

하나요 따란

마술 좋아해?
내가 보여줄게.

난 가만히 일하는데,
카드가 멋대로 긁힙니다!

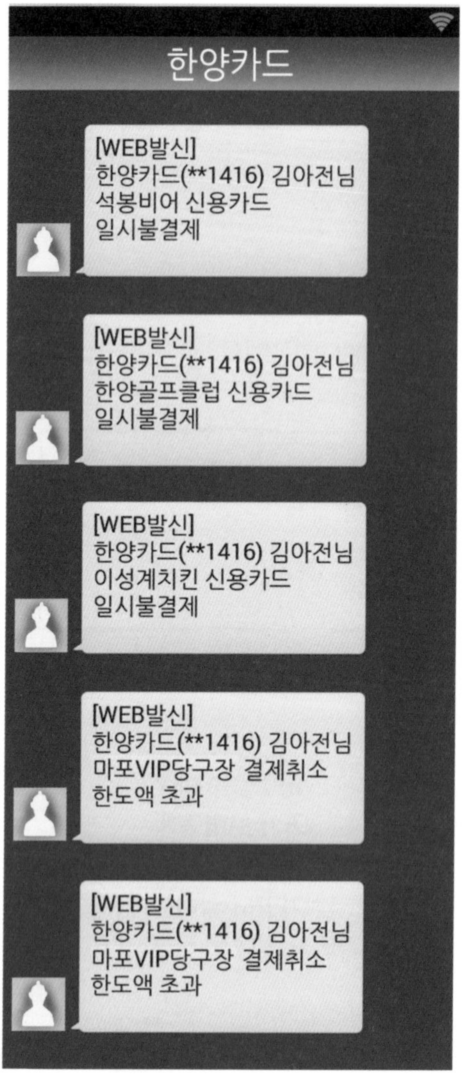

한양카드

[WEB발신]
한양카드(**1416) 김아전님
석봉비어 신용카드
일시불결제

[WEB발신]
한양카드(**1416) 김아전님
한양골프클럽 신용카드
일시불결제

[WEB발신]
한양카드(**1416) 김아전님
이성계치킨 신용카드
일시불결제

[WEB발신]
한양카드(**1416) 김아전님
마포VIP당구장 결제취소
한도액 초과

[WEB발신]
한양카드(**1416) 김아전님
마포VIP당구장 결제취소
한도액 초과

#닆 #한숨

저거ㅎ?

우리 사또님이 긁는 거야.
맘대로 쓰시라고 내가 드렸어.

웅? 괜찮아……ㅎㅎ

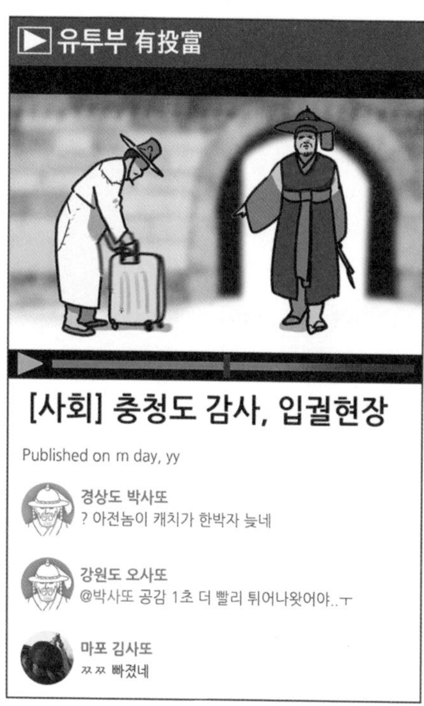

아전(이방)이야 뭐……
사또 #비서겸 #지갑겸
#개인노비니까……ㅎ

후…….

와.....
금산 아전 맹수동
ㅋㅋㅋ
어이없다
나도 내일부터
노루 잡아야돼 ㅇㅇ
?뭐?
금산 아전 맹수동
노루
사슴같은거
뿔?
얌얌얌
수염?
풀
우리 사또가 잡아오래
주상전하한테 선물한대
ㅋㅋㅋㅋㅋㅋㅋㅋㅋㅋ
ㅋㅋㅋㅋㅋㅋㅋㅋㅋㅋ
놐ㅋㅋㅋㅋㅋㅋㅋㅋ룩
ㅋㅋㅋㅋㅋㅋㅋㅋㅋㅋㅋ
지국총 어사화 애바로다
너 뭐 활이나 쏠줄암???
금산 아전 맹수동
몰라 ㅋㅋ
사냥꾼 고용했지뭐
1415.5.1
18:18
다자바 김냥꾼 출금 쌀 2 말
물론 내돈으로 ㅋㅋ

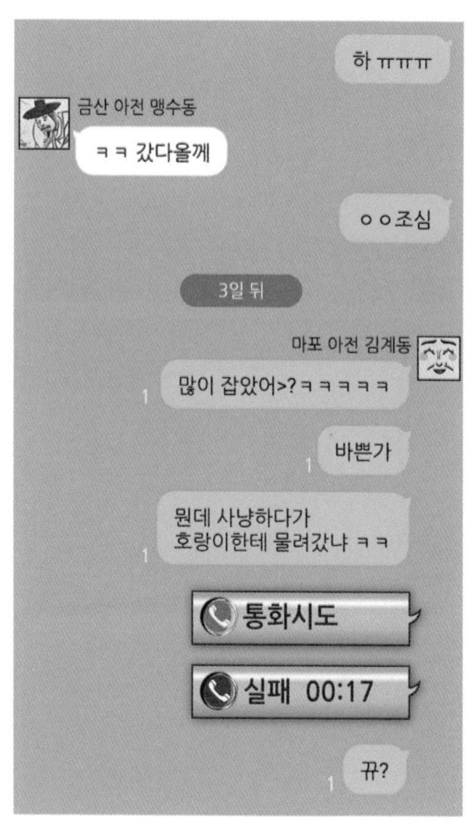

하지만 저 1은
영원히 사라지지 않았어.

걔…죽었대…ㅋㅋ

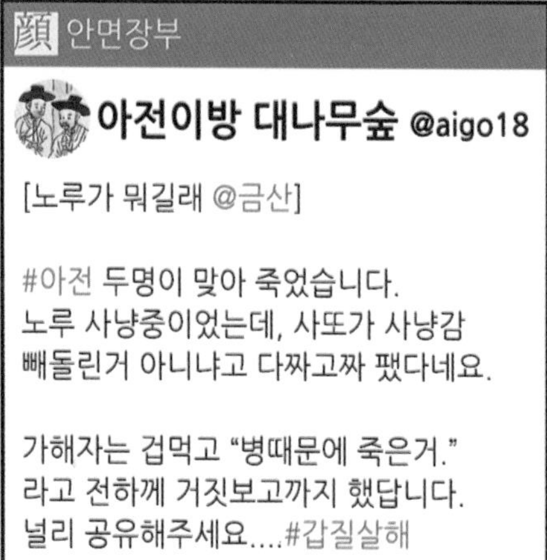

[속보] 금산 관찰사, 살인혐의로 체포

무거운 처벌…"파직 & 벌금형"

  141.9k

평양 김아전

벌금이 무겁냐? 사람 둘을 죽였는데??
우릴 사람취급을 안 하네

오후 18:18 좋소이다 · 답글달기 · 더보기

진주 최이방

@나주 박아전 선배 이거봐ㅋㅋ
힘 조금이라도 있으면
남 막 무시해도 되는가봄ㅋㅋㅋ

오후 18:18 좋소이다 · 답글달기 · 더보기

밀양 남아전

ㅇㅋ 알았어~우리도 이제 갑됩시다ㅋ

오후 18:18 좋소이다 · 답글달기 · 더보기

평양 김아전

222222222222 저도 참가합니다 ㅋㅋ

오후 18:18 좋소이다 · 답글달기 · 더보기

나주 박아전

333333 우리 고을 세금 내가 걷고요ㅋ?
두배 세배 더 짜내도 아무도 모르고요?

오후 18:19 좋소이다 · 답글달기 · 더보기

충청 김아전

4 오늘부터 나도 백성들
마른 걸레처럼 쥐어짠다 ㅋㅋㅋㅋㅋ

오후 18:20 좋소이다 · 답글달기 · 더보기

정사 正史

실록에 기록된 것

- 조선, 건국 초부터 향토 세력들을 견제하다. 지방 향리들, 아전(이방)이 되어 한양에서 파견 나온 수령을 거들다. 지방 사정에 어두운 수령을 도와 각종 행정 업무를 도맡다. 그리고 자신의 재산을 내어 가며 수령을 보필하다.
- 하지만 이방은 과거 시험을 볼 수 없었다. 그 와중에 수령들 갑질에 시달리다.
- 태종 15년, 금산에서 아전 두 명이 곤장을 맞아 죽는 사건 발생하다. 지금산군사 송희경이 노루 고기를 진상하고자 사사로이 아전들에게 사냥을 시켰는데, 아전들이 사냥감을 몰래 숨겨 놓고 내놓지 않는다며 의심한 것. 결국 아전 둘은 매를 맞아 죽고, 억울했던 유가족들이 신고했지만 송희경, "그런 일 없고 둘은 병 때문에 죽은 것"이라 변명하다. 그러나 들키다.
- 그로부터 일곱 달은 더 지나서 송희경, 직첩 몰수 및 장 100대형에 처해지다. 비교적 무거운 형벌이었지만 벌금형으로 대신하고 곧 복직되다.
- 아전들, 부정한 방법으로 재산을 모으다. 심지어 수령과 결탁하다.

픽션

기록에 없는 것

- 지국총 어사화는 100년쯤 뒤에 지어졌다.

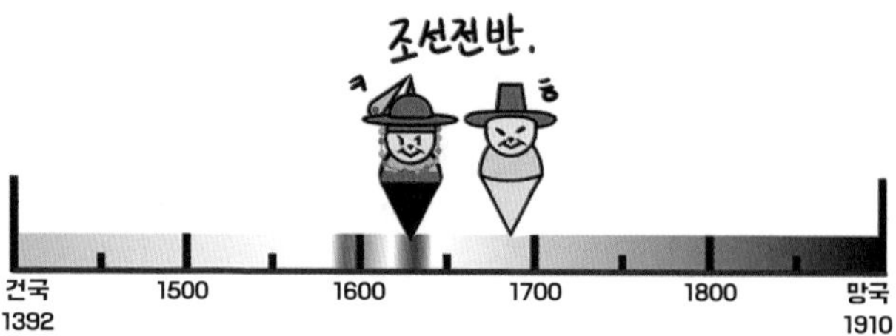

- 열일곱 번째 이야기 -

지방 행정의 필요악

조선시대의 행정 조직은 6부로 나뉘었다. 이조吏曹, 호조戶曹, 예조禮曹, 병조兵曹, 형조刑曹, 공조工曹인데 이조는 행정 및 인사, 호조는 예산, 예조는 예악과 제사, 병조는 군사, 형조는 형벌, 공조는 토목 공사를 담당했다. 이 체제는 위로는 중앙 정부에서 아래는 작은 고을에까지 마찬가지였으니, 현감縣監 곧 사또 아래에도 6부가 갖춰져 있었고 그 담당자인 아전을 방房이라 불렀으니 각각 이방, 호방, 예방, 병방, 형방, 공방이었다. 이들을 뭉뚱그려 아전衙前이라 불렀는데, 그중 최고직인 이방은 특별히 수리首吏라고 했다.

조선 사회에서 이들은 어떤 사람들이었을까? 『춘향전』이나 민담 등에서 보이듯 늘 사또 옆에 붙어 온갖 아부를 떨어 사악한 일을 하는 악의 중간 관리직으로 그려지며, 실제로도 백성들을 괴롭히고 재정을 좀먹는 이들로 여겨져 자주 "저것들의 토색질을 막아야 한다!"라고 정부에서도 자주 논의하였다.

그런데 아전들에게도 변명할 말이 있었다. 그들은 다른 말로 향리였는데, 요즘 말로 하자면 지방 공무원이었다. 그래서 지방의 관아에서 행정을 도맡았고 온갖 잡다한 일들을 해야 했다. 홍수가 나면 그 사태를 파악하는 것도, 추가 세금을 거두는 것도, 하여간 일이 잘 안 돌아가면 가장 먼저 조이는 것이 아전들이었다.

그런데 급료가 형편없었다. 정확히 말하면 급료가 아예 없었다. 서류상으로는 있었지만 제대로 지켜지지 않았다고나 할까. 전근대 시대의 정부는 지방 관리의 월급과 생활까지 꼬박꼬박 챙겨줄 여력이 없었다. 지방관들이 아전들을 등쳐먹을 수 있었던 이유이기도 했다.

그럼 아전들은 왜 존재했는가? 이들은 평범한 농민이 아니라 그 지역에서 그럭저럭 잘살고 인맥도 있으며 지식도 갖춘 양민 이상 양반 이하의 세력가들이었다.

중앙은 이들에게 지방의 관리를 맡겼다. 이들에게 줄 월급이 있었다면 처음부터 중앙에서 사람을 파견하여 지방을 관리했을 것이다.

이것은 조선뿐만 아니라 전 세계의 공통적인 문제였다. 정보와 교통이 발달하지 않은 시대, 수도는 중앙과 가까우니 어떻게든 관리가 되었지만 지방은 멀기도 하고 각 지역의 특색이 있어 통치를 하려면 지역 토박이의 도움이 꼭 필요했다. 이렇듯 고생만 죽어라 하고 실속은 없는 직책이 바로 아전이었다.

아전들에게 유리한 점은 지방이 그들의 홈그라운드라는 것뿐이었다. 현감이나 감사 등 중앙 정부에서 임명하는 지방관은 자주 바뀌었지만, 이방을 비롯한 토착 지방관은 그곳에서 나고 자란 사람들이 임명되는 평생 근무직이었고 실권도 있었으며 대대로 이어받기까지 했으니 마음만 먹으면 지방관들끼리 짜고 수령을 엿먹이는 것은 일도 아니었다. 실제로도 영조 때 오산(지금의 예산) 아전이었던 방치관 형제들은 자신들의 권한을 휘둘러 지방관을 속이고 마음대로 지시를 내리거나 방을 나붙이고, 백성들에게 줘야 할 진휼 곡식들을 착복하는 등 많은 죄를 지어 귀양을 갔다. 돌아오고 나서도 그들은 두터운 인맥을 동원해 자신들을 싫어하는 다른 아전들을 비방했고, 출두 명령을 받았음에도 무려 3주나 오지 않는 등 배짱을 부렸다. 이렇듯 중앙 정부를 무시해도 처벌은 "다시는 그러지 마라"라고 타이르는 정도로 끝났다. 이런 솜방망이 처벌을 받는 것은 이들뿐만이 아니었으니, 중앙 입장에서는 실질적으로 아전들 없이는 지방을 다스릴 수 없었기에 아전들이 착취하는 것을 '어느 정도' 눈감아주곤 했다.

아전에 대한 사회적인 인식은 극도로 나빴다. 1873년(고종 10) 하동에서 벌어진 살인사건은 피해자가 가해자에게 "아전의 아들이라 그 본모습을 숨길 수 없다"라고 말한 것이 시비가 붙은 원인 중 하나였고, 민란이라도 일어나면 제일 먼저 맞아 죽거나 협박을 당했던 것도 아전이었다. 그러다 갑오개혁을 통해 6조가 8아문으로 바뀌고 행정 체제가 근대적으로 바뀌면서 아전들도 역사 속으로 사라지게 되었다. 결국 아전이란 중간 관리직들의 애로 사항이 똘똘 뭉쳐 있는 결정체라고 하겠다. 조선왕조실톡

조선왕조실톡 18

경운기를 탄 임금님

순원왕후 넌 내꺼요

철종 (잠수)

하나요 임금이 없다

찐빵에 앙꼬?
없을 수 있다.

치킨에 치킨무?
없어도 살아.

[속보] 헌종전하 훙
자식 못낳고 죽어…다음 왕은 어디에?

하지만 지금,
우리 조선엔 왕이 없다……!

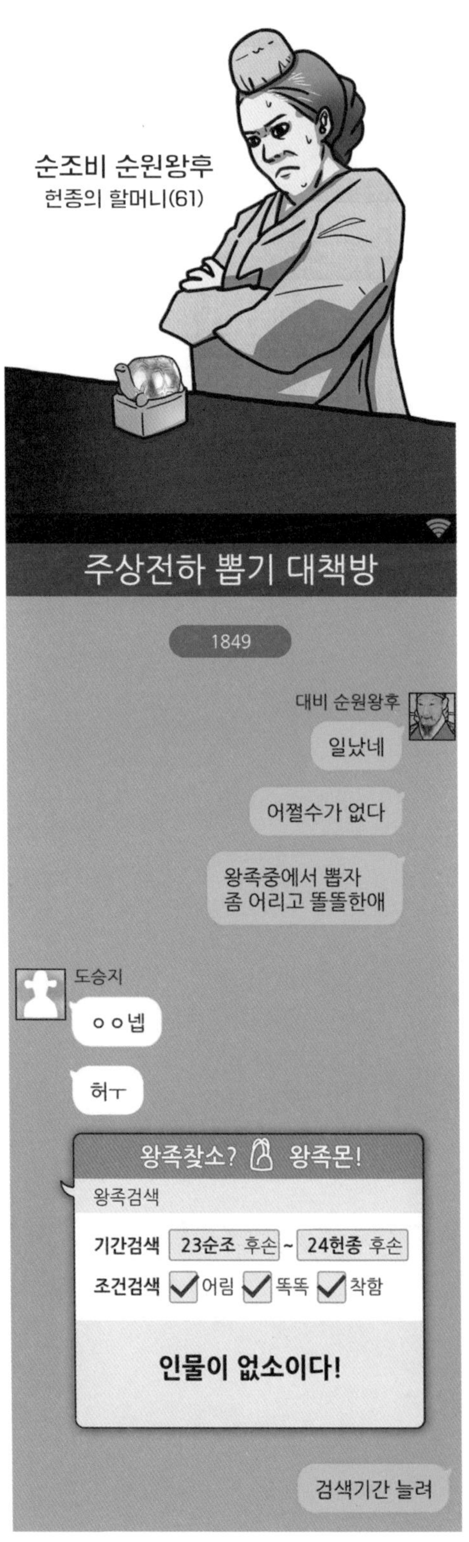

순조비 순원왕후
헌종의 할머니(61)
주상전하 뽑기 대책방
1849
대비 순원왕후
일났네
어쩔수가 없다
왕족중에서 뽑자
좀 어리고 똘똘한애
도승지
ㅇㅇ넵
허ㅜ
왕족찾소? 왕족몬!
왕족검색
기간검색 23순조 후손 ~ 24헌종 후손
조건검색 어림 똑똑 착함
인물이 없소이다!
검색기간 늘려

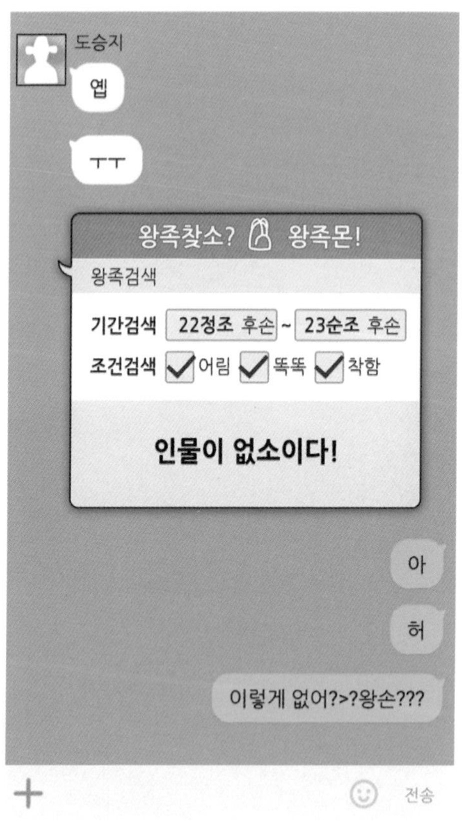

어이구,
하긴 돌아가신 왕들께서
대대로 애를 안 낳으셨으니!

이를 어쩐다?

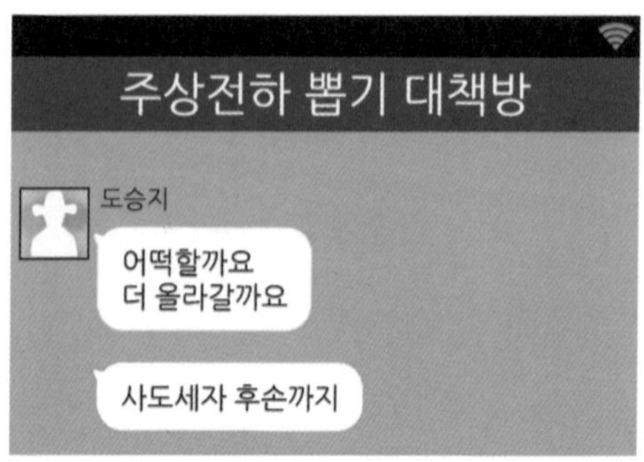

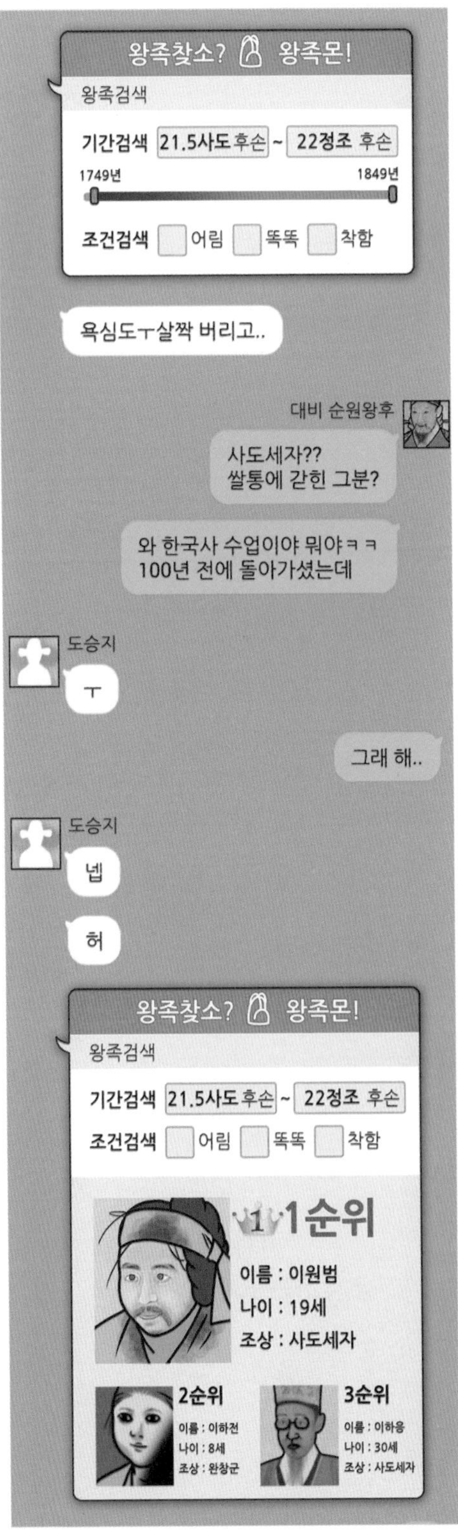

왕족찾소? 왕족몬!
왕족검색
기간검색 21.5사도 후손 ~ 22정조 후손
1749년
1849년
조건검색 어림 똑똑 착함
욕심도ㅜ살짝 버리고..
대비 순원왕후
사도세자??
쌀통에 갇힌 그분?
와 한국사 수업이야 뭐야ㅋㅋ
100년 전에 돌아가셨는데
도승지
ㅜ
그래 해..
도승지
넵
허
왕족찾소? 왕족몬!
왕족검색
기간검색 21.5사도 후손 ~ 22정조 후손
조건검색 어림 똑똑 착함
1순위
이름 : 이원범
나이 : 19세
조상 : 사도세자
2순위
이름 : 이하전
나이 : 8세
조상 : 완창군
3순위
이름 : 이하응
나이 : 30세
조상 : 사도세자

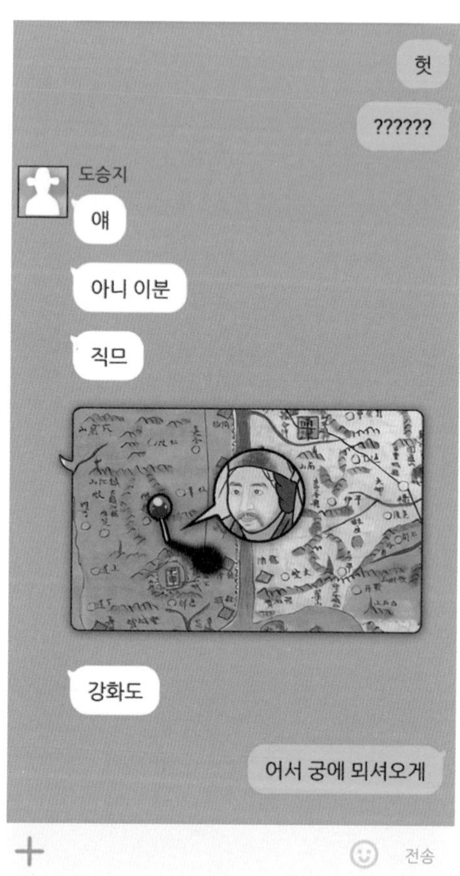

오케이.
강화도면 한양 코앞.

이제 슬슬
모셔 오는 중이겠지… 응?

통화시도중…
도승지
수신불가
뚝
DS18490606.mp4 전하_추격전
- ??? : 꺄아아아아아아악

DS18490606.mp4 전하_추격전
- ??? : 허엌ㅇㅇㅇㅎ허엌
- 도승지 : 거기섯!!!!

"농사짓던 원범,
미친 듯이 도망치다."

"온 산을 뒤져 겨우 찾아내다."

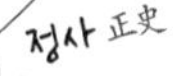

실록에 기록된 것

- 헌종, 후사를 남기지 못하고 죽다.
- 순원왕후, 왕실 족보를 뒤져 이원범을 찾아내다.
- 이원범은 사도세자의 증손자. 사도세자와 후궁 사이에서 태어난 은언군이 전계대원군을 낳았는데, 그가 곧 원범의 아버지다.
- 이원범, 평민처럼 농사일을 거들며 먹고살고 있었다. 왕족이라면 나라에서 생활비를 주지만 은언군은 부인이 천주교도라 유배되었고 원범의 형은 역모에 연루되어 죽었다. 원범 역시 죄인처럼 나라의 보호를 받지 못하고 있던 것. 또한 강화도는 유명한 왕족 유배지였다.
- 궁궐에서 보낸 가마와 군사 떼, 강화도에 도착하다. 원범, 형이 끌려가서 죽던 순간 떠올리고 "나 잡으러 왔나 보다"라며 도망치다.
- 겨우 잡아 와서 즉위시키니 그가 25대 왕 철종이다.

참고

- 왕족몬은 없었고 조선 왕조의 족보인 『선원보략』이 있었다.

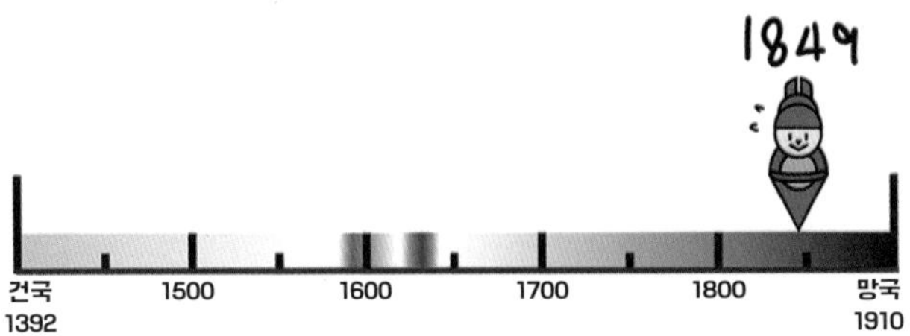

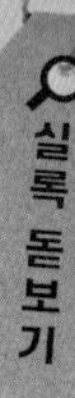

- 열여덟 번째 이야기 -

준비되지 않은 임금, 철종

이전까지 강화도에서 지내던 이원범을 갑자기 왕으로 고른 것은 순원왕후 김씨였다. 왜 하필 그를 골랐을까? 사서에 따르면 이원범이 태어나던 날, 순원왕후의 꿈 속에 김조순이 나타나 어린아이를 맡기며 이 아이를 잘 길러 달라며 맡겼다고 한다. 잠에서 깨어난 순원왕후는 신기한 나머지 그 꿈을 기록해 놓았는데, 훗날 헌종이 죽은 뒤 급히 이원범을 불러 놓고 보니 바로 그 꿈속의 아이였다고 한다. 갑작스런 왕위 계승을 정당화하기 위한 이야기겠지만 안동 김씨 세도정치의 시발이 되었던 김조순이 다음 왕 점지를 위해 친히 나타났다는 게 재미나다.

결국 안동 김씨인 순원왕후가 다음 왕으로 고른 게 철종이었고, 철종의 죽음과 함께 안동 김씨 천하도 끝이 났으니 꿈이 영험했다면 영험했다고 할까. 사실 이원범은 서자이자 셋째 아들이었고, 이복형까지 살아 있었으니 말이다.

철종이 막 즉위한 즈음, 『실록』에 나오는 기록이란 왕이 진강을 하고 소대했다는 것뿐이다. 다른 왕들의 『실록』은 왕과 신하들이 어떤 주제에 관해 의견을 주고받고 이야기를 나눈 내용이 『실록』의 기사 자리를 꼬박꼬박 채우는데 『철종실록』에는 그런 게 없다. 즉위 후반으로 가면서 조금씩 나아지기는 하지만 『철종실록』은 몹시 심플한 내용 및 분량을 자랑한다.

철종이 왕으로서의 책임을 내팽개친 건 아니었다. 오히려 꽤 많이 노력했다. 밤늦게까지 글을 읽기도 하고 때때로 자신의 의견을 말하기도 했고, 글이나 시를 써서 신하들에게 보이기도 했다. 또 밤낮으로 경연을 하면서 철종도 신하들과 대화를 나누긴 나눴을 것이다. 왜 그것이 기록에 남지 않았을까? 안타깝게도 도저히 기록으로 남길 수 없을 만큼 수준이 처참해서였을 것으로 짐작된다.

원래 순조나 헌종 때도 세도정치가 문제가 되었다곤 하지만 이렇게까지 준비가 되지 않고 능력이 부족한 왕이 즉위한 적은 없었다. 서양인들마저도 철종이 갑자기 즉위한 시골뜨기 왕이라고 기록했다. 나라 안의 모든 사람들이 왕을 바보다 어리석다 비웃는데 왕이 아무리 옳은 소리를 한다 한들 그 명령이 잘 통했겠는가.

이래저래 아쉬운 일이다. 철종은 분명 좋은 왕이 될 수 있는 소질이 있었다. 본인이 밝혔을 정도로 오랜 야인 생활 덕분에 농사짓는 고생도 직접 알았고 환곡과 균역이 얼마나 백성들의 삶을 옥죄는 심한 고통인지도 잘 알았다. 그리고 철종은 지방 수령들에게 신신당부를 했으니 백성의 어려움을 살펴 달라는 것이었다.

하지만 수령들은 임금의 명령을 아랑곳하지 않고 계속 착복을 했으며 결국 철종은 "너희들은 내 앞에서 대답은 잘하면서 왜 나가서 다스릴 땐 그렇게 못하냐?"라고 타박을 했지만 이후로도 큰 변화는 없었다. 철종의 명령은 목소리일 뿐, 그만한 통치력을 발휘하지 못했다. 친위 세력 없는 꼭두각시 왕이었으니까.

1862년(철종 13) 경상우병사 백낙신의 욕심에 시달리던 진주의 백성들이 봉기했다. 이것이 진주민란이었다. 이 일로 철종은 크게 충격을 받았고 사정을 조사한 뒤 사태의 원인인 백낙신을 고금도로 유배 보냈는데, 철종은 더 엄하게 제주도로 유배 보내라 했지만 이루어지지 않았다. 이후로 백낙신은 관직에 복귀해서 고종 때에는 평안도 병마절도사까지 역임했다. 만약 정말 수령들에게 엄격한 처벌을 했더라면 백낙신은 살아남지 못했을 것이다.

꼭 엄격한 처벌이 통치의 답이 되는 것은 아니지만 이후 임술민란을 비롯하여 백성들의 분노가 곳곳의 민란으로 터져 나오는 와중에, 철종은 삼정의 문란을 걱정하면서도 아무것도 고치지는 못했다. 조선왕조실톡

조선왕조실톡 19

바보 철종?

철종 앓이거든 어의업내

하나요 신데렐남

진짜 미쳤다.
나 그냥
농부 1인이엇는데… 와…….

갑자기 왕이야…ㅋㅋ

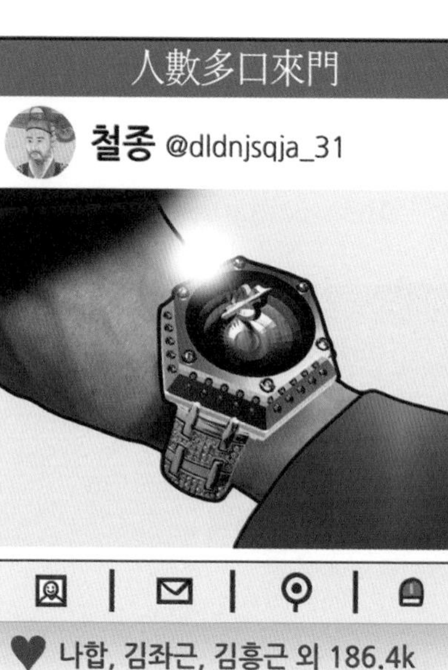
人數多口來門
철종 @dldnjsqja_31
나합, 김좌근, 김흥근 외 186.4k
작금이 : 와 파택필입ㄷㄷ
연지 : 수라상도 인증해주세요 약속
철종 : @연지 ㅇㅇ

人數多口來門
철종 @dldnjsqja_31
마마잃은중천공
김흥근, 김좌근, 김문근 외 2.5k
연지 : ?? 네?
막쇠 : 헐
중천공 : 엘......?

어… 아… 그게
남아일언 중천금이야?

아…… 그렇구나……… 흠.

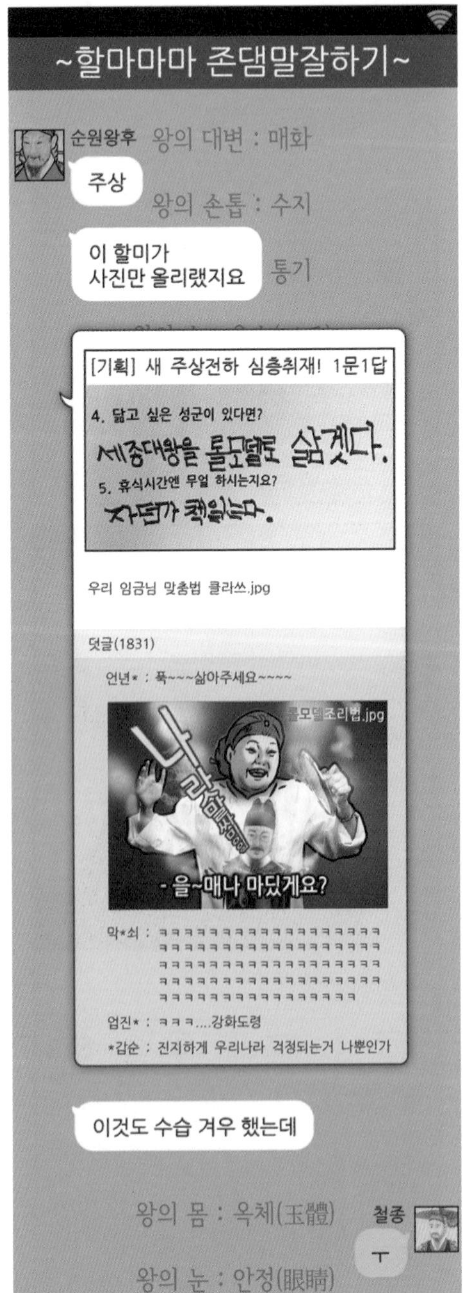

순원왕후
공부 열심히 하십시다
어릴 때 서당은 다녔지요?
진도 어디까지 뺐습니까
소학
2 단원 배워 쮯구요
순원왕후
??? 소학 이거??
어린이 소학
5~7세 어린이용
◆착하게 인사하기
◆예쁘게 효도하기
◆민요로 배워봐요
♪ 아기군자 뚜루루뚜루 ♪
♪ 수양하는 뚜루루뚜루 ♪
걸음마 소학
주상 춘추가 스물인데
아직 소학을 못뗐다고요??
ㅜ
어머니 랑 아버지 계서 저
서당 않 배워 줘도 됀다고
※왕위계승자가 아닌 왕족은 벼슬을 할 수 없었기에 공부를 열심히 시키지 않았다.
ㅜ
순원왕후
와
전송

ㅜ… 주5일 7교시
공부나 하라고 하신다…….
그럴까…….

근데 그러면…ㅜㅜ
뭐하러 내가 왕이야…….

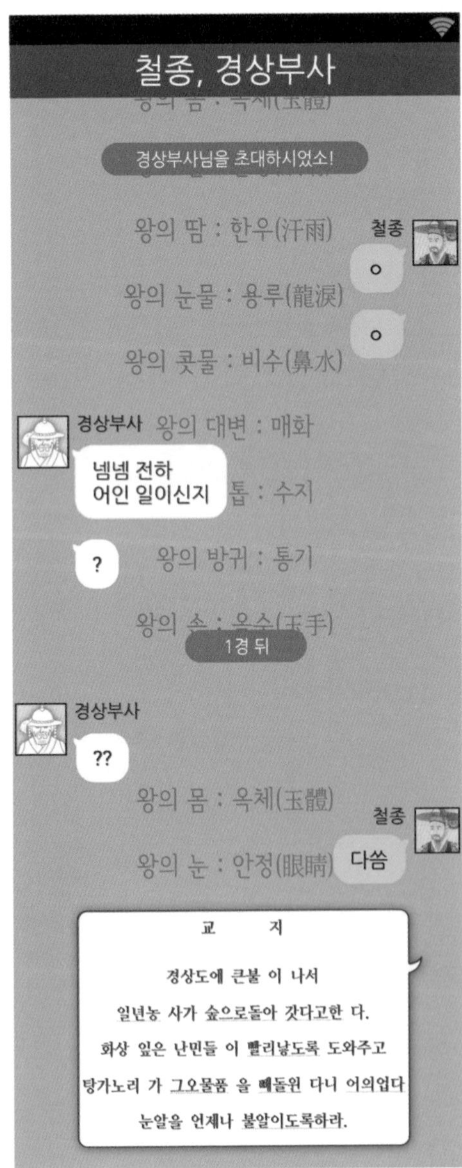

왕의 손톱 : 수지
경상부사
오
왕의 방귀 : 통기
교 지
경상도에 큰불 이 나서
수포로 갔
일년농 사가 숲으로돌아 갔다고한 다.
화상 입은 난민들 이 빨리낫도록 도와주고
탐관오리 구호물품 리 어이없다
탕가노리 가 그오물품 을 빼돌린 다니 어의업다
부라리도록
눈알을 언제나 붉알이도록하라.
한우(汗雨)
참 잘하셨어요~
왕의 눈물 : 용루(龍淚)
ㄴㄴ
왕의 콧물 : 비수(鼻水)
ㅜ
왕의 대변 : 매화
하고 십은 말 을 봐주시오
내용
왕의 방귀 : 통기
왕의 손 : 옥수(玉手)
줄걸이ㅜ
경상부사
왕의 몸 : 옥체(玉體)
?
왕의 눈 : 안정(眼睛)
엇 아
왕의 땀 : 한우(汗雨)
눈알을 언제나 붉알이도록하라.
헛 명 받들겠습니다
수지

왕의 방귀 : 통기

ㅇㅇㅜ

왕의 손 : 옥수(玉手)

실록에 기록된 것

정사 正史

- 열아홉 살 몰락 왕족 이원범, 강화도에서 가난하게 살다가 하루아침에 왕이 되다.
- 대소신료들이 철종에게 공부를 어디까지 했냐고 묻자, 부끄러워하며 "『통감』을 읽었고, 『소학』 2권까지밖에 익히지 못했다"고 고백하다. 요즘으로 치면 초등학교 과정조차 제대로 못 마친 셈.
- 철종, 종일 글공부를 하다. 그래서 『철종실록』은 내용이 다소 부실하다. 수많은 페이지에 "주상께서 공부를 하셨다." 달랑 한 줄 쓰여 있을 뿐이다.
- 이 때문에 철종, 종종 신하들에게 면박당하기도 하다.
- 하지만 백성들 사이에서 자라 그들의 고충을 알았던 철종, 궁궐 분위기에 적응한 뒤에는 주눅 들지 않고 제법 자기 의견도 말하다. 특히 구휼, 탐관오리 처벌, 세금 감면 등 민생 문제에는 목소리를 크게 내다.

기록에 없는 것

픽션

- 파택필입 휴대용 해시계는 기록에 없다.

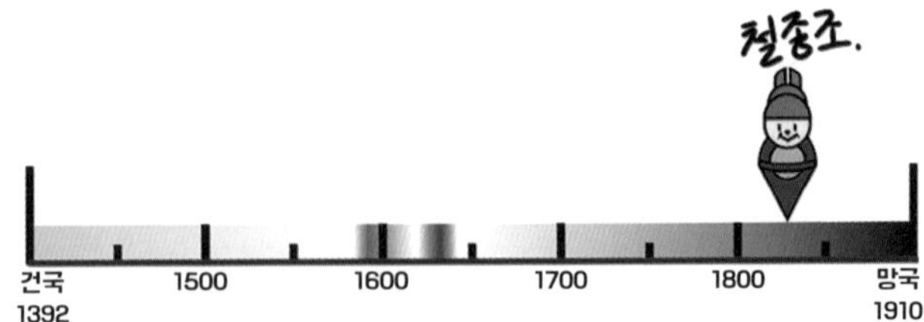

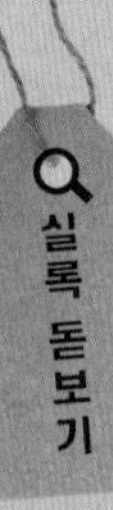

- 열아홉 번째 이야기 -

삼정의 문란

조선 후기에 들어서며 나라의 가장 큰 문제로 대두된 것은 백성들의 생활이 어려워지고 이 때문에 백성들이 농사를 포기하는 것이었다. 여러 고통 중에서도 백성들을 몹시 괴롭힌 것은 삼정의 문란이었는데, 삼정이란 군정, 환곡, 전정 세 가지라 삼정이라 불렀다. 과연 이들은 어떻게 백성들을 힘들게 했을까.

우선 과도한 군정 부과의 예로 가장 잘 알려진 것은 백골징포와 황구첨정, 죽어서 백골이 된 사람과 아직 젖을 먹어 입이 누런 갓난아기에게까지 세금을 물리는 것이었다. 정약용이 지은 「애절양」이란 시가 이런 상황을 처절하게 묘사했는데 정조와 순조 때도 그렇게 심했다면 이후의 세도정치 시기에는 얼마나 더 지독해졌겠는가.

그런데 이런 세금이 매겨지게 된 것은 그저 관리들이 악해서만이 아니라 이유가 있었다. 나라가 있으면 군대가 있고 군대가 있으면 운영비가 필요한데, 군정은 바로 군사 비용이었고 그러다 보니 전체 예산 규모가 잡혀 있었다. 따라서 군정은 사람 수 곱하기 세금이 아니라, 올해 군대 예산 나누기 사람 수로 '배정'되었다. 세금 낼 사람이 많다면 액수가 적어질 수도 있겠지만 안타깝게도 조선 후기에는 공명첩이나 몰락한 양반의 족보를 사들여 신분 세탁을 하는 사람들이 크게 늘어났다. 예산은 정해져 있는데 낼 사람은 적으니 온갖 불합리한 명분을 만들어 세금을 무겁게 매기게 되었다. 다 양반의 수가 늘어난 탓이니 양반들이 세금을 내면 해결될 문제였건만 양반들의 반대가 거세 그렇게 되지 않았다.

다음으로 고약했던 것이 환곡의 문제였다. 환곡은 처음에는 좋은 뜻에서 만들어진 것이었는데, 보리가 익기 전 먹을 것이 없어 굶주리는 시기에 나라에서 창고를 열어 낮은 이자로 백성들에게 곡식을 빌려주고 이후 수확을 한 뒤 갚게 하는 제도였다. 그러나 수백 년이 지나며 이것은 백성을 돕는 게 아니라 백성을 뜯어먹는 제도가 되었다. 곡식이 필요하지도 않은 백성들에게 억지로 빌려주는 일도 공공연하게 벌어졌고, 서류를 조작해 백성들의 부담을 늘리고 심지어 빌려주는 곡식에 겨를 넣어 양을 부풀리는 등 갖은 꼼수를 썼다.

이들 둘에 비하면 상대적으로 덜 알려진 것이 전정의 문란이다. 세종은 농민들의 부담을 덜어주기 위해 새로운 전세 제도인 공법을 만들었고, 이후 이것이 토지의 비옥도에 따라 세금을 거두는 전분 6등법, 해마다 풍년과 흉년에 따라 세금을 거두는 연분 9등법으로 개량되었다. 그러나 이것도 100년을 지나는 동안 각종 개조가 일어나 기본 세금 외에도 잡다한 세금이 주렁주렁 붙은 악법이 되었다. 무엇보다 조선 후기로 들어오면서는 개인이 토지를 소유하기보다 지주가 막대한 땅을 소유하고 소작민들이 농사를 짓는 형태가 되었는데, 이때 당연히 지주가 토지세를 책임져야 했지만 그마저도 소작민들의 책임으로 떨어져 버렸다.

이처럼 날이 갈수록 더 심해지는 세금 수탈을 해결하기 위해 조선 정부는 여러 번 세금을 탕감해 주었다. 재난 지역이 있으면 가장 먼저 그 지역 사람들의 몫을 탕감해 주는 식이었다. 그러나 항아리에 구멍이 나서 물이 새면 항아리를 새 것으로 갈거나 하다 못해 구멍을 막는 노력이라도 해야 하는데 새어 나오는 물만 열심히 닦아내 봐야 무슨 소용이겠는가. 환곡의 탕감은 이와 다를 바 없었다.

조선 말로 향하며 삼정의 문란은 더욱 극심해져 견디다 못한 백성들은 하나둘 달아나거나 관아에 가 문제를 호소했다. 들어주면 다행한 일이었지만 그렇지 않았고, 결국 가장 가난한 농민들부터 죽창을 꺾어 들고 몰려가 민란이 벌어지게 되었다. 그런 와중에도 백성들은 왕조를 존중했으나 이 순진하기 짝이 없던 민란에게 한 가지 터닝 포인트가 주어지게 된다.

나라는 도움을 주지 않고 유교도 불교도 아무 위안을 주지 못하던 시대, 그렇다고 서학을 믿자니 이양선들과 한패라는 소문이 있어 찜찜하던 이들에게 믿을 만한 새로운 기둥이 주어졌으니 바로 동학이었다.

20 조선왕조실록 철종의 첫사랑

	철종	미안해
	양순	(알수없음)

하나요 애틋

내가 왕이 된 후로
많은 게 바뀌었다.

먹는 거, 입는 거…….

[25대 왕 철종]
농부였다가 하루 아침에 왕이 됐다.

하지만 내 마음♥은
늘 똑같이 뜨겁지ㅋㅋㅋ

버미버미♥수니수니
철종 이원범
얘
내 애마 ㅋㅋ
이거는옵션
양수니수니
와
이뻐ㅜㅜ
희기한거지?
막 국보1호
아니고
내 요강ㅋㅋㅋ
달리다가 쉬매라워도
인제 길에서 못싸니깐..ㅜ
양수니수니
아ㅜㅜ

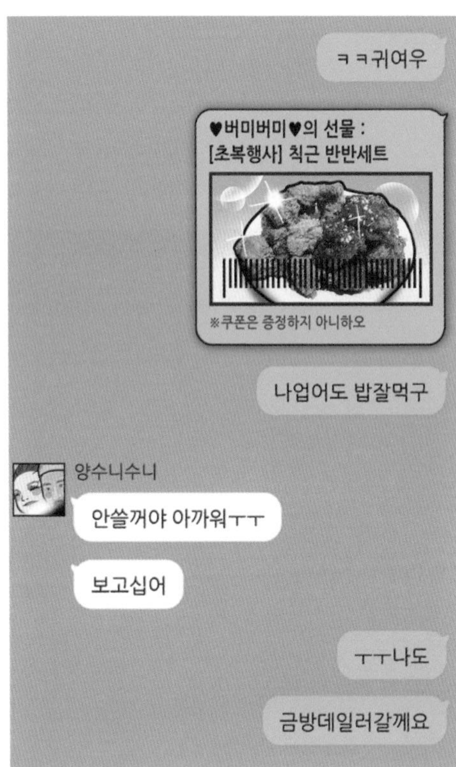

누구냐구?
여친이다♥ㅋㅋㅋ 꺅

어릴 때부터 만났고요?

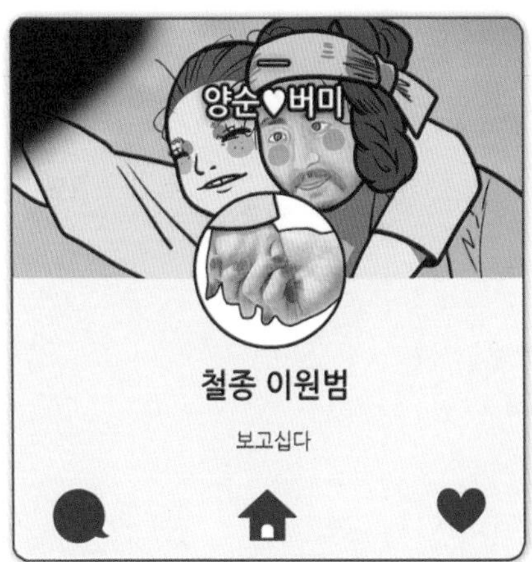

고을 소꿉친군데
아직 강화도에 있다.

빨리 만나고 싶은데…….
근데에……ㅜㅜ

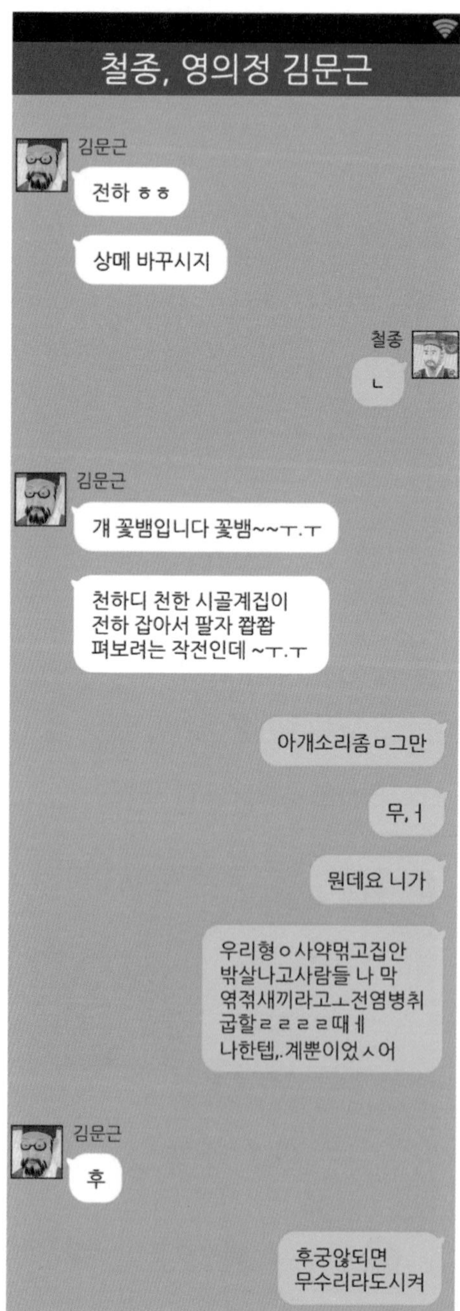

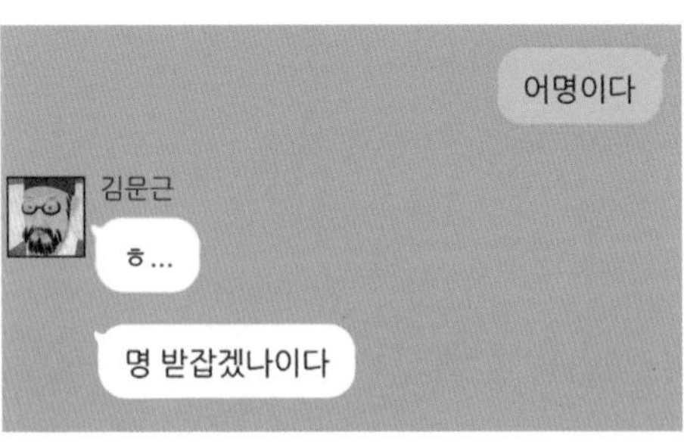

그런데……
그런데……………….

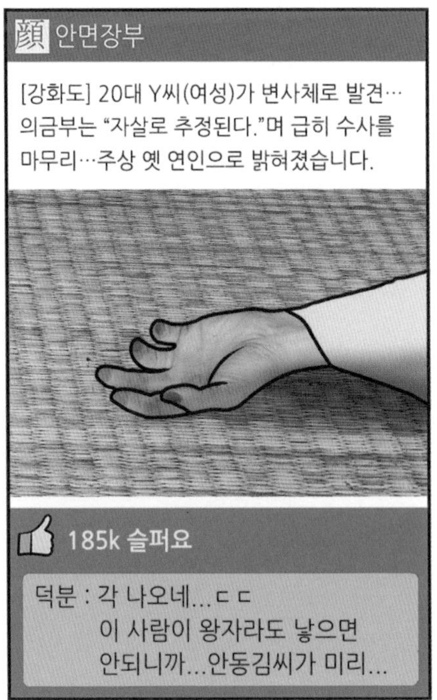

양순아…….
양순아아………ㅜㅜㅜ

버미버미♥수니수니
철종 이원범
여보야
나 수라먹엇어
밥먹엇나요 ㅎㅎ
양수니수니
♥버미버미♥의 선물 :
[초복행사] 칙근 반반세트
※사용기한이 지났소이다!
환불받으실 정보를 꼭 입력해주시오.
철종 이원범
ㅜ...쓰라니깐....
1
♥버미버미♥의 선물 :
[중복행사] 칙근 반반세트
※쿠폰은 증정하지 아니하오
1
여기까지 읽으셨소이다
철종 이원범
여보야
미ㅣ안해
나 왕않할껄
1
양순아
1
보고싶어
1
양순아
1

정사 正史

실록에 기록된 것

- 철종, 하루아침에 왕으로 즉위하다. 강화도에서 한양으로 부랴부랴 떠나다.
- 철종, 강화도에서 농사를 지으며 살 때 '양순'이라는 평민과 사귀다. 장래를 약속한 사이였던 듯.
- 철종, 아버지는 천주교 박해에, 형은 역모에 연루되어 불행한 어린 시절 보내다.
- 철종, 이후 양순을 찾았으나 즉위한 지 얼마 되지 않아 양순이 죽었다는 소식 올라오다. 철종, 결국 안동 김씨 집안 사람인 김문근 딸 철인왕후와 결혼하다.
- 철종, 아이를 몇인가 낳았지만 모두 일찍 죽다. 결국 후사를 남기지 못하고 34세에 사망하다.

픽션

기록에 없는 것

- 반반 무마니는 없었다.

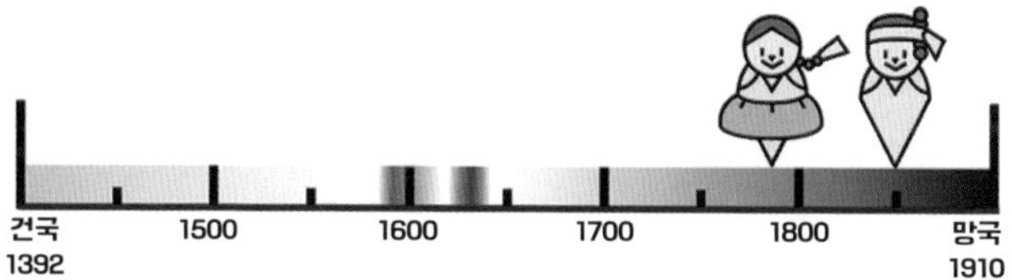

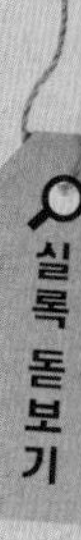

- 스무 번째 이야기 -

안평대군의 상사병

여기 로맨스소설과 같은 이야기가 있다. 돈도 없고 빽도 없어 먹고살기 위해 궁녀 일을 하게 되었는데 어쩌다가 궁궐 모서리를 돌아 쿵 부딪히고 보니 상대가 임금님 혹은 왕자님이었다. 그렇게 사랑에 빠져 승은을 입게 되면 그때부터 인생역전 시작……일 것 같지만, 세상일이란 게 그렇게 만만하지는 않았다.

세종의 신빈 김씨라던가, 숙종의 장희빈이나 최숙빈, 정조의 의빈 성씨 등 중인이거나 그만도 못한 신분이다가 종1품인 빈까지 올라간 경우도 있긴 하지만 모두가 그럴 수는 없었다. 이런 승진은 왕의 전폭적인 지지도 필요했고 친정 가문이 빵빵하거나 궁궐에 뒷배가 있거나 임금과 인연이 깊거나 당시 정치 상황이 그렇게 돌아가는 등 여러 가지 복잡한 배경이 받쳐줘야 가능한 것이었다. 많은 여성들은 왕의 승은을 입고도 그대로 이름 없이 스러져 갔다.

세종에게는 딸을 하나 낳고도 빈이 되지 못하고 상침尙寢인 사람이 있었고, 문종에게는 상궁 장씨尙宮가 있었다. 광해군이나 철종 시기에도 승은을 입고 자식을 낳기도 했지만 정식 품계를 받지 못하고 나인이나 상궁에 그친 여성들이 있었다. 그러니까 궁궐 안의 세계는 로맨스소설에 나오는 것처럼 사랑만으로 편안하게 풀리는 곳이 아니었다.

1439년(세종 21), 세종은 도승지를 붙들고 걱정거리를 털어놓는다. 세종의 넷째 아들이자 제일 말썽꾸러기였던 임영대군이 이 여자 저 여자를 건드리며 사고를 치는 바람에 그 처리 문제로 걱정하던 때였다. 그러면서 느닷없이 다른 아들의 연애사를 도승지에게 이야기했는데 그것이 세종의 셋째 아들 안평대군의 연애담이었다.

어느 날, 안평대군은 동생인 광평대군 집에 갔다가 그곳에서 일하던 여자 종 부전에게 한눈에 반했다. 그것을 어디서도 털어놓지 못하고 끙끙 사랑의 열병을 앓으니 보다 못한 안평대군의 유모가 어머니 소헌왕후에게 알렸다. 소헌왕후는 남편인 세종에게 안평대군의 일을 전했고, 세종은 '뭐 그 정도쯤이야 괜찮겠지'라고 생각은 했지만 당장 허락은 하지 않았던 모양이다.

그런데 얼마 뒤 부전은 감창疳瘡이라는 심한 피부병에 걸렸고 발작까지 나타나 소헌왕후는 아들을 불러 "저렇게 나쁜 병을 앓고 있으니 안 되겠다"라고 둘의 사이에 쐐기를 박았다. 그러자 안평대군은 상사병에 걸렸다. 도저히 부전을 잊지 못하고 또 그걸 티를 팍팍 내고 다녀서 세종대왕은 아들을 불러 차마 혼을 내지는 못하고 마음속으로 혀를 차며 지켜만 보았다. 끝내 뜻을 이루지 못한 안평대군은 늦게까지 후회했다고 한다. 자세한 내막은 알 수 없지만 부전이 결국 죽었거나 궁에 들어왔다 해도 다시 나가게 된 것 아니었을까.

세종은 일이 잘 풀리지 않은 것이 미안했는지 안평대군의 바로 아래 동생인 임영대군이 기생 금강매를 좋아하게 되자 둘의 사이를 허락했다. 물론 아내로 들이는 것을 허락하는 것이 아니라 어디까지나 첩으로 들이는 걸 허락한다는 것이다. 이 사실 역시 소헌왕후를 통해 세종의 귀에 들어갔다. 아무튼 명색이 왕이고 왕비이며 왕자인데, 연애로 인한 고민거리를 어머니에게 털어놓고 또 그것을 부모가 의논하는 무척 평범한 가족의 모습을 보이고 있다는 게 재미있다.

안평대군은 예술적 감각을 타고나 수많은 명사들과 인연을 맺었으며 당대의 가장 이름 높은 풍류가로 일세를 풍미한 사람이었다. 가장 아름다운 궁녀 열 명을 뽑아 그녀들에게 시 짓는 재주를 갈고 닦게 하여 최정예 사단을 만드는 등 오늘날의 매니지먼트 사업가와 같은 모습으로 소설 『운영전』에 등장하기도 한다. 물론 소설 속 그와 진짜 안평대군과는 차이가 있겠지만 궁금해진다. 그런 왕자님이 사랑에 빠져 끝내 잊지 못했던 부전은 과연 어떤 사람이었을까. 조선왕조실톡

조선왕조실톡 21

검은 배가 나타났데스!

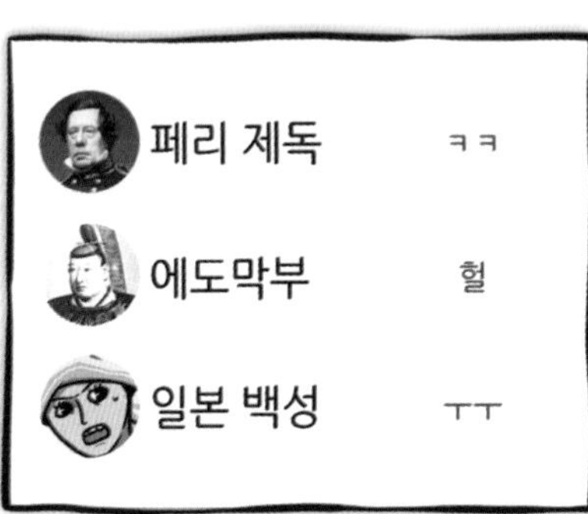

하나요 검은 배

한편,
무대를 바꾸어
여긴 옆나라 일본.

철종 4년,

초대받지 않은 손님이
바다 너머에서 찾아왔으니.

바다 괴물의 정체는
거대한 군함.

일본인들은 그것을
'구로후네'라고 불렀다.

※黑船(くろふね), 검은 배

미국인들이 탄 배로,
일본에 개항을 요구하러
찾아온 것이었으니.

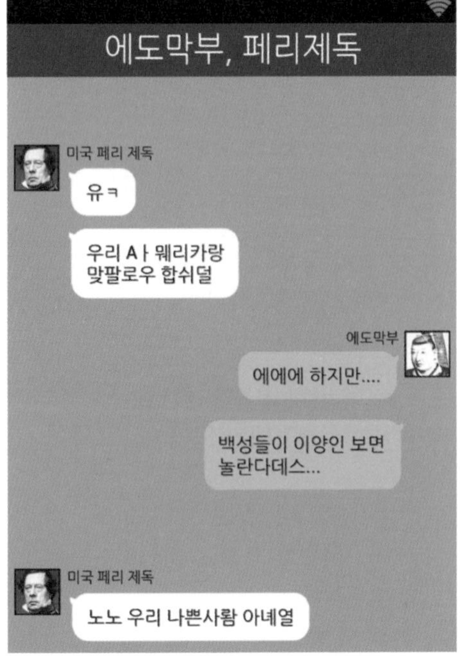

친구?
ㄴㄴ 빵셔틀.

일본은 미국과
#불평등조약을 맺고 말았다.

곧 온 나라가
혼란에 휩싸였으니.

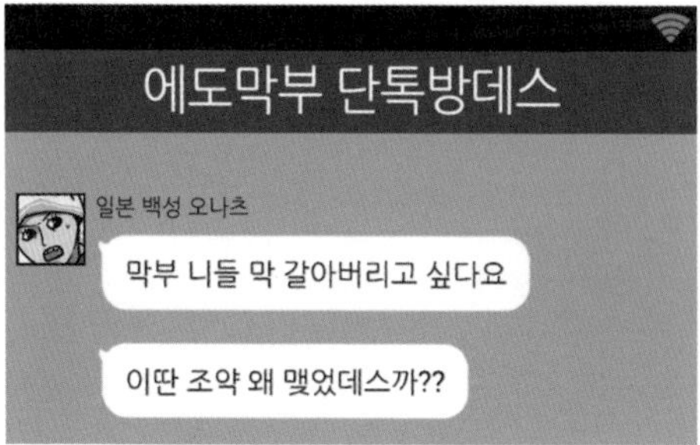

눈 퍼랭이들이 쌀을 죄다 사가서
먹을게 1도 없다요!

일본 백성 키무라

난 길가다 양인한테
묻지마 폭행당했다데스ㅠㅠ

범인 감옥보내 구다사이ㅠ

에도막부

왜 나한테 성질데스까

나도 방법이 없다요ㅜㅜ
서양인은 처벌 못한다까라..

아 우리도 쌀셔틀 만들까나
억지부려서 쌀뺏고 물건팔게

일본 백성 오나츠

??? 어느 나라를???

글쎄에에?

바로 옆나라라거나~ ㅋㅋ?

왜지?
귀가 간지러운데?

글쎄? 끝.

정사 正史

실록에 기록된 것

- 유럽, 러시아, 미국 등 열강, 아시아 국가들을 식민지화하는 데 열을 올리다. 억지로 무역 창구를 열도록 하다.
- 일본, 일찍이 네덜란드와 교역 시작하다. 그러나 아주 적은 숫자의 항구에서만 무역하게 하는 등 개항에는 소극적이었다.
- 1853년, 미국의 페리 제독이 일본 이즈국에 군함을 몰고 오다. 개항하라며 대포를 쏘는 등 무력 시위하다.
- 페리, 일본인들에게 증기기관차, 전화기, 무기 등을 보여주다.
- 일본 에도 막부, 미국과 '미일화친조약', '미일수호통상조약' 맺다. 미국인 치외법권 보장, 미국 최혜국 대우 등 미국에 유리한 조건으로 가득한 불평등조약이었다.
- 일본, 경제에 타격 입다. 조약을 맺은 막부를 향한 반발도 극심해져, 개화파 VS. 척화파로 분열되어 싸우다. 서로 전쟁까지 일으키다.
- 일본, 전국적인 근대화 개혁 '메이지 유신' 단행하다. 신식 무기로 무장하고 식민지를 만들고자 야욕 불태우다.

참고

- 일본에서 조선을 식민지로 삼자는 '정한론'이 구체화된 건 개항을 하고도 좀 더 뒤의 일이다.

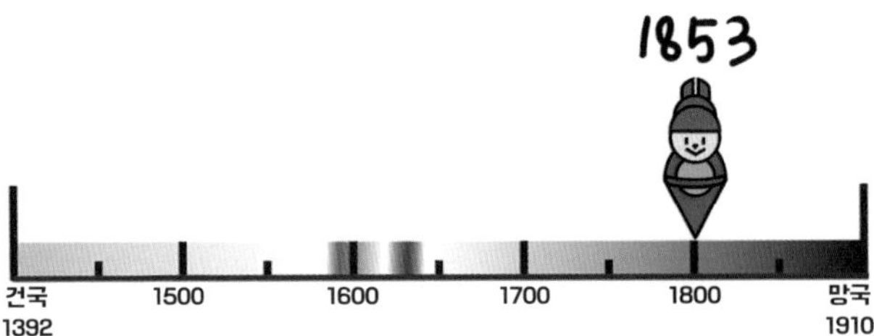

실록 돋보기

- 스물한 번째 이야기 -

불평등조약을 없애는 그날까지

『조선왕조실록』에 '이상한 배'에 대한 기록은 중종 때 처음 나타난다. 그로부터 한참이 지나 정조 때와 순조 때부터 그 수가 부쩍 늘어나게 된다. 이제까지 보던 것들과 몹시 다른, 시커멓고 길쭉하면서 연기를 퐁퐁 뿜어내는 배였다. 듣도 보도 못하게 이상하게 생겼다고 하여 붙인 이름은 이양선異樣船. 이상하게 생긴 배라는 뜻이었다.

이 배는 지구 반대편에서 찾아온 서양의 배였다. 중국이나 조선, 일본의 배들이 나무 질감을 살려 내추럴하게 지은 배라면 서양의 배들은 해수 침입 및 부식을 막기 위해 타르를 처덕처덕 발랐으니 일본은 이들을 새까만 배라는 뜻인 흑선黑船, '구로후네'라고 불렀다.

이양선은 조선에만 찾아오지 않았으며 조선이 그랬던 것처럼 일본의 도쿠가와 막부는 쇄국을 표방하고 나라의 문을 굳게 걸어 잠갔다. 나가사키 근처에서 네덜란드와 조금 교류를 가질 뿐이었다.

그러다가 1853년(철종 4), 에도의 우라가 항구에 네 척의 흑선이 나타났다. 미국의 페리 제독이 타고 있던 이 배는 미국의 물건을 팔 수 있는 시장을 찾고 있었다. 당시에는 아직 파나마 운하가 없었고 미국에서 아시아는 너무도 멀었기 때문에 그들은 중간 기지가 무척 필요했다. 그 기지로 당첨된 것이 일본이었다. 물론 페리가 무턱대고 일본에 찾아온 것은 아니었다. 이미 일본은 미국의 통상 요구를 몇 번 거절했고, 미국은 나름 일본에 대한 철저한 분석을 마친 뒤 회유고 뭐고 없이 전함들을 동원한 것이었다. 무력을 등에 업은 페리는 미국 대통령의 국서를 전달하며 사실상 개항하라는 협박을 했고, 막부는 나중에 답변하겠다며 꿈질꿈질 답을 미뤘다. 그러자 페리는 다음 해에 7척의 군함을 몰고 와 막부의 허락 없이 에도 만까지 진입했다. 이미 중국이 아편전쟁으로 처참한 꼴을 당했음을 알고 있는 일본은 두 손 들고 개항할 수밖에 없었다.

그리하여 미일화친조약이 맺어진다. 강화도조약의 일본판이라고 하면 이해가 빠를 것이다. 일본이 처음으로 개항한 대상이 미국이었던 것은 어쩌면 운이 좋은 것이었으니, 식민지 운영에 도가 터서 홀랑 벗겨 먹는 데 일가견이 있던 영국이나 프랑스와 달리 아직 초보 제국주의 국가였던 미국은 좀 미숙했다. 그래서 일본이 맺은 조약은 불평등하긴 했지만 손해가 아주 큰 것은 아니었고, 이후 영국, 러시아, 네덜란드 등 다른 열강들과의 조약도 미국의 것을 기반으로 맺었다. 그리고 일본은 메이지 유신을 통해 아시아 나라들 중 유일하게 근대화에 성공했고 강국이 되었다. 하지만 그 이름 뒤에는 전혀 아름답지 않은 대혼란과 고통이 가득했다.

갑작스러운 근대화를 맞이해 사람들은 혼란에 빠졌고 당연히 개항을 반대하는 사람들도 있었다. 내전이 벌어지고 정치인들의 암살이 계속되었으며, 유신을 주장한 사람들끼리도 분열이 일어나 치열하게 싸웠다. 앞으로 어떻게 해야 하는가에 대해서도 갈팡질팡이었다. 일본어를 버리고 영어를 국어로 써야 한다거나, 서양인과의 혼혈을 장려해 일본인들의 신체를 개조해야 한다는 등 기상천외한 주장도 이어졌다.

산업화가 시작되며 일본 국민들은 열악한 환경의 공장과 탄광에서 하루에 열여섯 시간씩 일해야 했고 수많은 사람들이 다치고 병들어 갔으며 빈부격차는 심해졌다. 한편으로 근대적으로 국가 제도를 뜯어 고치고, 헌법과 민법을 만들었으며, 국력을 키우고 외국으로 군사를 파견하고, 청나라 · 러시아와 싸움을 벌였다. 그러면서도 여전히 미국 및 다른 열강들과 맺었던 불평등조약에 발목이 잡혀 있었기에 일본은 이들에게서 벗어나기 위해 많은 힘을 기울였다.

그리하여 1911년, 드디어 일본은 관세 자주권을 획득해 관세를 정부 마음대로 정할 수 있게 되었고 이를 통해 본국 내의 산업을 보호할 수 있게 되었다. 억지로 문호를 개방한 지 50년 만의 일이었다. 이로써 일본 산업은 외국산을 몰아내고 크게 발전할 수 있었지만 잘 알다시피 일본은 그것으로 만족하지 못했다. 탈아입구론脫亞入歐論, 즉 아시아를 벗어나 유럽이 되겠다는 주장은 근대화 및 발전에만 머물지 않았으며 일본은 또 하나의 제국주의 국가가 되었다.

2부

고종 패밀리

고종 1863~1907년 재위

흥선대원군 1820~1898년(생몰)

명성황후 1851~1895년(생몰)

고종
패밀리

22 하응… 이하응!

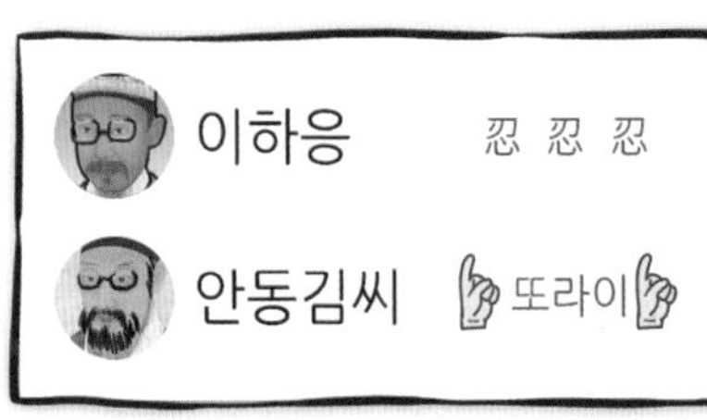

자, 어디 보자.
오늘도 잔뜩 끌어 볼까ㅎ?

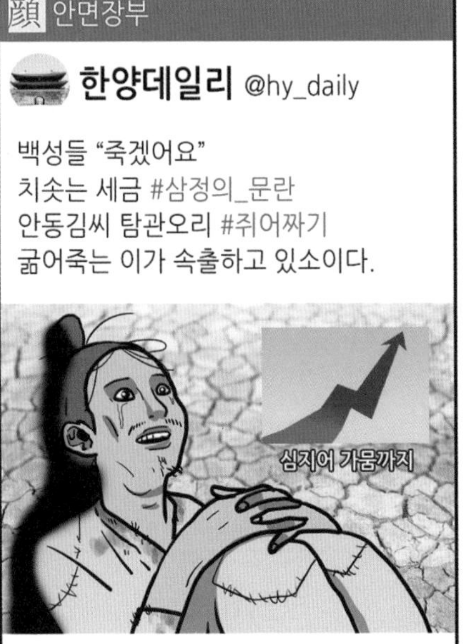

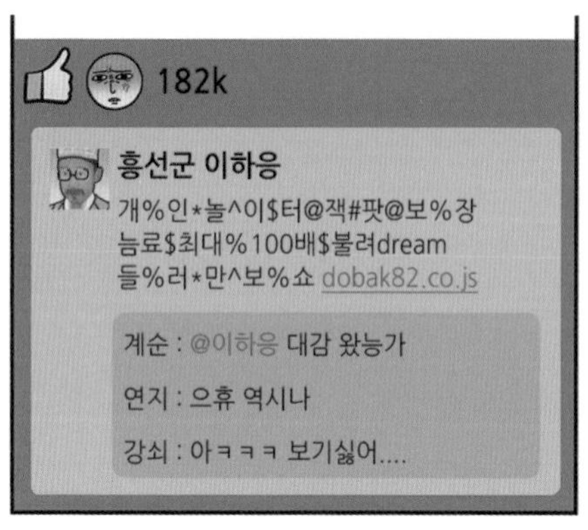

나는야 이하응.
조선의 왕족이다ㅎㅎ

? 나도 날 때부터
쌍끌이 어선은 아니었다.

자그마치
#선비들의 #롤모델이었음.
ㅋㅋㅋㅋㅋㅋㅋㅋ

하지만,
어느 날 알고 말았지.

내가 상어들 사이에 있음을…….

계순
현재 접속중

근데 계정ㅜㅜ
털리신것 같아요
암호 바꾸심이...

홍선군 이하응

응 아닐세

???

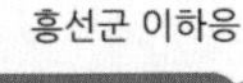

한양은행 이하응
1820189-81-910

그나저나 팬이면 조공좀

메시지 전송 실패했소이다!
친구사이가 맞는지 확인하는 방법

전송

ㅋㅋㅋㅋㅋㅋㅋㅋㅋㅋ
하…….

아니, 아직 멀었다.
날 더 깔봐라! 더욱더!

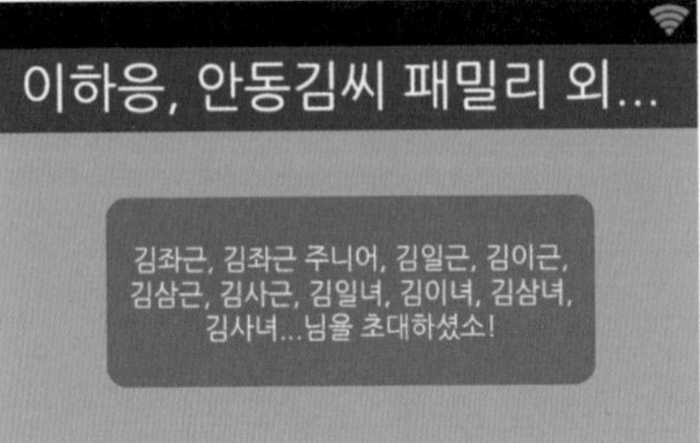

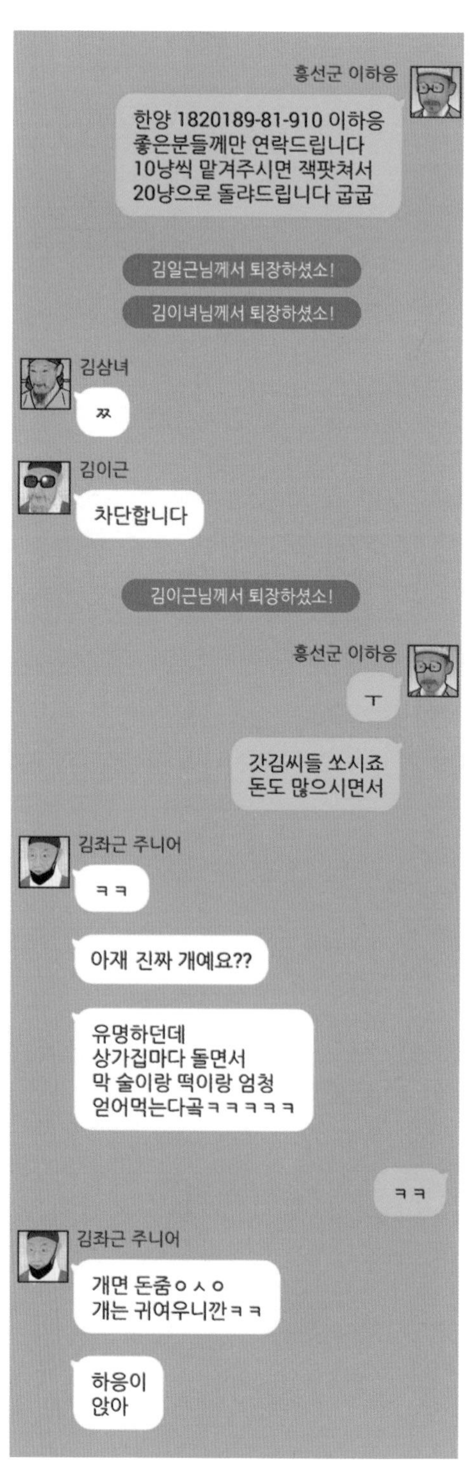

홍선군 이하응
한양 1820189-81-910 이하응
좋은분들께만 연락드립니다
10냥씩 맡겨주시면 잭팟쳐서
20냥으로 돌랴드립니다 굽굽
김일근님께서 퇴장하셨소!
김이녀님께서 퇴장하셨소!
김삼녀
ㅉ
김이근
차단합니다
김이근님께서 퇴장하셨소!
홍선군 이하응
ㅜ
갓김씨들 쏘시죠
돈도 많으시면서
김좌근 주니어
ㅋㅋ
아재 진짜 개예요??
유명하던데
상가집마다 돌면서
막 술이랑 떡이랑 엄청
얻어먹는다곸ㅋㅋㅋㅋ
ㅋㅋ
김좌근 주니어
개면 돈줌ㅇㅅㅇ
개는 귀여우니깐ㅋㅋ
하응이
앉아

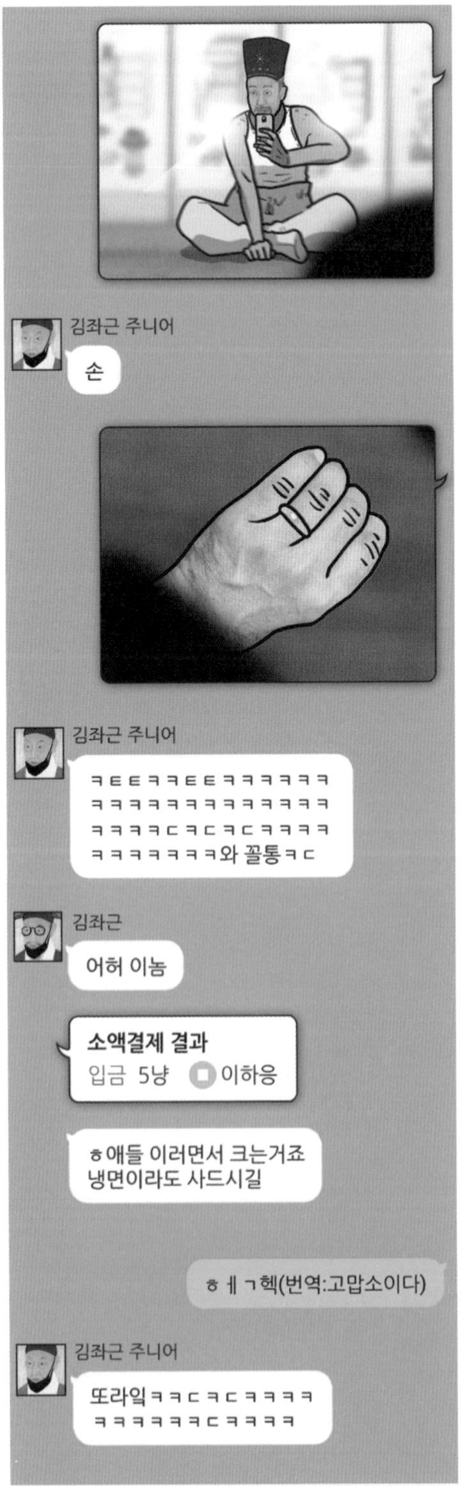

김좌근 주니어
손
김좌근 주니어
ㅋㅌㅌㅋㅋㅌㅌㅋㅋㅋㅋㅋㅋ
ㅋㅋㅋㅋㅋㅋㅋㅋㅋㅋㅋㅋㅋㅋ
ㅋㅋㅋㅋㄷㅋㄷㅋㄷㅋㅋㅋㅋ
ㅋㅋㅋㅋㅋㅋㅋ와 꼴통ㅋㄷ
김좌근
어허 이놈
소액결제 결과
입금 5냥 이하응
ㅎ애들 이러면서 크는거죠
냉면이라도 사드시길
ㅎㅔㄱ헥(번역:고맙소이다)
김좌근 주니어
또라잌ㅋㅋㄷㅋㄷㅋㅋㅋㅋ
ㅋㅋㅋㅋㅋㅋㅋㄷㅋㅋㅋㅋ
죽인다죽인다죽인다죽인ㄷ
전송

나 이하응,
살아남고야 말리라!

정사 正史

실록에 기록된 것

- 안동 김씨 세도, 하늘 높은 줄 모르다. 오죽하면 "성이 김씨이기만 하면 어떤 바보라도 벼슬 하나는 얻는다"는 소문이 돌았을 정도.
- 종친 이하응, 어려서 어버이를 잃다. 추사 김정희 등 훌륭한 선생님 밑에서 공부하다.
- 종친 이하전, 역모죄로 대소신료 탄핵당해 사약을 받다. 다른 종친 이해보 역시 안동 김씨를 고발했다가 종친 지위를 잃다.
- 백성들, 세도가 물러나라며 곳곳에서 민란 일으키다.
- 한때, "종친만 아니었으면 영의정감"이라 칭송받던 이하응, 도박판을 전전하다. 심지어 백성들이 그토록 미워하는 안동 김씨 일문에게 가 돈을 빌리기도 했다고.
- 철종, 결국 후사 남기지 못하고 죽다. 이하응, 대비 신정왕후와 결탁하여 아들 이개똥 왕위에 올리니 이가 고종이다.

픽션

기록에 없는 것

- 왕족 연금 덕분에 이하응 굶진 않다.

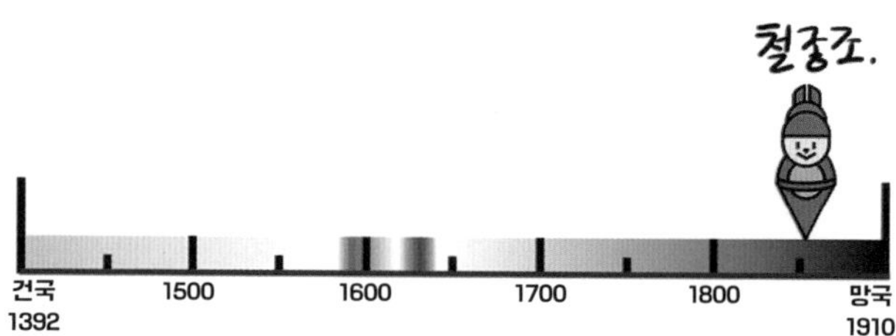

- 스물두 번째 이야기 -

흥선대원군이 몰고 온 빛

철종 승하 이후 고종의 즉위에 이르는 과정은 조선 역사 속에서 그 예를 찾아보기 힘든 전격 작전이었다. 철종은 자식을 얻지 못하고 죽었지만 이복형제 영평군과 그 양자가 있었다. 하지만 신정왕후는 먼 옛날 정조의 이복동생으로 제주도로 유배 가서 죽은 은신군의 양자이자 인평대군의 후손인 흥선군 이하응의 둘째 아들을 다음 왕으로 지목했다. 머리가 아득해질 정도로 족보가 꼬였지만 고종이 막 왕이 되었을 당시 조선의 군으로 있던 인물은 흥인군, 흥선군, 영평군, 완평군 달랑 네 명에 불과했다. 그만큼 왕손이 부족해진 것이다. 고종이 즉위하고 처음에는 신정왕후가 수렴청정을 했지만 1년 만에 흥선대원군이 실질적인 권력을 장악하고 이후로 10년 동안 조선을 다스리게 된다.

흥선대원군의 개혁은 근대사에서 매우 중요한 부분인데, 이제까지 고여서 썩을 대로 썩은 조선이 마지막으로 온 힘을 다해 몸부림을 친 흔적이기 때문이다. 흥선대원군의 개혁은 특히 그 과감함이 돋보이는데 이제까지의 왕들이 원래 있던 제도들을 조금씩 땜질하며 굴려보려고 했다면, 흥선대원군은 발로 걷어차 뒤엎어 버린 셈이었다. 그의 과격하고도 치열했던 개혁 중에서 중요하고 훌륭했던 것들을 뽑아 정리하자면 다음과 같다.

1. 인재를 고르게 등용했다. 흔히 흥선대원군은 세도정치를 끝낸 인물로 알려져 있지만, 그렇다고 이전의 환국이 그랬던 것처럼 안동 김씨들을 대거 처형하거나 하지는 않았다. 소외되다 못해 찌꺼기처럼 남아 있던 북인, 남인을 비롯한 다른 당파들은 물론 서얼까지 등용했고, 마찬가지로 종친에게도 관직을 주어 세력을 형성하게 했다. 그런 한편 안동 김씨를 비롯한 세도가의 출신들도 여전히 남아 있게 했다.

2. 비변사를 없앴다. 비변사는 세도가 출신들이 들어앉은 특권 기관이 되어 있었는데 흥선대원군은 그 권한을 빼앗아 의정부와 삼군부로 나누어 주었고, 이로 인해 비변사는 약해지고 상대적으로 왕권은 강력해졌다.

3. 이제까지 조선의 가장 큰 문제였던 삼정의 문란을 개혁했다. 전국의 토지를 조사해 빠지고 잘못된 것을 정리해 전정을 개혁했고, 호포제를 실시하여 드디어 양반들에게 세금을 거두어 군정을 개혁했다. 백성들을 가장 괴롭혔던, 억지로 곡식을 빌려주고 이자를 뜯어가는 환곡 제도의 폐단도 해결하여 민간에서 스스로 운영하게 하는 사창 제도로 바꾸었다.

4. 전국의 서원들을 철폐했다. 원래 서원은 훌륭한 성현의 뜻을 이어받아 학문을 공부하는 곳이었지만, 붕당정치 시대를 거치면서 파벌의 근원이 되고 제멋대로 세력을 부려 국가의 통치를 좀먹어 들어갔다. 흥선군은 1,000개에 달하던 서원을 모두 닫게 하고 47개만 남겼으며 그들이 가진 재원을 국가로 귀속시켰다.

이처럼 세도정치 60년 동안 쌓여 있던 적폐를 둘둘 말아 뻥 걷어차는 듯한 흥선대원군의 개혁 드라이브는 당연히 많은 환영을 받았다. 그가 한 일은 여기서 끝이 아니었으니, 그는 본격적인 외국 침입에 대비해 부국강병의 길을 찾았다. 흔히 그는 척화비로 대표되는 쇄국의 아이콘이긴 하지만 그것은 서양 문물을 모조리 배척한다는 뜻이 아니었다. 오히려 강력한 무기는 받아들이려고 했고 여러 차례 자체 개발에도 힘썼다. 하지만 신식 무기가 조립식 가구도 아닌데 매뉴얼만 보고 어설프게 따라 한다고 해서 손에 넣을 수 있는 것은 아니었다. 서양 문명에 대한 이해 없이 적당히 베끼기만 하는 서구화는 당연히 실패할 수밖에 없었다. 흥선대원군의 시대는 많은 업적과 그만큼 큰 실책으로 얼룩져 있다. 조선왕조실록

프로냉면러 고종

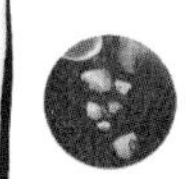

냉면 (부는중)

임금은 곧
나라의 스승이다.

늘 백성들을
바른 길로 이끌어야 하는 법!

人數多口來門

조은박 @myeonlover

오늘도 먹음 행복행복해

#냉면 #여름 #더워 #조은맛

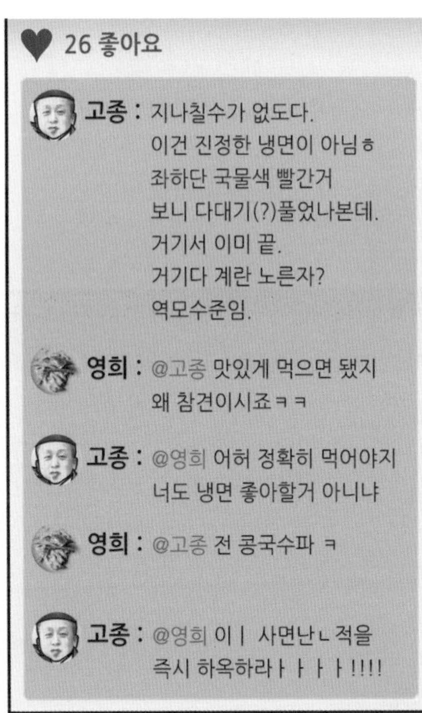

나는 이개똥.
열두 살.
초급식이 5학년?

ㄴㄴ 조선 임금이다ㅎㅎ
아버지 덕분에ㅎㅎ

ㅇㅇ 근데 하는 일은
서딩 때랑 같은 듯?
공부하고 급식 먹고ㅋㅋㅋ

아 근데 급식 핵맛 ㅇㅇ
시키면 다 나옴 ㅇㅇㅇㅇㅇㅇㅇ

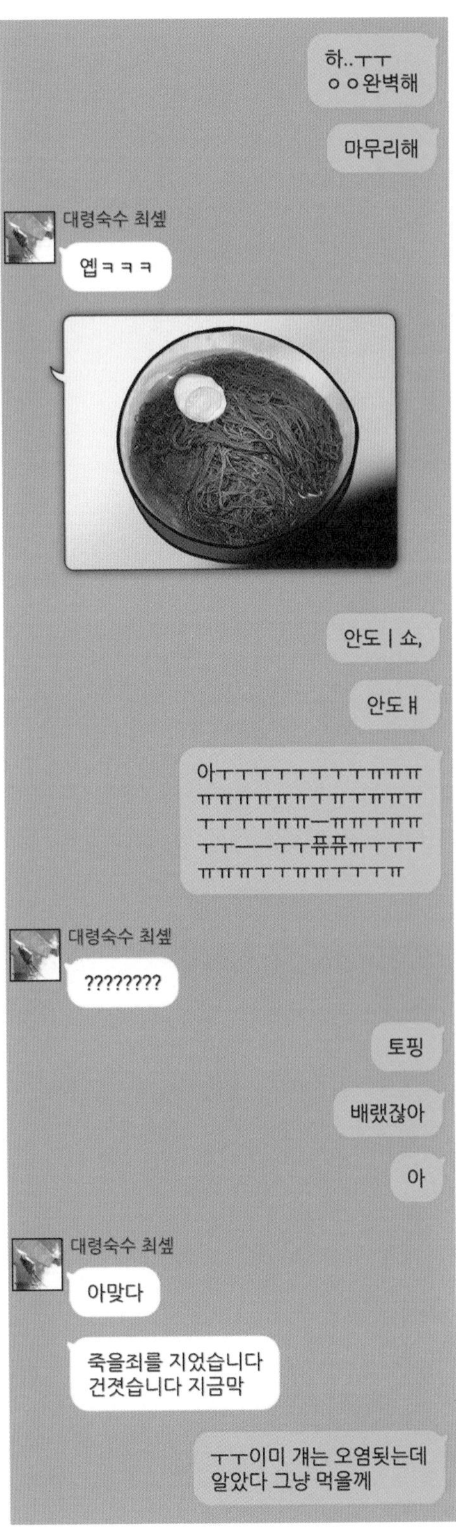
하..ㅜㅜ
ㅇㅇ완벽해
마무리해
대령숙수 최셰
옙ㅋㅋㅋ
안도ㅣ쇼,
안도ㅒ
아ㅜㅜㅜㅜㅜㅜㅜㅜㅜㅠㅠㅠ
ㅠㅠㅠㅠㅠㅠㅜㅠㅜㅠㅠㅠ
ㅜㅜㅜㅜㅠㅠㅡㅠㅠㅜㅠㅠ
ㅜㅜㅡㅡㅜㅜ퓨퓨ㅠㅜㅜㅜ
ㅠㅠㅠㅜㅜㅠㅠㅜㅜㅜㅠ
대령숙수 최셰
????????
토핑
배랬잖아
아
대령숙수 최셰
아맞다
죽을죄를 지었습니다
건젓습니다 지금막
ㅜㅜ이미 걔는 오염됫는데
알았다 그냥 먹을께

으 계란이 엉덩이
육수에담근거 으으

대령숙수 최셰프

물 다시 올리겠습느드...

전송

※고종 냉면 레시피 :
냉면에 십(十)자로 고기를 얹는다.
칼로 썰지 않고(중요!) 숟가락으로 판 배를
면 위에 잔뜩 올린다.
동치미 육수를 끼얹어 올린다.

ㅋㅋㅋㅋㅋㅋㅋ 아 행복해
내가 바로 갑이다!

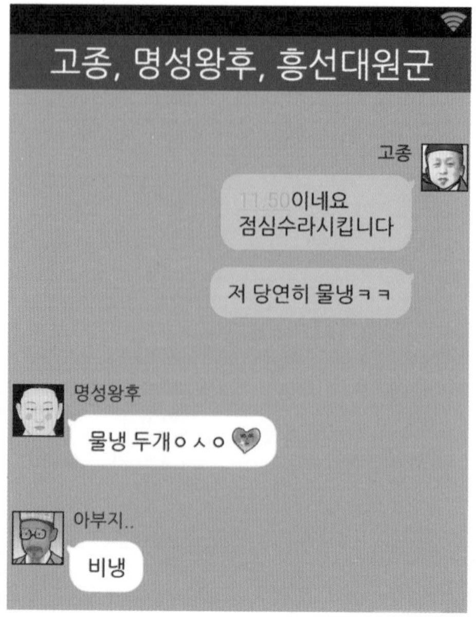

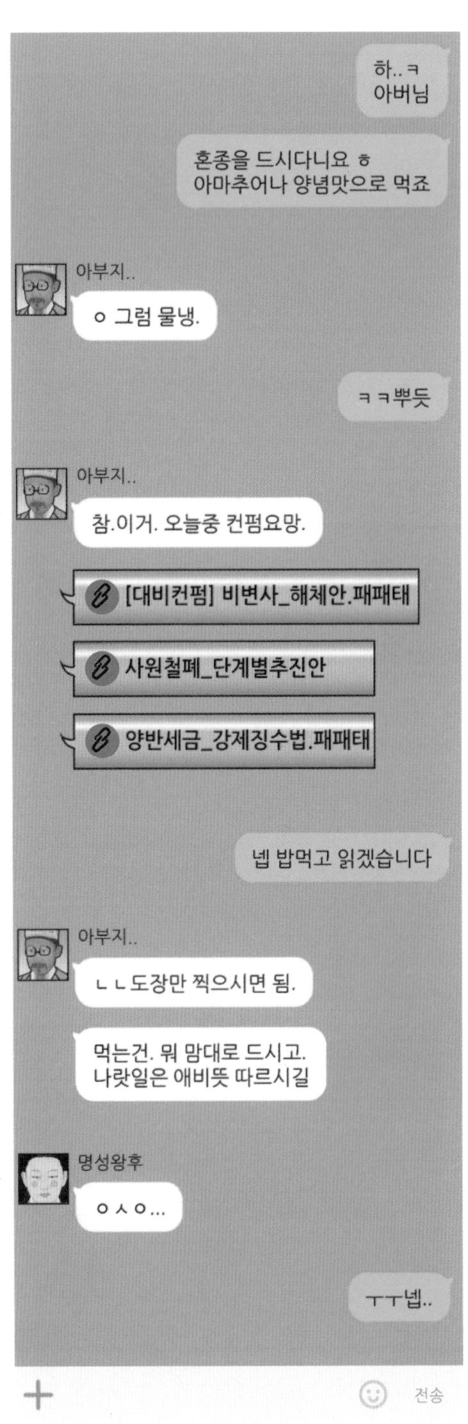
하.. ㅋ
아버님
혼종을 드시다니요 ㅎ
아마추어나 양념맛으로 먹죠
아부지..
ㅇ 그럼 물냉.
ㅋㅋ뿌듯
아부지..
참.이거. 오늘중 컨펌요망.
[대비컨펌] 비변사_해체안.패패태
사원철폐_단계별추진안
양반세금_강제징수법.패패태
넵 밥먹고 읽겠습니다
아부지..
ㄴㄴ도장만 찍으시면 됨.
먹는건. 뭐 맘대로 드시고.
나랏일은 애비뜻 따르시길
명성왕후
ㅇㅅㅇ...
ㅜㅜ넵..
전송

※물냉 준론 : 물냉 이외엔 인정하지 않음.

※비냉 완론 : 물냉을 돈 주고 사 먹지는 않으나 먹는 사람을 존중은 함.

실록에 기록된 것 정사 正史

- 철종, 후사를 남기지 못하다.
- 흥선군 이하응, 효명세자의 아내이자 대비인 신정왕후 조씨에게 접근하다. 궁궐의 제일 웃어른으로, 철종이 죽으면 그녀가 다음 왕을 정할 것이기 때문. 야사에는 흥선군과 신정왕후가 안동 김씨 세도를 끝내고 조선을 개혁하는 데 뜻을 같이해 서로에게 깊이 공감했다고.
- 어린 열두 살 이개똥(이명복), 고종으로 즉위하다. 대비 신정왕후 수렴청정하다. 사실상 대비와 흥선대원군이 국정 이끌다. 각종 개혁 실시하다.
- 고종, 냉면을 즐겨 먹다. 특히 동치미 국물에 면을 말아 넣은 냉면을 좋아했다고.
- 신정왕후, 고종이 15세가 되자 수렴청정 물러나다. 그러나 흥선대원군, 고종이 20세가 되도록 정치 수장 노릇하다. 고종, 아내 명성왕후(아직 황제와 황후가 아님)와 함께 실권 쥐고자 하다.

기록에 없는 것 픽션

- 현대 면과는 달라서 익히는 시간이 2분은 아니었을지도.

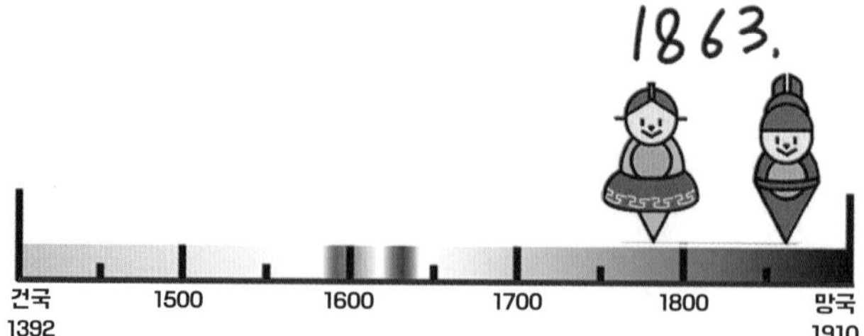

- 스물세 번째 이야기 -

먹짱 임금님

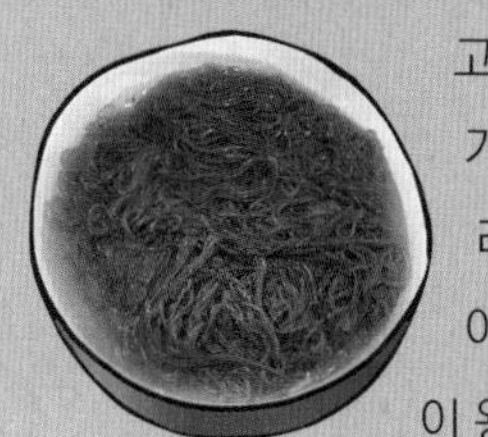

고종은 역대 조선 임금들 중에서도 식생활에 관한 정보가 가장 많이 알려진 인물일 것이다. 조선이 망한 뒤 궁중 요리사였던 숙수들이 음식점을 차리며 왕의 식성에 대한 이야기를 바깥 사람들에게 풀었기 때문이기도 하고, 상궁들이 왕을 모시며 음식을 만든 기록을 많이 남겼기 때문이기도 하다. 이런 상궁이나 숙수들에게 요리를 배운 사람들이 요리책을 만들어 조선 궁중요리를 전수하는 기틀을 마련하기도 했다.

고종은 먹는 걸 무척 좋아하는 임금이었다. 상궁들이 남긴 기록에 따르면, 고종은 맵고 짠 것을 싫어하고 달고 시원한 음식을 좋아했다고 한다. 이런 입맛은 아들 순종도 마찬가지라서 이들이 왕과 세자로 있는 동안은 궁궐 장독대의 고추장과 된장이 별로 할 일이 없었다고. 대신 국수 국물용 동치미는 꼬박꼬박 담가야 했는데 이때도 배를 많이 넣어 달게 만들었다고 한다. 고종은 서양 음식들도 좋아해 커피를 즐겨 마셨고, 얼마 전에는 창덕궁에서 와플을 굽는 틀이 발견되기도 했다.

고종은 커피나 와플뿐 아니라 많은 서양 문물을 즐겼다. 그 당시에는 찍히면 영혼이 빠져나간다 여겨 두려워했던 사진도 많이 찍었고, 머리를 짧게 자르고 서양식 옷을 입었다. 조선 최초로 전화기를 설치했고, 프랑스제 찻잔에 커피를 담아 마셨으며 캐딜락을 탔고, 덕수궁에 서양풍 건물인 석조전을 세웠다. 고종이 서양 문물에 푹 빠진 데 불만을 표하는 사람도 많았다. 그들이 불만스러워하는 이유는 "나라가 망하는 와중에 커피와 와플이 목으로 넘어가느냐?"라는 것이었는데 그들의 불만도 이해 못할 것은 아니다. 고종이 왕이었을 때 조선은 일본에게 차츰차츰 먹혀 들어가게 되었으니 그가 어떤 변명이나 이유를 댄다고 해도 망국의 군주로서의 책임을 벗어날 수는 없다.

하지만 고종이 서양 문물을 즐긴 것이 그렇게 나쁜 일일까. 세계 역사에서 모든 근대화란 결국 서구화였고, 서구화를 위해서는 먼저 그 문화를 즐길 줄 알아야 했다. 그리고 거의 모든 나라들이 서구화 초반에는 많은 충돌과 실패를 겪어야 했다.

일본은 성공적인 근대화를 해냈다고 일컬어진다. 일본의 근대화, 즉 유신의 주역이었던 이노우에 가오루井上馨는 서양식 건물인 로쿠메이칸鹿鳴館을 세우고 서양식 연회를 열어 외국인들을 초대했다. "일본도 유럽과 같은 레벨이 되었다!"라고 선전하려는 목적이었는데 당연히 일본인들 대부분은 연회의 매너를 몰랐고 연회에 필요한 춤을 추는 법은 더더욱 몰랐다. 덕분에 외국인들에게는 유치하다며 비웃음을 샀고 일본인들에게는 사치스럽고 상스럽다며 쌍방향 비난을 받아야 했다.

중국은 어떤가? 중국이야말로 이 부분에는 선구자였다. 조선의 북학파들을 흥분시켰던 자명종이나 망원경 같은 온갖 문물들은 중국에 일찍부터 흔했다. 그리고 서태후가 젊은 시절 노닐었던 원명원의 정원은 곳곳에 서양식 건물들이 지어져 있었다고 한다. 2차 아편전쟁 때 부서져 버리기는 했지만 말이다.

물론 고종이 마신 커피 값을 꾸준히, 아주 오랫동안 모았다면 최신 대포를 사거나 학교를 짓거나 군대 유지비를 댈 수 있었을지도 모른다. 하지만 그게 가능하더라도 일본을 비롯한 열강, 그리고 시대의 흐름을 넘어설 수 있었을까? 이미 기울어진 상황을 돌이킬 만큼 유능하지 못했던 것은 그의 잘못이지만 취미 생활마저 비난하는 것은 좀 가혹한 일인지도 모른다. 또 그는 최소한 음식의 역사를 공부하는 사람들에게는 무척 소중한 자료들을 남겼다. 조선왕조실록

목 잘리는 산

하나요 홍대

지하수 대신
수액#SWAG이 흐른다는
20대들의 놀이터,

@서울 @홍대.

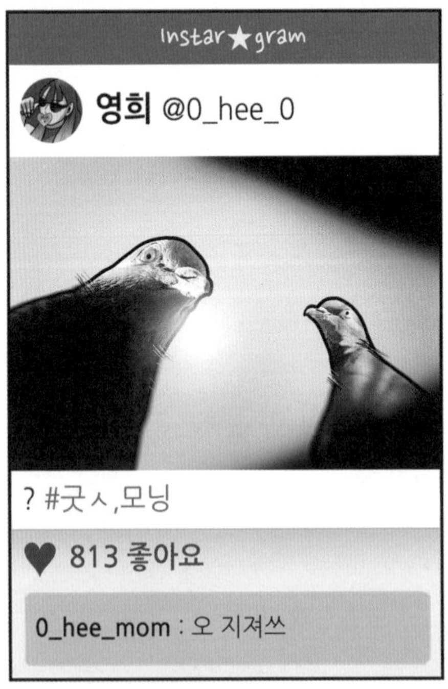

오 지져쓰

이런 @홍대랑
조선시대 천주교가 무슨 상관?

홍대 가장자리
지하철 2호선 @합정역에는

낮은 언덕 @절두산이 있다.

원래 이름은 잠두봉.
※누에 머리 닮은 봉우리.

이름이 바뀐 건
1866년, 조선 말이었으니.

나
f,élix신부ㅜ숑

여기Joseon이옹
선교아러ㅓㅓㅓㅇ왔씨옹

▮▮로즈 해군제독▮▮

오 수고 :)

논ㄴㄴㄴ노노노노논

오 아나님

▮▮로즈 해군제독▮▮

?

※병인박해 : 병인년(1866)에 조선 조정이 프랑스인 천주교 신부 9명과 조선인 신도 8천명을 처형한 사건.

살려쥬ㅜㅟ씨옹

동포들의 죽음에
뿔난 프랑스군.

곧장 함선들을 이끌고
조선을 쳤다.

불지르고 약탈하며
어그로를 끌던 프랑스,

한 달 만에
조선에서 철수했으니.

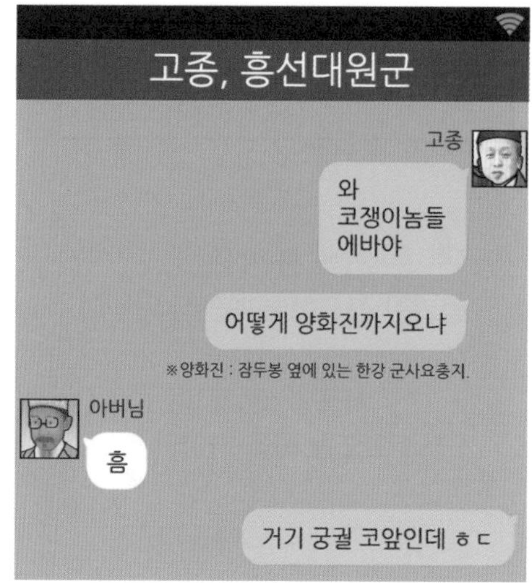

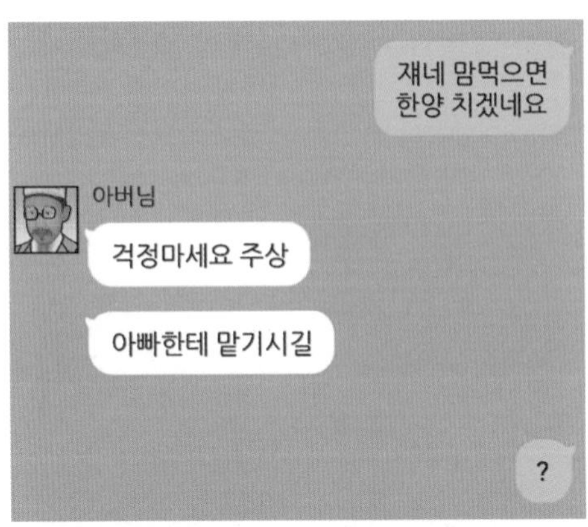

"빡친 흥선대원군,
양화진 잠두봉에 처형장 만들다.

치욕을 씻겠다며
천주교도들 목을 거기서 베니

한강이 피로 물들다."

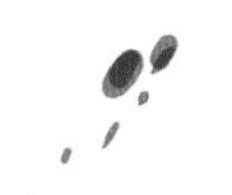

#절두산
切자르다 頭목 山산

정사 正史

실록에 기록된 것

- 조선에서 천주교 성행하다. 조선 교인들, 우여곡절 끝에 로마 교황에게 "신부님을 보내 달라"는 편지 보내고, 모방, 앵베르, 샤스탕 등 프랑스 신부들 조선으로 파견되다. 펠릭스 클레르 리델 신부 역시 외방전교회 소속으로 조선에 왔다.
- 흥선대원군이 처음부터 천주교를 적대시한 건 아니었다. 세도가 안동 김씨 중에도 신자들이 있을 만큼 천주교가 조선에 뿌리를 깊이 내렸기 때문에, 천주교 신부들과 외교를 해보려고도 했다. "러시아가 남하 정책을 펼치고 있다. 우리 조선에 통상도 요구한다. 그걸 프랑스가 막을 수 있다면 종교의 자유를 주겠다."
- 그러나 베르뇌 주교의 거절 & 대신들의 압박 & 중국의 서양인 배척 분위기 등에 힘입어 결국 천주교를 박해하는 노선을 걷다.
- 1866년 병인박해 일어나다. 프랑스인 신부 열두 명 중 아홉 명이 처형당하다. 가까스로 살아남은 펠릭스 리델 신부가 청나라에 있던 로즈 제독에게 남은 두 신부 구조 요청하다.

기록에 없는 것

픽션

- 흔들어도 안 쏟아지는 플라스틱 컵은 없었다.

1866.

- 스물네 번째 이야기 -

외규장각 의궤의 귀환

문화와 예술의 나라, 혁명의 고향으로 유명한 프랑스지만 그거야 유럽 안에서의 이야기이고 식민지를 거느리는 제국주의 국가로서 프랑스는 극악하면서도 잔인한 나라였다. 그들의 식민지가 되었던 베트남과 알제리가 프랑스에게서 독립하기 위해 얼마나 치열하게 싸워 왔는지를 알면 다시는 프랑스를 곱게 볼 수 없을 정도이다.

마찬가지로 조선과 프랑스는 결코 좋은 인연이 아니었다. 1846년(헌종 12), 프랑스의 배가 충청도로 찾아와 "왜 프랑스 신부들을 셋이나 죽였냐"며 반쯤 협박을 했다. 그리고 그 협박은 20년 뒤 행동으로 옮겨졌으니 바로 1866년(고종 3)의 병인양요였다. 흥선대원군은 프랑스의 힘을 빌려 러시아를 견제하려는 계획이 맞아 들어가지 않고 서학을 꺼려하는 여론이 크게 일어나자 천주교도들을 대거 박해했고, 그 와중 조선에 들어와 있던 프랑스 신부 아홉 명을 처형했다. 이때 목숨을 건져 중국으로 달아난 신부가 자신의 조국인 프랑스에 사실을 알렸고 그러자 프랑스의 로즈 제독은 군함 일곱 척을 이끌고 다짜고짜 무력 침입을 시작했다.

당연히 조선은 무력 충돌을 피하려고 했지만 프랑스 군대는 강화도를 점령했다. 당시로서는 최첨단 무기를 가지고 있던 프랑스군의 화력 앞에 조선군은 무력하게 무너졌고, 프랑스는 강화도를 철저하게 유린했다. 하지만 조선의 양헌수, 한성근 등이 프랑스의 막강한 화력을 피해 반격을 가했고, 결국 오래 점령해 봐야 실익이 없다는 판단을 내린 프랑스의 로즈 제독은 한 달 만에 점령을 풀고 돌아갔으니 이것이 병인양요였다. 어떻게 보면 조선이 프랑스의 식민지로 굴러 떨어질 뻔한 위기이기도 했다.

병인양요가 조선에 남긴 피해는 정말 막심했다. 사람들이 다치고 죽은 것은 물론이며 원래 강화도는 만약 외적이 쳐들어와 한양이 무너질 때 왕이 임시 수도로 삼는 곳이었다. 그래서 행궁이 있었으며 정조가 지은 외규장각도 있었다. 규장각에 있는 수많은 학술 도서들의 부본을 만들어 보관해 만약 전쟁이 벌어지더라도 무사히 보존하기 위한 곳이었다. 하지만 그 강화도가 전쟁터가 되어 버렸으니, 프랑스는 이제까지 많은 나라들에게 그랬던 것처럼 외규장각의 금은보물들과 의궤들을 약탈하고 나머지는 싸그리 불태워 대략 5,000권의 책이 사라지고 말았다.

그렇게 프랑스로 가게 된 의궤는 이제까지 프랑스 사람들이 전 세계에서 약탈해온 많은 보물들과 마찬가지로 창고 한 구석에 처박힌 채 잊혀졌다. 하지만 한국의 역사학자인 박병선이 프랑스로 유학을 가 수십 년을 노력한 끝에 의궤를 마침내 찾아냈다.

의궤 반환이 본격적으로 거론된 것은 1993년으로, 당시 프랑스의 대통령이던 미테랑은 의궤를 반환해 주겠다는 약속을 하고 그중 한 권을 전격적으로 건네주기까지 했다. 하지만 프랑스 도서관 사서들이 반환을 할 수 없다며 책을 끌어안고 문화부 장관에게 도움을 요청하며 대사관까지 달려오는 등 소동이 벌어졌다. 결국 반환식 직전에 책은 다시 프랑스에 발목이 잡혔다. 사서들의 입장은 이 책은 도서관의 책이고 프랑스의 문화 유산이니 정치적인 이유로 다른 나라에 보낼 수 없다는 것이었다. 너그럽게 생각하면 도서관 사서로서의 직분에 충실했던 것이고, 남북으로 분단되어 언제 전쟁이 벌어질지 모르는, 갓 독재국가에서 벗어난 위태로운 나라에 보물을 돌려보내는 게 불안했을 수도 있다(실제로 반환되었다가 내전 때문에 파괴된 유물들도 있다). 그래도 원래 그 책이 약탈한 것이었음을 생각하면 껄끄러운 이야기다.

그렇지만 이후로도 협상은 끈질기게 이어졌고, 자그마치 20년이 지난 2011년에야 비로소 외규장각 의궤는 5년마다 다시 갱신하는 영구 대여의 형태로 고국에 돌아와 국립중앙박물관에 안장되었다. 어째서 '반환'이 아니라 영구 대여냐고 따지고 싶겠지만 영국이나 프랑스 등 국가들은 문화재 반출을 막기 위한 엄격한 법이 만들어져 있기 때문에 그 법을 피하기 위한 꼼수를 쓴 것이라 하겠다. 아주 개운한 결말은 아니지만 프랑스의 수많은 책들 속에 파묻혀 있는 것보다 그 책의 가치를 잘 알고 있는 후손들의 품으로 돌아오게 되었으니 다행 아니겠는가.

조선왕조실톡 25

헬로 신미양요

셔먼장군 흠?

흥선대원군 척르렁

남북전쟁

느닷없지만 여권 챙기시길.

여긴 1860년대 미국.

한반도가 그랬듯,
여기 사람들도
남 VS. 북 싸움중이었으니.

북남대표 정상회의

1861년

북부대표 링컨

This가 silhwa입니까?

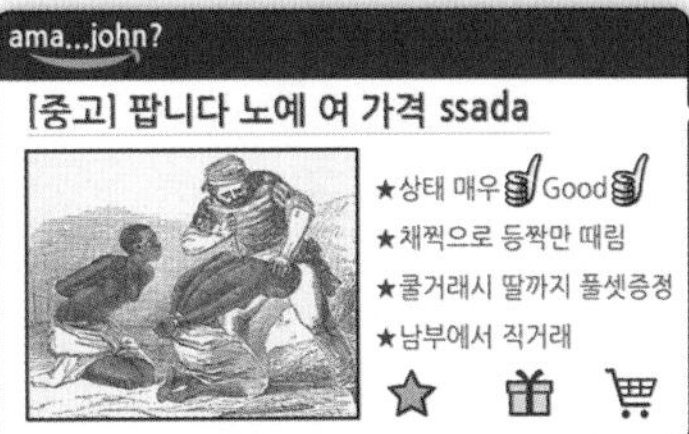

노예제를 폐지 하십시오
흑인도 사람이다 :(

남부대표 데이비스

kk
joker십시오.

노예는 나의 재산이다

Oh :(
말이 통하지 않는다

유 초대 윌리엄 셔먼 장군

북부대표 링컨

장군
정의구현을
Please 한다.

윌리엄 셔먼 장군

Yessir

남부대표 데이비스

kkk

전송

결국 전쟁은
북부의 승리로 끝났다.

국민영웅이 된 #셔먼장군.
그의 이름을 딴
배까지 생겼는데.

하지만
누가 알았으랴.

영웅의 이름을 가진 이 배가
조선에 그런
대민폐를 끼칠 줄은…….

I♥셔먼호, 평안감사 팍큐's
I♥셔먼호 님이 초대하셨소!
I♥셔먼호
강녕?
우리는 미국 사람 이에요.
김치가 좋아해요.
사이좋게 지내 :)
평안감사 팍큐's
?
아...미안 번호 지우시오
서양이랑 소통 안합니다..ㅜ
I♥셔먼호
ㅋㅋ
나 벌써 너집 앞이야 :)
대동강 大同江
어서오시오
평양이외다

분노한
평안감사 박규수.

셔먼호에 불을 질러 버렸다.
선원들도 모두 때려 죽였다.

수 년 뒤,
미국 정부 귀에
그 사고 소식이 들어갔으니.

하지만 5년 뒤,
1871 신미년.

顔 안면장부
[속보] 미리견 쳐들어와…"@강화도 생지옥"
美"셔먼호 복수"…요지경 무기들에 속수무책
[사진] 우리군 343명 전사…적 겨우 사망 "3명"
187.1k
흥선대원군 : 아 서양충 극혐
네놈들이 선빵쳤잖은가

#척화비 #분노

모든 소통 사절하노라
척화비
DM 선팔 소환 덧글

끝.

정사 正史

실록에 기록된 것

- 미국, 내전 남북전쟁 일어나다. 노예제가 큰 갈등 원인 중 하나. 북부 승리하다.
- 상선 '제너럴 셔먼(셔먼 장군)'호, 각종 상품을 싣고 조선으로 향하다. 청나라가 개항해 많은 국가들이 조선에도 흥미를 갖고 있던 것. "조선에는 금덩이가 쌓여 있다"는 등 잘못된 소문에 혹한 이들이 잔뜩 몰리다.
- 목사 로버트 토머스, 선교를 목적으로 셔먼호에 탑승하다. 조선말을 다소 할 줄 알았다고.
- 셔먼호, 평안감사 박규수에게 통상 요청하다. 박규수, 거절하며 식량을 주어 보내다. 그러나 셔먼호, 대포와 총으로 도발하며 점점 내륙 깊이 들어오다. 심지어 중군 이현익을 인질로 잡다.
- 박규수, 배를 불태우다. 선원들을 사로잡으려 했으나 화난 백성들이 때려 죽이다.
- 독일인 오페르트, 흥선대원군 아버지 남연군 무덤을 도굴하다. 시신을 인질로 잡고 개항을 요구하려 했으나 실패하다. 대원군 분노하다.
- 미 해군, 5년 뒤 신미양요 일으키다. 조선군, 처절하게 저항하다. 미국, 통상 의지를 잃고 물러나다. 흥선대원군, 척화비 세우고 조선 문 걸어 닫다.

참고

- 미국의 존재는 어느 정도 조선에 알려져 있었다. 김병학이 고종에게 입을 턴 듯.

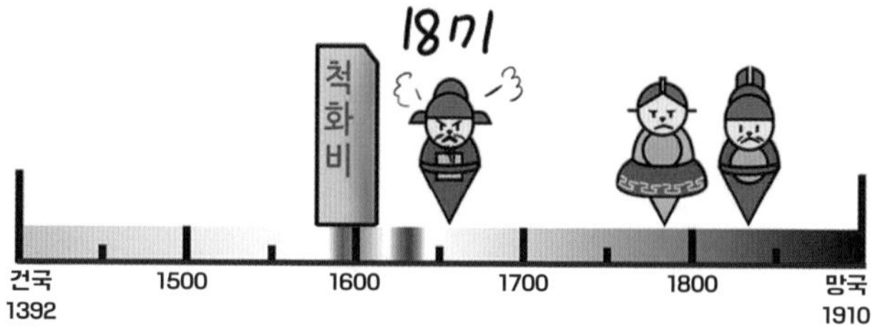

- 스물다섯 번째 이야기 -

이상한 배, 이양선이 찾아왔다

고종의 섭정으로 조선을 호령하던 흥선대원군은 쇄국 정책을 선언하고 전국 곳곳에 척화비를 세웠다. 척화비에 새겨진 내용은 다음과 같다. "양이(서양 오랑캐)가 침범해 오는데도 싸우지 않으면 화친하자는 것이고, 화친하는 것은 나라를 팔아먹는 일이다." 즉 죽으면 죽었지 외국과 사이좋게 지내지 않고 싸우겠다는 것인데, 이렇게까지 과격한 반응이 나오게 된 계기 중 하나는 바로 양요洋擾였다.

흔히 조선은 '조용한 아침의 나라'로서 세계의 흐름에 뚝 떨어져 조용히 살았을 것이라 생각하지만 그래도 바깥소식을 모두 듣고는 있었다. 헌종은 청나라와 영국이 아편 때문에 충돌을 벌이고 있다는 사실을 전달받았고, 이후 아편전쟁으로 청나라가 져서 개항했다는 사실이나 북경이 함락되어 청나라 황제가 피난했다는 사실, 일본이 개항을 했다거나 이상하게 생긴 배(이양선)가 무지막지하게 강하다는 것도 모두 들어 알고는 있었다.

그런데 알기만 했을 뿐 특별한 조치를 취하지는 않았다. 오히려 이양선이 나타나 같이 물건을 사고팔자며 꼬드겨도 "우리는 중국을 통해야만 다른 나라와 소통할 수 있다"라고 사대주의를 핑계로 대며 통상 요구를 얼버무렸다.

하지만 언제까지 피할 수만은 없었다. 마침내 조선과 이양선들 사이에는 충돌이 벌어졌고, 이걸 양요라고 불렀으니 '서양 오랑캐들이 일으킨 소란'이라는 뜻이다. 소란이라고 하면 전쟁 같은 큰 규모는 아니었을 것 같지만 병인양요(1866), 신미양요(1871) 때 조선은 압도적인 화력 앞에 맥을 못 췄으며, 수백 명에 이르는 사람들이 죽고 다쳤다.

특히 충돌이 컸던 것은 미국과 싸운 신미양요였다. 제너럴 셔먼호 사건이 계기가 되기는 했지만, 냉정하게 말해서 그 사건이 없었어도 외국과의 충돌은 피하기 어려웠을 것이다. 이 당시 제국주의 국가들에게는 행동 패턴이 있었다. 먼저 배를 타고 목표한 나라로 찾아가 물건을 사고팔자며 통상을 요구한 다음 거절당하면 무력으로 침략하는 것이었다. 힘 싸움이 되고 나면 동아시아의 조총과 화승총은 서양의 새 대포와 총의 상대가 되지 않아 처참하게 지게 된다. 그럼 이것을 기회로 통상 조약을 맺었는데 대개 한 쪽에게만 유리한 불평등조약이었고 이익을 쪽쪽 빨아먹다가 식민지화를 착착 진행하는 과정을 밟았다.

청나라나 일본의 개항도 그렇게 이루어졌으며 신미양요의 시작도 크게 다를 바 없었다. 제너럴 셔먼호 사건을 빌미로 공격해 온 미국의 군함과 600여 명의 병사 앞에서 조선의 군대는 처참하게 무너졌다. 강화도의 초지진은 하루 만에 함락되었고 지휘관이던 진무중군 어재연은 광성진에서 벌어진 전투에서 전사했으며 친동생 어재순도 함께 죽었다. 바다에 빠져 죽은 병사들까지 100명이 넘는 사상자가 나왔다. 조선은 무려 최고사령관이 전사할 정도로 큰 피해를 입었지만 미국군의 전사자는 세 명이었다.

하지만 이런 압도적인 패배 이후로도 조선은 굽히질 않았으니 서둘러 어재연의 자리를 채울 지휘자를 임명하고 끝까지 싸우겠다 큰소리를 치며 나라 곳곳에 척화비를 세웠다. 싸워 봐야 별로 얻을 게 없다는 판단 하에 미국은 물러났지만, 이래저래 실질적 피해와 자존심에 상처를 입은 조선은 척화비를 만든 돌처럼 경직되고 말았다.

프랑스와 미국이 미처 열어젖히지 못했던 개항의 문은 다른 나라도 아닌 일본에 의해 열리고 만다. 제국주의의 우등생 일본은 새로 식민지를 개척하기 위해 조선을 걸고 넘어졌고, 개항과 불평등조약을 이렇게 시작하게 된다.

조선왕조실톡 26

운요호와 강화도조약

하나요 소통 안 해요

아, 또 스팸.
요즘 진짜
많이 오네. 흠…….

고종
26대 왕.

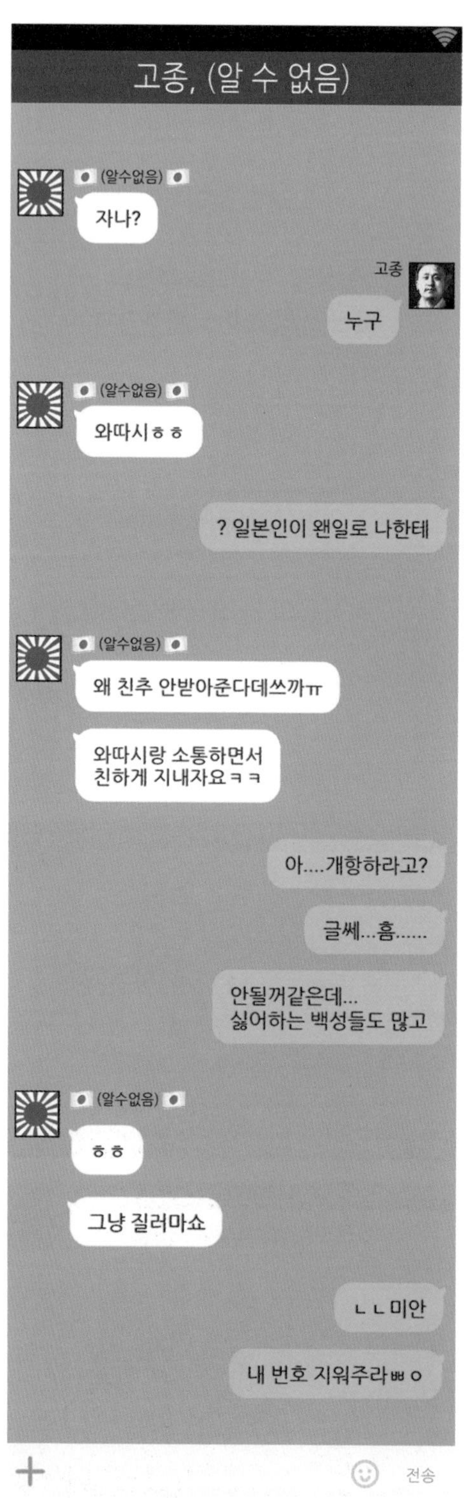

고종, (알 수 없음)
(알수없음)
자나?
고종
누구
(알수없음)
와따시ㅎㅎ
? 일본인이 왠일로 나한테
(알수없음)
왜 친추 안받아준다데쓰까ㅠ
와따시랑 소통하면서
친하게 지내자요ㅋㅋ
아....개항하라고?
글쎄...흠......
안될꺼같은데...
싫어하는 백성들도 많고
(알수없음)
ㅎㅎ
그냥 질러마쇼
ㄴㄴ미안
내 번호 지워주라ㅃㅇ
전송

휴, 머리야.
왕 노릇 은근 어렵네.
외교도 해야 하고.

그래도 잘하자!

백성들한테 아버지보다
낫단 소리 들어보게ㅋㅋㅋ

저ㅓㅓㄴ하ㅏ 일났습니다

강화도_긴급제보.mp4

백성들이 테러당했댑니다

엥?

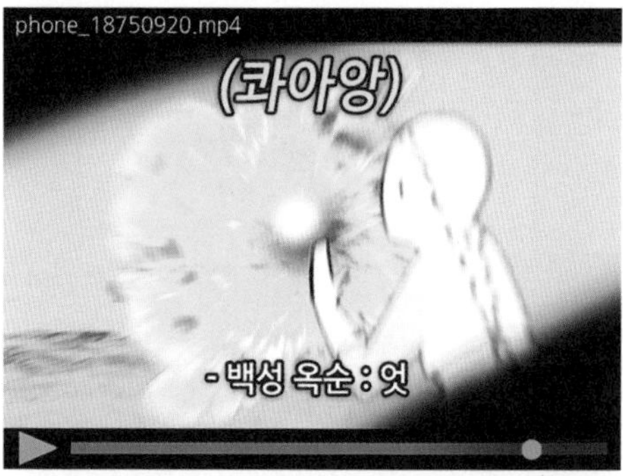

알고 보니 그 배,
서양이 아니라 일본 것이었다.

도른?? 뭐야??

친구하자더니
대포 왜 쏴? 엥???

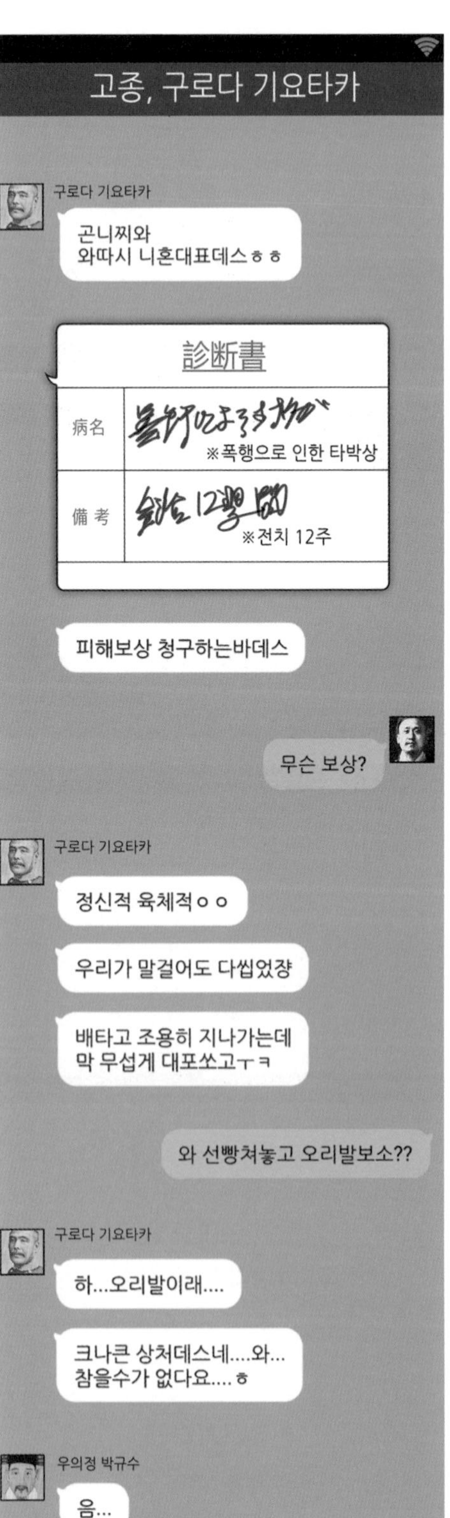

고종, 구로다 기요타카
구로다 기요타카
곤니찌와
와따시 니혼대표데스ㅎㅎ
診斷書
病名
※폭행으로 인한 타박상
備考
※전치 12주
피해보상 청구하는바데스
무슨 보상?
구로다 기요타카
정신적 육체적ㅇㅇ
우리가 말걸어도 다씹었쟈
배타고 조용히 지나가는데
막 무섭게 대포쏘고ㅜㅋ
와 선빵쳐놓고 오리발보소??
구로다 기요타카
하...오리발이래....
크나큰 상처데스네....와...
참을수가 없다요....ㅎ
우의정 박규수
음...

~운요호사건 대책회의방~
우의정 박규수
ㅇㅇ전하
쟤네 지금 우리한테
개항하란겁니다
그렇게 하시죠
내가 왜???
우의정 박규수
이번에 보니까 일본...
군사력 어마무시합니다...
오늘 말 안들어주면...
각잡고 쳐들어올 각입니다
그럼 저희 감당 못해요
??????
아니 언제 그렇게 세진거야ㅜ
우의정 박규수
ㅜ
♥명성왕후♥
여보 맘 굳게 드세요
신기술 배우면 우리라고
이런거 못 만들겠어?
[국제] 알아서 움직이는 가마 발명…"기똥차네"
[사진] 미리견
백성인 "로퍼"가
만든 자동가마…
유럽에서는 이미
말 대신 이러한
자동가마들이 길을
달린다 하오!
후

ㅇ.... 맞아 위기는 기회야

우리도 문열고 강해십시다ㅜ

정사 正史

실록에 기록된 것

- 1875년, 일본이 군함 운요호를 이끌고 강화도로 쳐들어오다. 조선 수군, 위협 포격을 하다. 근대식 무기를 탑재한 운요호, 순식간에 영종도를 습격해 성내에 불을 지르다.
- 위 사건을 빌미로 이듬해 1876년, 일본 다시 군함을 이끌고 부산에 나타나다. 대포를 쏘며 위협한 뒤 강화도로 가다.
- 일본 전권대사 구로다 기요타카, "왜 운요호를 공격했느냐? 우리는 그저 조선을 지나쳐 가는 중이었다"고 오리발 내밀다. 그러나 조선 대신 신헌, "우리 군사들은 변경을 지켰을 뿐이며 운요호가 먼저 강화도를 공격하여 군을 해치고 약탈했으니 이는 의리가 아니다"라며 반박하다. 그러자 구로다, "어쨌든 우리와 다시 좋은 관계를 맺고자 한다면 열세 개 조약을 맺자. 거절하면 우리 군사들이 조선에 상륙할지 모른다"라고 협박하다.
- 고종, 고민하다. 박규수 등 개화파가 개항 자체는 생각할 필요가 있다는 의견 내다. 청나라 관료 이홍장, "조선이 일본과 싸워서 지면 반드시 먹힐 것이다. 그러면 우리 청나라도 위험해진다"라며 조약 권하다.
- 결국 조선, 일본과 강화도조약 맺다.

픽션

기록에 없는 것

- 운요호 사건 최초 피해자는 민간인이 아닌 수군들이었다고.

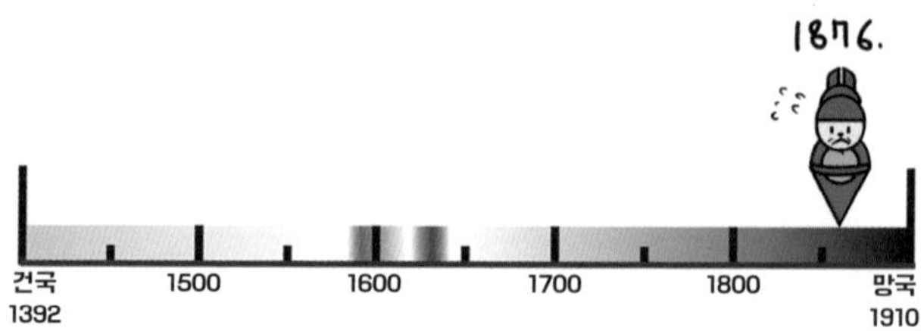

실록 돋보기

- 스물여섯 번째 이야기 -

조선의 커다란 충격

언제나 한 단계 아래로 보았던 나라가 어느 틈에 위에 올라가 자신을 내려보고 있다는 것은 조선에게 있어 매우 굴욕적인 일이었다. 게다가 강화도조약은 수많은 독소조약을 포함한 불평등조약이었다는 점에서 이후로도 조선의 발목을 야무지게 잡아챘다.

조선은 일본의 병합 1번 타자는 아니었다. 또 다른 슬픈 운명의 나라는 바로 류큐 왕국이었다. 류큐는 일본의 남쪽으로 점점이 있는 섬들로 이루어진 나라로, 일본과는 언어도 종교도 문화도 매우 달랐다. 일본의 천황이 아닌 다른 왕이 나라를 다스렸고 별개의 역사를 가지고 있었으며, 이웃나라인 일본과는 그렇게 사이가 좋지 않았다. 어느 정도였냐면 임진왜란이 일어나기 전, 류큐 왕국은 일본이 전쟁을 벌이려는 정황을 캐치하고 명나라와 조선에 일러바칠 정도였다. 비록 조선이 이 정보를 제대로 받아들이지는 못했지만 말이다. 그러다가 임진왜란 직후 일본의 공격을 받고 일본에게 조공을 바치는 나라가 되었지만, 여전히 독립국이었고 명나라나 조선과도 교류를 가졌으며 나름의 국제적 위치를 가지고 있었다. 미국의 페리가 일본과 개항 조약을 맺은 뒤 류큐와는 별도의 개항 조약을 맺기도 했다.

그런데 메이지 유신 이후, 막부가 무너지고 새롭게 들어선 일본 정부는 영토 확장을 가장 중요한 외교 현안으로 삼았다. 이때 중요한 문제가 된 것이 타이완과 류큐의 문제였다. 지금 지도만 봐도 일본의 아래로 주르륵 이어진 류큐 제도는 타이완과 몹시 가까이 맞닿아 있고, 그래서 영토 분쟁이 일어나기 딱 좋은 동네이다(지금도 마찬가지이다).

근대화를 맞이한 일본은 자연스레 류큐를 자신의 영역으로 확대했고 정치적으로도 확실히 이용했다. 1872년(고종 9) 류큐의 한 어부가 타이완에 갔다가 살해당하자 이 사건을 계기로 청나라에게 항의하는 한편, 1874년에는 타이완에다 군대를 파견했다. 제국주의 국가 일본으로서의 첫 번째 발자국, 해외 파병이었다.

이처럼 일본은 꾸준히 국력을 길러 해외 무대 데뷔를 성공적으로 치렀다. 청나라는 일본의 침공에 항복, 류큐의 유가족에게 배상금을 지급했다. 이보다 전인 1871년, 일본은 톈진조약을 맺어 청나라와 서로 대등한 입장에서 관세를 체결하기도 했다.

일본은 그들이 동아시아의 종주국인 청나라와 동급의 위치에 올라섰다는 확신을 얻었고, 이에 조선을 하대해도 된다는 주장이 점점 힘을 얻었다. 타이완을 공격한 다음 해에 운요호 사건이 벌어지게 된 것도 바로 이런 역사적 배경에서 이해할 수 있다. 그리고 일본에서는 조선을 정벌하자는 '정한론'이 일어나는데, 지금 정벌하자는 쪽과 아직 준비가 안 되었으니 나중에 하자는 의견으로 갈렸고 일단은 '나중'파가 이겼다. 어쨌건 타이완 정벌 소식은 조선에게도 큰 압력으로 작용했으며 그래서 일본보다 20년, 중국보단 35년이 늦은 개항을 맞이하게 된다.

하지만 이런 조선도 류큐국의 운명에 비하면 차라리 나은 게 아닐까. 앞서 있었던 타이완 정벌과 일본의 제국주의 확산의 결과로, 1879년 류큐 왕국은 일본에 완전히 병합되어 독립국인 왕국이 아니라 일본의 한 지역인 번으로 이름을 바꾸게 된다. 당연히 류큐의 왕은 여기에 반발하며 자신들의 사정을 미국과 중국에게 알리고 국제적인 도움을 요청했지만 그 어느 나라도 관심을 가지지 않았다. 그렇게 류큐는 이 세상에서 사라졌으며 지금의 오키나와가 되었다. 조선왕조실톡

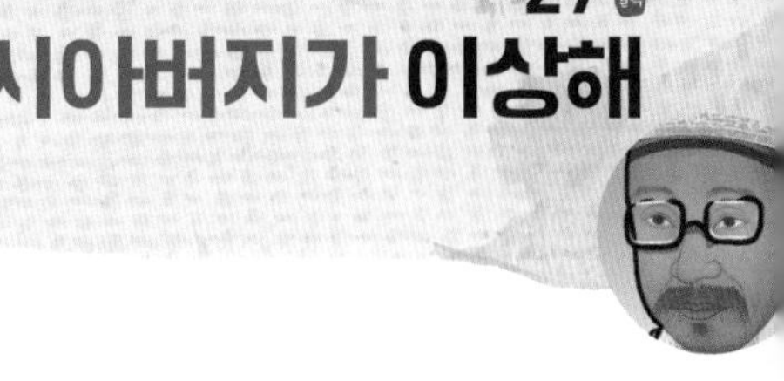

27 시아버지가 이상해

명성왕후 으르렁

흥선대원군 고얀

하나요 왕무룩

ㅈㅈ

남편이 쓴 글 보는 중.

내가 속상해서 진짜ㅋㅋ

고민한마당 비답해주오

나혼자선 암껏도 못하나요

이개똥(leeeung_ga)

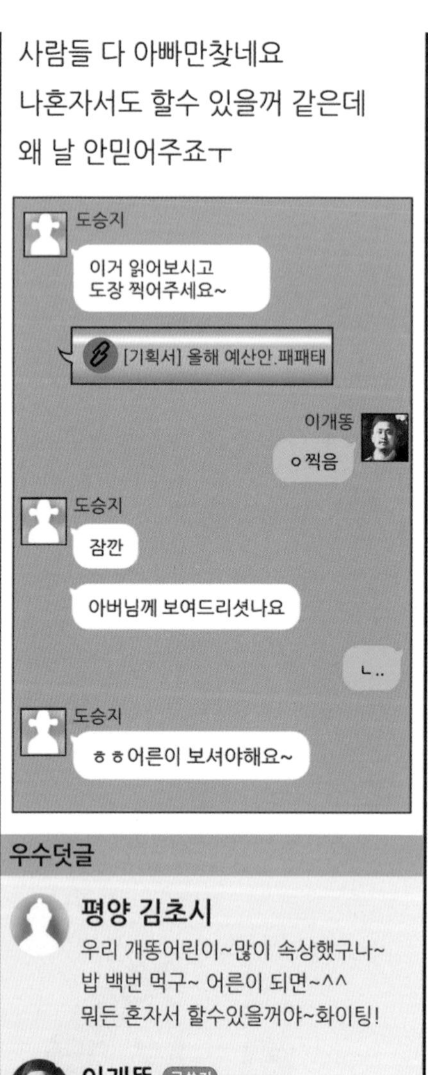

※개똥 : 26대 조선왕 고종의 어릴 적 이름.

둘이요 이제 쉬시죠

이게 다
시아버님 때문이다.

아주 나랏일 혼자 다 하셔ㅎ

아침마다
“이 애비 줄 서류 없냐?”며
애기 아빠 일감을 채 가시니 원!

ㅎㅎ아버님,
왕 아니시잖아요.

이제 그만~

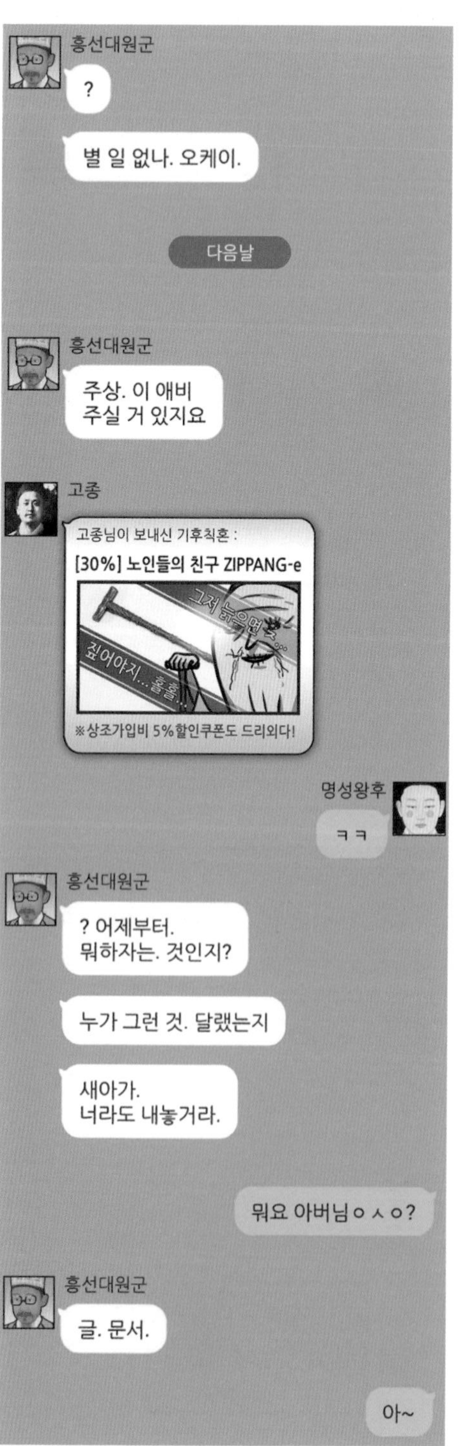

홍선대원군
?
별 일 없나. 오케이.
다음날
홍선대원군
주상. 이 애비
주실 거 있지요
고종
고종님이 보내신 기후칙혼 :
[30%] 노인들의 친구 ZIPPANG-e
그저 늙으면 ...
짚어야지... 흘흘
※상조가입비 5%할인쿠폰도 드리외다!
명성왕후
ㅋㅋ
홍선대원군
? 어제부터.
뭐하자는. 것인지?
누가 그런 것. 달랬는지
새아가.
너라도 내놓거라.
뭐요 아버님ㅇㅅㅇ?
홍선대원군
글. 문서.
아~

셋이요 쾅

아버님,
제대로 빈정 상하셨다.

아예 잠수 타심ㅜㅜㅋ

어쩌겠어ㅎ?
저러다 뻥 터지시거든

죄송하다고 용돈이나 드리ㄹ…

[뉴스클립] 흥선대원군 은퇴? 백성들 긍정 "푹 쉬시길"
LIVE
앵커 : ...기존편성을 중단하고 긴급속보를
보내드립니다. 현장에 나가있는 동구기자?
[속보] 중전마마 친정에…폭탄테러

[뉴스클립] 속보…명성왕후 어머니, 조카 "즉사"
LIVE
기자 : 예! 저는 지금 명성왕후 마마
자택에 나와있습니다!
불길 아직 잡히지 않았고요.

??!!!

[뉴스클립] 속보…노비들 "택배가 왔는데 갑자기 폭발"
LIVE
기자 : 아! 중전마마 오빠인
민승호 대감이 구조됐습니다!!
(의녀 : 썩 물러서시오!)
대감!! 대체 누가 이런 짓을 한게요???

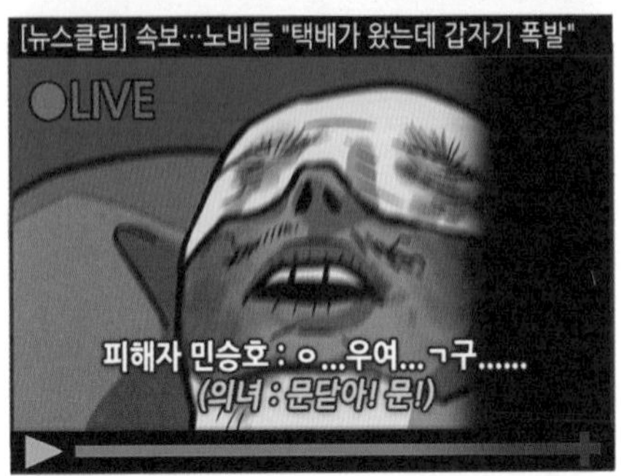
[뉴스클립] 속보…노비들 "택배가 왔는데 갑자기 폭발"
LIVE
피해자 민승호 : ㅇ...우여...ㄱ구......
(의녀 : 문닫아! 문!)

"운현궁이……."

※운현궁 : 흥선대원군 저택.
대원군의 별명이기도 함.

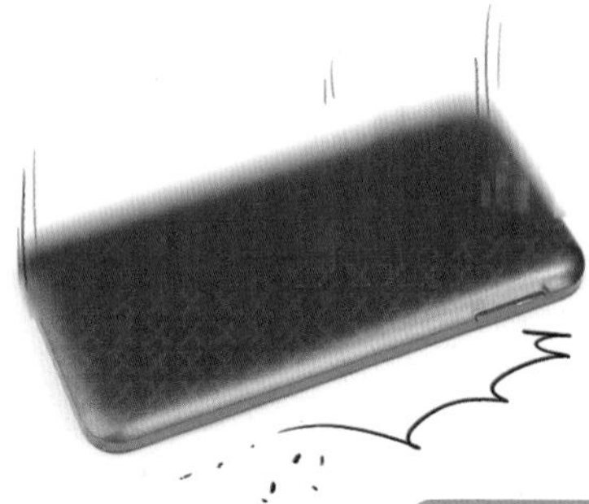

정사 正史

실록에 기록된 것

- 흥선대원군, 어린 고종을 왕위에 올리다. 대신 막후에서 조선 나랏일을 돌보다.
- 고종, 장성하여 스무 살을 넘다. 그러나 흥선대원군, 현역에서 계속 정치를 펼치다. 고종, 도승지에게 나랏일감을 들려 보내 대원군에게 매번 품정(컨펌)을 받도록 하다.
- 그러나 고종이 스물세 살 되던 해, 갑자기 도승지를 보내 그저 아버지에게 안부만 묻기 시작하다. 그즈음 고종, 대원군에게 '대로'라는 칭호를 내리다. 나라의 현명한 노인이라는 뜻. 그리고 최익현, "대원군은 슬슬 자리 은퇴하시길"이라는 내용의 상소 올리다.
- 흥선대원군, 먼 집으로 이사를 가서는 두문불출하다. 그러나 고종, 아버지에게 사과하지 않다. 왕비 민씨 가족들 등용하다.
- 어느 날 민씨 집에 "귀한 것이니 몰래 열어 보시오"라는 상자 도착하다. 상자 폭발하여, 명성왕후 어머니, 오빠, 조카 등이 사망하다. 오빠 민승호, 죽기 전 '운현궁'을 몇 번이나 손으로 가리켰다고.
- 명성왕후와 흥선대원군, 서로 원수처럼 여기다.

픽션

기록에 없는 것

- 왕비 민씨는 살아생전 '명성왕후'라 불리지 않았다. 죽은 뒤 붙은 호.

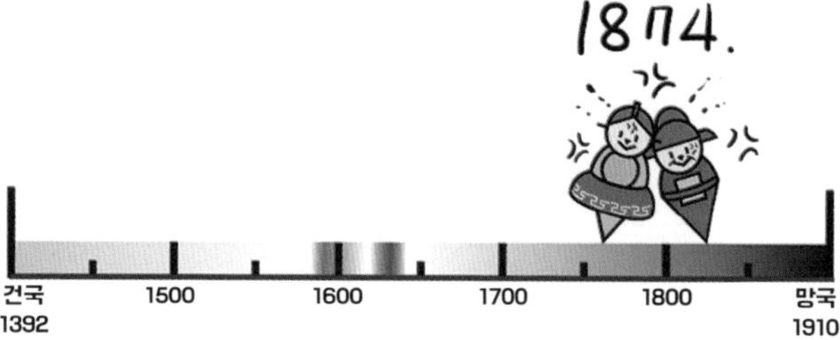

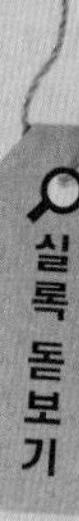

- 스물일곱 번째 이야기 -

흥선대원군의 어둠

흥선대원군의 타고난 한계가 있다면 그가 왕족인 전주 이씨였다는 것이다. 그에게 조선이란 나라인 동시에 본인의 집안이었고, 그러다 보니 많은 정책들이 '이씨를 위한' 것이었다. 그는 전주 이씨 종친들에게 무지막지한 권력을 하사했다. 물론 이제까지 안동 김씨들이 해먹은 것에 비교하면 미미하다 할 수도 있겠지만 어쨌든 그것은 대원군 정책의 문제였다.

지금 서울의 북쪽, 광화문 너머 지어진 경복궁은 바로 그런 이씨를 위한 정책 중 하나였다. 비록 지금은 관광 자원으로 훌륭하게 쓰이고 있지만 당시 이 궁전을 재건하기 위해 어마어마한 국고를 쓰고 당백전當百錢을 마구 찍어내어 인플레가 따라왔으며, 원납전願納錢이란 이름의 강제 기부마저 시행되었다.

경복궁 건축 사례는 대표적인 실책이며 그 외에도 여러 가지 실정이 많았는데, 그는 정책 하나하나를 따지기 전에 존재 자체로도 문제였다. 먼저, 그는 너무나도 오래 살았다. 78세까지 살았으니 옛날 치고도 장수한 편이었다. 그런데 여기서 문제 삼는 그의 긴 수명은 생물학적인 수명이 아니라 정치적인 수명을 말하는 것이다. 그는 처음 고종이 왕이 될 때도 '살아 있는' 대원군이라서 우려를 자아냈는데, 이후 구한말의 역사를 보면 왜 살아 있는 대원군이 문제가 되었는지를 분명하게 알 수 있다.

1873년(고종 10), 고종이 친정을 시작하고 나자 흥선대원군은 실각했지만 조용히 물러나지 않고 다시 권력을 잡고자 많은 노력을 기울였다. 흥선대원군의 첫 번째 복권이 이루어진 것은 임오군란 때였다. 신식 군인들에게 차별당하고 엉터리 급료를 받은 구식 군인들이 반란을 일으켰고, 흥선대원군은 자신의 재집권을 대가로 군인들의 뒷배가 되어주었다. 하지만 청나라의 개입으로 한 달 만에 톈진으로 납치되면서 고종이 다시 권력을 쥐게 된다.

이후 조선으로 다시 돌아온 흥선대원군은 칩거하게 되지만 동학농민운동이 벌어지자 개중 과격한 일부는 흥선대원군과 접촉했다. 고종과 명성왕후를 몰아내고 흥선대원군을 재집권시키자는 이야기도 나왔다. 그래서 일본 공사는 흥선대원군을 직접 호출해 동학운동 개입 여부를 따져 묻기도 했다. 이후 체포된 전봉준은 심문을 받으며 '소문과 달리' 자신은 대원군을 만난 적도 없다고 말했지만, 일부 동학 지도자들이 흥선대원군과 접촉했다는 것은 사실인 듯하다. 심지어 명성왕후가 처참하게 살해당한 을미사변 때도 흥선대원군이 협력했다는 소문 혹은 혐의가 있었다.

이보다 앞서 흥선대원군의 서자이자 고종의 이복형인 이재선이 흥선대원군의 측근들에 의해 왕으로 옹립될 뻔한 반란 음모가 있었고, 명성왕후의 양오빠인 민승호 일가족이 누가 보냈는지 알 수 없는 폭약으로 몰살당하는 일도 있었다. 이런 일들이 거듭되자 고종은 결국 조카 이준용과 아버지 흥선대원군을 함께 연금시켜야 했으니, 제대로 콩가루 집안이었다.

이 모든 사태의 원인은 흥선대원군이 고종의 아버지였다는 데 있다. 유교의 나라 조선에서는 아버지를 감히 처벌할 수 없었고, 그래서 흥선대원군이 온갖 사회 불만의 구심점이 되는데도 막을 길이 없었다. 또 흥선대원군 본인이 정치 욕심을 버리지 못했다. 그는 끊임없이 자신의 다른 아들들이나 손자를 새로운 왕으로 세워 다시금 정계로 돌아오고자 했고 그러기 위해 온갖 세력들과 손을 잡았다.

세도정치로 멍든 조선의 대원군이 되었던 흥선군 이하응이 처음부터 이런 사람은 아니었을 텐데, 권력의 독이란 그렇게 강렬했던 것일까? 흥선대원군이 개혁적인 일도 많이 한 것은 사실이며 민씨 일가가 잘못한 것이 많은 것도 사실이지만, 앞서 그의 쇄국정책은 이미 실패한 것임이 명명백백했으니 설령 그가 재집권한다 한들 무슨 뾰족한 수가 있었을까 싶다. 오히려 대원군의 끝없는 권력욕이 불러온 정치적인 혼란이 훨씬 크고 무서운 독이었다.

이런 원한 때문인지 고종과 흥선대원군의 사이는 몹시 안 좋아 고종은 흥선대원군의 장례에 참석하지 않을 정도였다. 죽은 뒤 흥선헌의대원왕이라는 왕호를 올려주긴 했지만, 살아서 겪은 갈등을 생각하면 '먹고 떨어지라'고 말하는 느낌이랄까. 사람이 태어나 권력을 가지기도 어려운 일이지만 그보다 훨씬 더 어려운 것은 그 권력을 잘 쓰는 것이 아닌가 한다.

조선왕조실톡 28

커피 향이 좋은걸

하나요 꽁냥꽁냥

나는 고종.
누군가가 말했다.

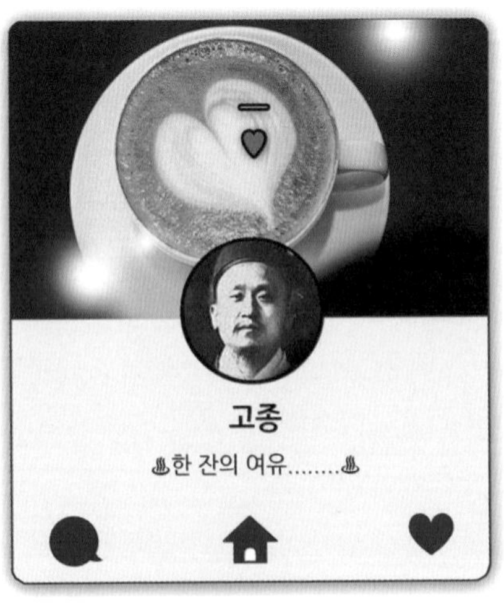

쓴 커피가
달게 느껴지면……
사랑을 하는 거라고… 후…ㅋ

♥내 삶의 슈가♥
고종
휴
여보
나 이제 업무끝
♥명성왕후♥
ㅇㅇ고생했어요
저도 영어과외 막 끝
I LOVE YOU
꺆
그럼 우리 똑?
♥명성왕후♥
딱
전송

둘이요 가배(珈琲)

#가배 #양탕국
뭐 마음대로 부르라.

커피 게맛있어 진짜ㅜㅜ

나만 먹냐고?
노노 백성들도 좋아함ㅋㅋ

커피가 머리도 좋게 하고,
키도 키워준다며?

후…… 서양 오랑캐
싫다던 양반들조차 이젠ㅋㅋ

근데……아……_ _)

人數多口來門
고종 @gogo26
휘핑 많이 달랬더니
이 알바를 정일품에 제수하라ㅋ
#커피 #이정도면 #고백인정
명성왕후님 외 18.84k
홍선대원군 : 주상 글삭하시요
뭔 양놈것에 꺆꺆

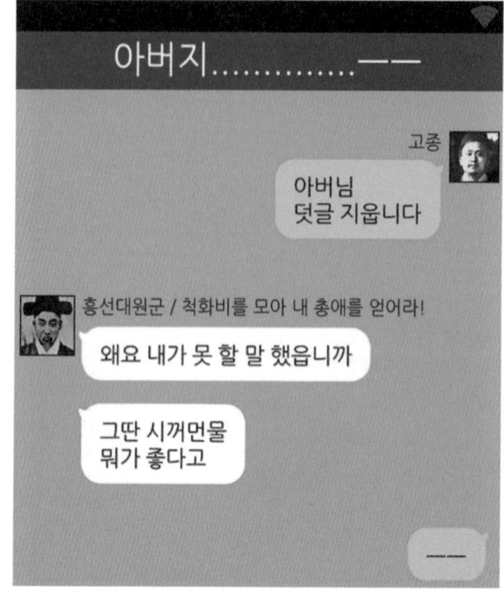
아버지..............ㅡㅡ
고종
아버님
덧글 지웁니다
홍선대원군 / 척화비를 모아 내 총애를 얻어라!
왜요 내가 못 할 말 했습니까
그딴 시꺼먼물
뭐가 좋다고
ㅡㅡ

♥명성왕후♥
음~아버님
무슨 말씀이세요
향이 이렇게 좋은데^^
커피는 역시 막심이죠
홍선대원군 / 척화비를 모아 내 총애를 얻어라!
? 멕심아니냐?
♥명성왕후♥
ㄴㄴ
불효막심
유 저스트 액티배이티드
나의 개방정책
아버님 꼰대짓 ㄴㄴ해
홍선대원군 / 척화비를 모아 내 총애를 얻어라!
고얀것
홍선대원군님이 퇴장하셨소!
♥명성왕후♥
ㅎ

ㅋㅋㅋㅋㅋㅋㅋㅋㅋㅋ
ㅋㅋㅋㅋㅋㅋㅋㅋㅋㅋ
ㅋㅋㅋㅋㅋㅋㅋㅋㅋㅋ

전송

실록에 기록된 것 정사 正史

- 조선 후기, 유럽에서 온 이양선이 해안가에 나타나다. 그 횟수가 점차 많아지다. 조선 해안선을 측정하거나 백성들과 교류를 하러 온 배들이었지만 조선, 유럽인의 접근을 일절 허용하지 않다.
- 병인양요, 신미양요 등을 겪으며 조선, 강제적 혹은 자발적으로 유럽, 미국 문물을 가까이 접하게 되다.
- 커피도 그중 하나. 아관파천(1896년) 때 고종이 처음 마셨다고 알려졌으나, 사실 그보다 십수 년 이전부터 조선 사람들은 커피를 즐기고 있었다. 고종의 어의였던 미국인 호러스 알렌은 1884년, 왕실 사람들이 자신에게 커피와 홍차를 대접하며 극진히 대해주었다고 책에 기록했다.
- 커피가 낯설었던 조선 백성들, 커피 콩을 그대로 대접에 담아 물을 부어 먹었다고 한다.
- 명성왕후와 흥선대원군, 정치적으로 대립각을 세우다. 고종은 아내이자 정치적 파트너인 명성왕후 편.

기록에 없는 것 픽션

- 휘핑은 안 올렸다. 설탕 대신 꿀을 넣어 먹기도 했다고.

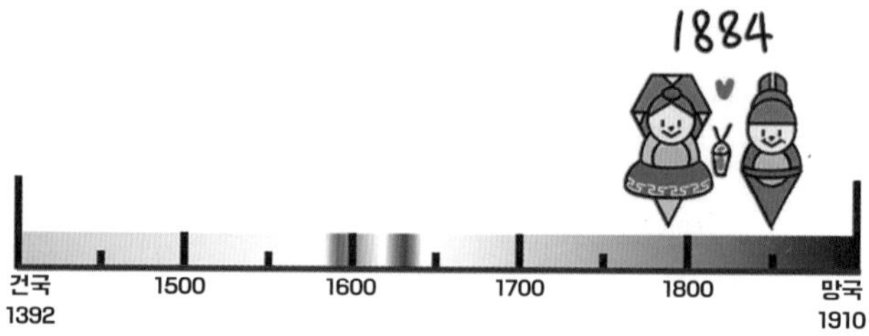

실록 돋보기

- 스물여덟 번째 이야기 -

혁명과 역사의 맛, 커피

사람들은 커피를 언제부터 섭취하기 시작했을까? 커피의 나라 에티오피아의 전설에 따르면, 한 목동이 어떤 열매를 먹은 양들의 펄쩍펄쩍 뛰는 모습을 보고 신기해서 시험 삼아 먹어 본 것이 시작이었다고 한다. 역사를 더 거슬러 올라가면 페르시아 사람들도 마셨다고 하니 그렇게 따지면 대충 잡아도 역사가 천 년은 넘은 음료다.

이 까만 열매를 볶아서 물에 넣고 끓인 음료는 인류의 역사 중에서도 혁명과 함께했다. 먼저 이 음료가 사단을 일으킨 것은 오스만투르크 제국이었다. 사람들은 너무나도 커피를 좋아한 나머지 커피를 마실 수 있는 특별한 장소를 필요로 했고, 그래서 세계 최초의 커피하우스가 만들어졌다. 하지만 커피하우스에서는 커피만 마신 게 아니었다. 사람들끼리 만나 끊임없이 이야기를 나누었다. 카페인에 취해 온갖 이야기를 나누다 보니 사회의 나쁜 점을 비난하는 목소리도 나오게 되었고, 이것을 불온하다고 여긴 투르크의 술탄은 커피하우스 문을 닫게 하고 주인과 손님들을 자루에 넣어 바다에 던져 버리기도 했다.

그렇지만 이미 커피의 마력에 홀린 사람들은 커피를 끊지 못했고, 커피하우스는 독버섯처럼 자꾸자꾸 생겨 마침내 유럽에까지 번졌다. 커피가 유럽에 웅장한 한 발을 내딛은 것은 루이 14세 치하의 프랑스에서였다. 수상쩍은 까만 물에 많은 사람들이 부정적이었지만 다른 한편으로 수많은 사람들이 커피에 맛을 들여 커피하우스, 즉 카페가 우후죽순 만들어졌다. 사람들은 그곳에서 커피를 홀짝이며 온갖 불만을 토로했고 그러면서 수많은 문학 작품들이 완성되었으며 결국 프랑스 혁명에 불을 붙이게 되었다. 영국에도 곳곳에 커피하우스가 만들어졌는데 그곳에서 정치 이야기하는 것을 금지하는 법안도 함께 만들어졌다. 불평불만과 함께

하는 불온한 음료 커피는 이처럼 참 많은 것들을 창조해 냈다. 영국의 신고전주의 작가들의 작품은 물론 수많은 연구자들의 논문도 커피 없이는 만들어지지 못했을 것이다.

전 세계로 퍼져 나간 커피는 아시아에도 상륙했다. 가장 먼저 커피를 맛본 것은 역시 일본으로, 선교사와 상인들이 들여왔으며 주로 약으로 쓰였다. 음료로 퍼지게 된 것은 메이지 유신 이후인데, 한자로는 가배珈琲라고 적었다.

우리나라에서 커피가 널리 퍼지게 된 이유에는 여러 설이 있지만 아관파천으로 러시아 공사관에서 1년 동안 머물던 고종이 그곳에서 얻어 마신 커피에 맛을 들이게 되었다는 이야기가 유명하다. 하지만 그 전에 이미 고종의 주치의였던 호러스 뉴턴 알렌Horace Newton Allen이 커피를 대접받았다는 기록이 남아 있기도 하고 다른 서양인들도 조선에서 커피를 마셨다고 적고 있어 이보다 더 먼저 들어왔으리라 짐작된다.

조선에 몰아닥친 온갖 혼란 앞에 지친 고종에게 한 잔의 커피가 큰 위안이 되었던 것인지 그는 이후로도 꾸준히 커피를 즐겼다. 하지만 이로 인해 사건이 벌어지게 되니, 1898년(고종 35) 9월의 독살 모의였다. 그동안 러시아어 통역을 맡아 고종의 총애를 받았던 김홍륙이란 사람이 큰돈을 착복한 사실이 밝혀져 귀양을 떠나게 되자 앙심을 품고, 마찬가지로 고종에게 쫓겨나 원한을 가진 김종화를 사주해 커피에 아편을 넣게 한 것이다. 고종은 냄새가 이상한 것을 깨닫고 마시지 않았지만 태자(순종)는 마시다가 토했고 관련자들은 처형당했다. 이 사건은 고종 독살설이나 순종이 불구가 되었다는 소문으로 번지게 된다.

세계 역사 곳곳에 관여했으며 조선의 멸망에도 한 자락 얽혀 든 커피는 손탁호텔에 처음 만들어진 커피숍을 시작으로 서민들에게도 퍼지게 된다. 그리고 밥보다 비싼 낭비적인 음료라는 비난을 최소 430년째 듣고 있으며 앞으로도 변함이 없을 것이다. 조선왕조실톡

29 조선왕조실록

동학운동과 두 소년

진사 안태훈 선비정신

김모군 20살/남/동학운동

(안태훈)
큰아들럼♥ 16살/남/사냥중

하나요 동학운동

조선 말 1895년,
백성들의 삶은
피폐해질 대로 피폐해졌다.

"탐관오리를 물리치고
탐욕스런 외세를 내쫓아
세상을 구하자!"

남녀노소 일어선 동학군들.

[충격]미성년자가 동학군 대장?!

[사진]황해도 동학군 우두머리…겨우 19살

과거시험 공부하던 소년 김모군(19),
18살에 동학 입문해 벌써 대장…어른도 놀랄 활약

네티즌 덧글(1895개)

ㄴ양반김님 : 으휴ㅉㅉ~역적넘들~후딱 잡혀라..,,..

ㄴ농민_꽃분님 : 난 동학군 응원하는데ㅋ?

ㄴ농민_막쇠님 : 2222222222

ㄴ농민_갑쇠님 : 3333

ㄴ농민_옥이님 : 44 다 갈아버려ㅗㅗ

하지만 대다수가
전투 아마추어인
농민.

수세에 몰린 김모군은
황해도 절간으로
피신했는데.

진사 안태훈.

학식과 인품으로
이름난 황해도 양반이었다.

강한 민병단을
이끌고 있기로 유명했는데.

※당시 양반들은 나라에 충성하고자
(일부는 농민을 길들이고자)
"나라 뒤흔드는 역적"이라며
동학군을 제압했다.

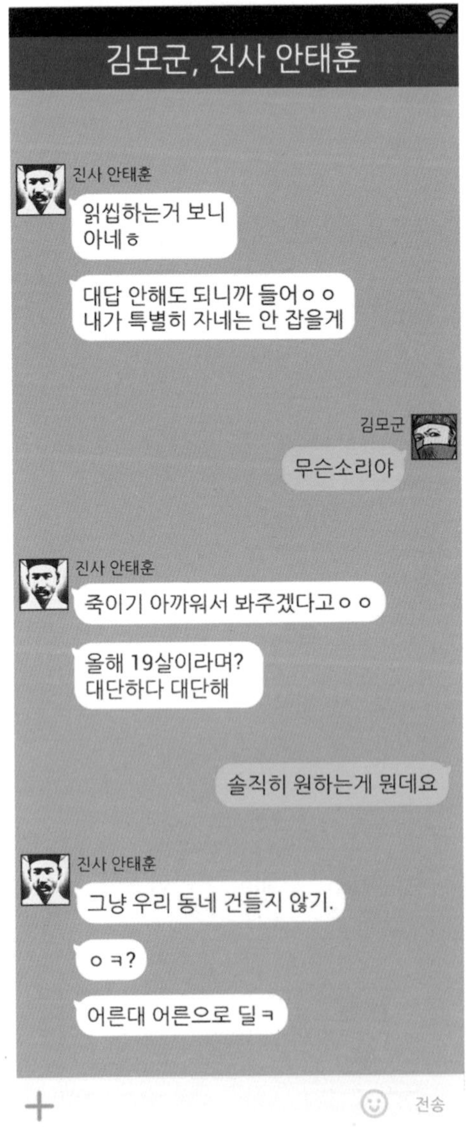

용감한 김모군을
높이 산 그.

아 이것도 인연인데 혹시
힘든 일 생기면 말해

도와줌ㅇㅇ

그러나
일본군까지 가세한 공격에
동학군은 버티지 못했고,

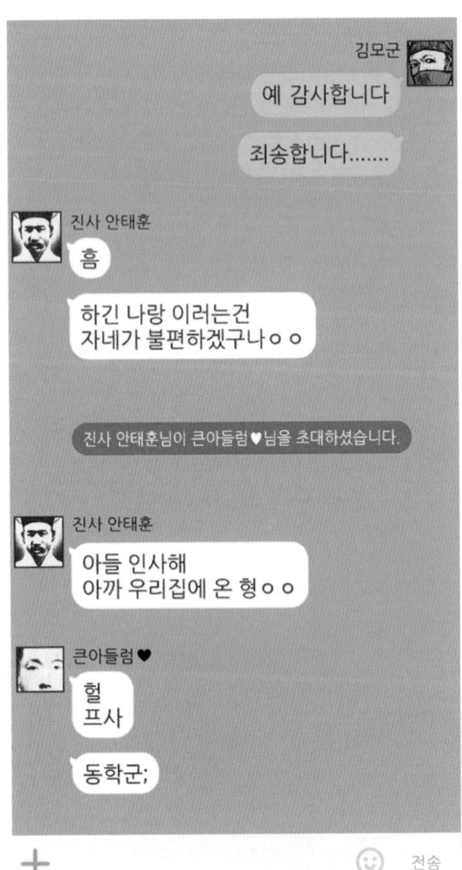

놀라는 게 당연했다.

아버지를 따라
동학군들에게
이를 갈아 온 것이다.

하지만 금세
갑작스런 손님을 받아들였으니.

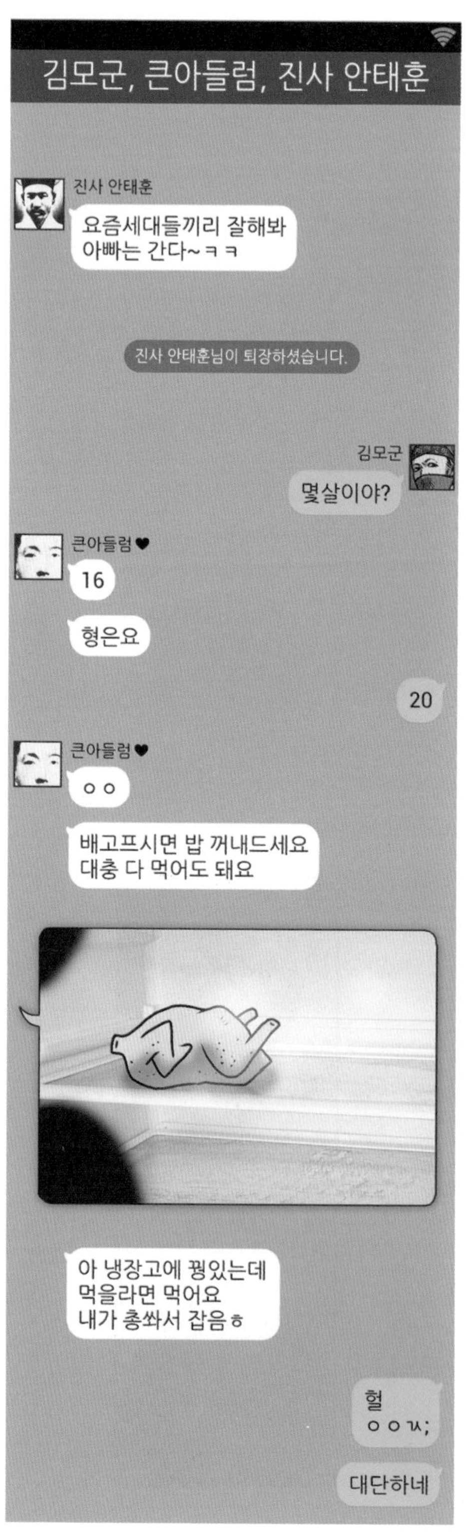
김모군, 큰아들럼, 진사 안태훈
진사 안태훈
요즘세대들끼리 잘해봐
아빠는 간다~ㅋㅋ
진사 안태훈님이 퇴장하셨습니다.
김모군
몇살이야?
큰아들럼♥
16
형은요
20
큰아들럼♥
ㅇㅇ
배고프시면 밥 꺼내드세요
대충 다 먹어도 돼요
아 냉장고에 꿩있는데
먹을라면 먹어요
내가 총쏴서 잡음ㅎ
헐
ㅇㅇㄳ;
대단하네

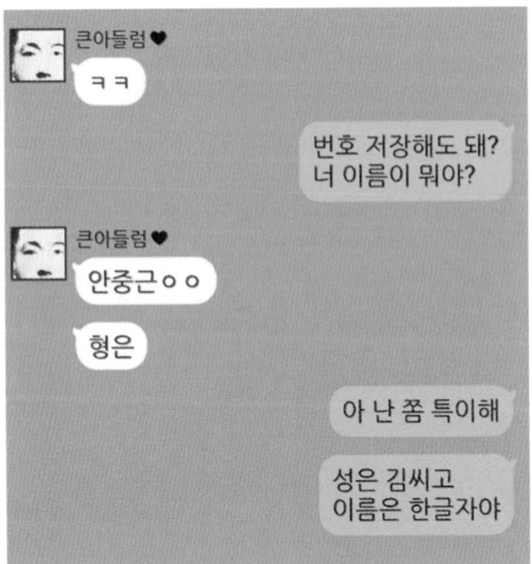

김모군=백범 김구

그리고 안태훈 큰아들은,
이토 히로부미를 암살한

바로 그
안중근 의사다.

#신기한_인연

정사 正史

실록에 기록된 것

"안태훈(安泰勳)은 청계동(淸溪洞) 와주(窩主)라는 이름을 가진 자로서 황해도(黃海道)의 두목이라는 지목을 받고 있습니다…….(이하 생략)"
-『고종실록』 40년 양력 8월 21일 중

참고

백범 김구의 원래 이름은 김모군이 아니라 김창수이다.

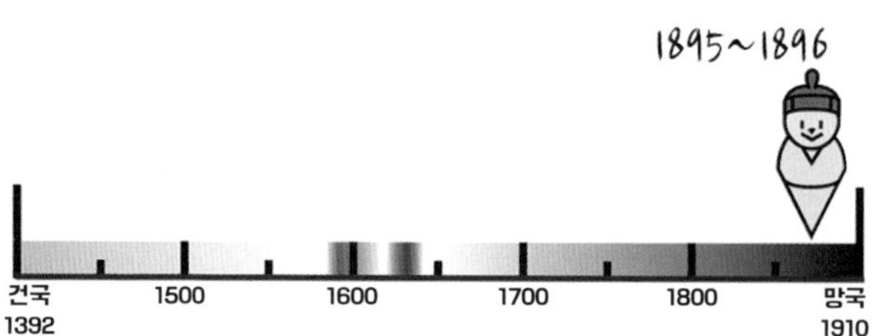

- 스물아홉 번째 이야기 -

아래로부터의 혁명, 동학농민운동

조선 후기, 양반 농민 구분할 것 없이 백성들은 간절히 평안함을 바랐다. 무거운 세금과 탐관오리들에 짓눌리고 바다 건너에서 쳐들어오는 이양선 때문에 겁에 질렸다. 이처럼 삶이 어렵고 힘들 때 사람들은 의지할 곳을 찾게 된다. 늙고 쇠미해진 조선 왕조는 사람들의 바람을 채워주지 못했다. 불만에 찬 백성들은 민란을 일으키게 되었고, 고종 때가 되어서는 '민란이 일어나지 않는 마을이 없다'고 말할 만큼 심각해졌다.

그러나 한 번 민란이 벌어지면 군사 집단으로 성장해서 나라를 갈아치우고 마는 중국과 달리 조선의 민란은 놀랄 만큼 얌전했다. 먼저 관리들이 지나치게 폭정을 부리거나 세금이 무거우면 먼저 훈장을 비롯하여 시골 지식인들이 앞장서서 호소문을 작성해서 보냈다. 이것이 무시당하면 가장 가난한 농민들부터가 죽창을 들고 관아로 달려가곤 했다. 그 이후 분노한 민중들에게 관청이 불타고 관리는 맞아 죽느냐, 하면 아니었다. 농민들은 관리들을 붙잡아 놓기만 했을 뿐 폭력을 행사하지 않았다. 게다가 이런 민란들은 한 고을 단위에서만 벌어졌지 다른 고을로까지 번지지 않았고, 나중에 중앙관청에서 순무사巡撫使가 나와 토벌하기보다는 분노한 백성들을 달래서 진정시켰다. 이토록 순박(?)하기 짝이 없는 민란이 반복되는 가운데 상황을 뒤바꾸는 계기가 등장했다. 동학이었다.

"유교도 불교도 소용없다." 동학 농민가의 가사다. 이 가사가 괜히 만들어진 것이 아니다. 당장 먹고살기 힘들어 죽기 일보 직전인데도 그들의 종교는 아무 위안이 되어주지 못했고, 서학이 있긴 했지만 이양선이 나타나고 싸움을 벌이니 이 역시도 꺼림칙해졌다. 그럴 때 동쪽에서 일어난 가르침이라는 뜻의 동학이 나타났다.

인내천人乃天, 사람이 곧 하늘이다. 천심즉인심天心卽人心, 하늘의 마음이 곧 사람의 마음이다. 신분과 성별로 사람을 차별하지 않고 오롯이 사람을 사람으로 보자는 것. 이것이 동학의 기본 이념이었다.

사람들이 동학에 열광한 것도 당연한 노릇이었다. 동학이 세상에 나온 지 3년 만에 창시자 최제우는 혹세무민한다는 이유로 처형되었는데, 그렇다고 동학의 전파가 수그러든 것은 아니었다. 동학운동이 크게 일어나게 된 가장 첫 번째 계기는 1894년(고종 31) 고부의 탐관오리 조병갑이었다. 그의 착취를 견디다 못한 백성들이 민란을 일으켰는데 이때 중심이 된 것이 동학 접주였던 전봉준이었다. 이것이 1차 봉기로 이어졌다가 안핵사 이용태의 잔인한 탄압으로 2차 봉기로 이어졌고, 그러다가 조선과 일본의 연합군에게 패배하여 진압되었다.

처음은 미약했고 결국은 실패로 이어진 동학농민운동을 역사적으로 이렇게 중요하게 여기는 이유는 무엇일까. 그건 바로 우리나라 역사상 참으로 보기 드문 '아래에서부터의 혁명'이기 때문이다. 조정 대신이나 왕이 원해 개혁을 추진한 것이 아니라 백성들 스스로 변화를 원해 뭉치고 일어나 무력 싸움을 불사했다는 데서 조선사에 있어서는 무척 드물고 의미 있는 운동이었다.

동학운동에서도 백성들이 스스로 일어나 원하는 것을 말하고, 한데 모여 단체를 만든 경우는 몹시 드물었다. 동학 세력에는 농민만 있는 것도 아니었고, 몰락 양반이나 명성황후 민씨의 세력에 밀려난 흥선대원군의 세력가들도 있었다. 쉽게 말해 어중이떠중이들이었다.

또 농민군이라 해 봐야 제대로 된 군사훈련을 받지 않았던 민간인이었고, 무기라고 해봐야 대나무 잘라 뾰족하게 만든 죽창이나 구식 화승총뿐이었다. 당연히 군대의 기본인 보급도 쉽지 않았고, 일부 농민군은 강제로 백성들을 징집하거나 약탈을 벌이기도 했다. 그리고 한 사람이 구심점이 된 게 아니다 보니 각 지도자들끼리 이랬다저랬다 갈팡질팡하기도 했고, 협조도 잘 안 되고 분열하기도 했다.

그런데도 20만 명이 모였다. 배운 것 없고 가진 것 없는 백성들이 남은 하나뿐인 목숨을 걸고 일어났다는 것은 그만큼 이루지 않으면 안 된다는 간절함이 있었다는 것이다. 그것을 어찌 혹세무민이나 선동이란 말로 퉁치고 넘어갈 수 있겠는가. 왕이 어버이이고 백성들이 자식이라고 말해온 조선 왕조는 그런 백성들의 외침을 들어주는 대신 외세의 힘까지 빌어서 찍어 눌렀다. 동학 백성들을 동비東匪라고 싸잡아 부르며 잔인하게 괴롭혔던 안핵사 이용태가 훗날 친일파로 남작 작위까지 받은 것을 생각하면 조선이 왜 망했는지 그 답이 보이는 듯하다.

조선왕조실록 30

끔찍한 변, 을미사변

하나요 도적이 들어오다

강녕?
나는 명성왕후.

기억나?
동학운동인가 뭔가
어마무시 난리 났던 거?

아……(마른 세수)

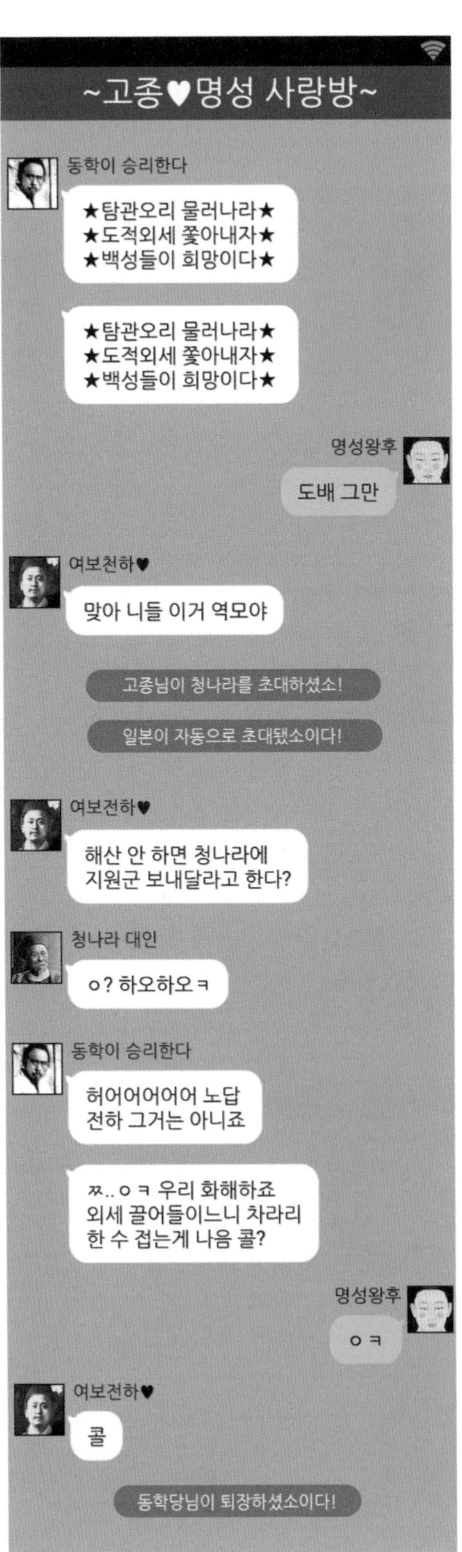
~고종♥명성 사랑방~
동학이 승리한다
★탐관오리 물러나라★
★도적외세 쫓아내자★
★백성들이 희망이다★
★탐관오리 물러나라★
★도적외세 쫓아내자★
★백성들이 희망이다★
명성왕후
도배 그만
여보전하♥
맞아 니들 이거 역모야
고종님이 청나라를 초대하셨소!
일본이 자동으로 초대됐소이다!
여보전하♥
해산 안 하면 청나라에
지원군 보내달라고 한다?
청나라 대인
ㅇ? 하오하오ㅋ
동학이 승리한다
허어어어어어 노답
전하 그거는 아니죠
ㅉ..ㅇㅋ 우리 화해하죠
외세 끌어들이느니 차라리
한 수 접는게 나음 콜?
명성왕후
ㅇㅋ
여보전하♥
콜
동학당님이 퇴장하셨소이다!

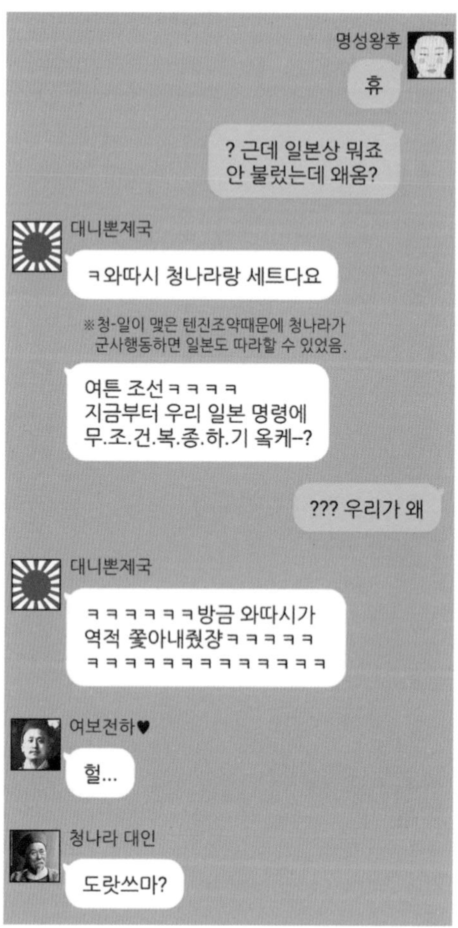

인아거일(引俄拒日)

※러시아(아라사)를 끌어들여 일본을 몰아내다.

어이없다ㅋㅋ
쟤네 진심인가 봐.

심지어 일본,
군사 끌고 여기 궁궐에까지
쳐들어 왔어ㄷㄷ

도른 자들 막을 방법 없을까?

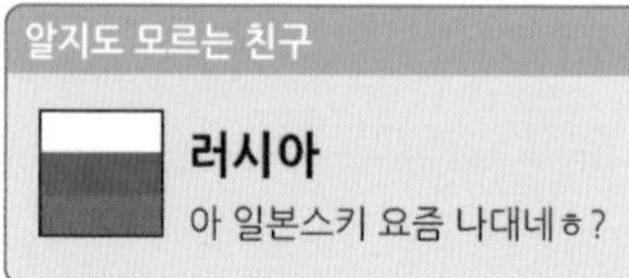

오호랏ㅎ!

人數多口來門
명성왕후 민자영
궁궐에서
궁궐로 손님 초대ㅎㅎ from @러시아
38,562명이 좋아합니다.
러시아 공사 베베르 veber
ㅋㅋㅋ아 조선 덥네요 초대 쓰바씨바
일본 japan
뜬금없다네 러시아 왜?ㅋㅋㅋ

人數多口來門
명성왕후 민자영
궁궐에서
베프
조러
@여보랑 @러시아 공사랑 좋은 시간~
러시아 말도 배웠다. 하라쇼~~#굿굿

2,175명이 좋아합니다.
러시아 공사 베베르 veber
하라쇼~~~
고종 go_bell
하라쇼~~~~~~굿굿
일본 japan
난다요?? 내 까똑은 씹으면서??
일본 japan
혹시 지금 러시아만 편애하고 있노까???

人數多口來門
명성왕후 민자영
궁궐에서
후원에서 티타임. @러시아와 깊은 대화.
너무나 좋은시간이었다.
앞으로 함께 할 일이 많을듯...ㅎㅎ
3,874명이 좋아합니다.
러시아 공사 베베르 veber
비밀덧글이오!
명성왕후 myeongsung
비밀덧글이오!
고종 go_bell
비밀덧글이오!
러시아 russia
ㅋㅋㅋㅋㅋㅋㅋㅋㅋㅋㅋ
명성왕후 myeongsung
ㅋㅋㅋㅋㅋㅋㅋㅋ아 @러시아 게웃기셔

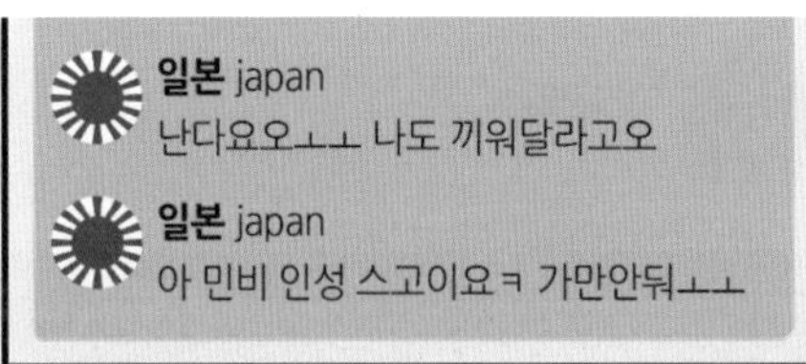

이런,
왕따인 거 알아챘어?
눈치는 빠르네ㅎㅎ

그러니까 일본,
나랑 남편이랑
우리 조선 건들지 마.

망해도 우리끼리 망하고
흥해도 우리끼리 흥할 테니까!

여보……….

정사 正史

실록에 기록된 것

- 사회적 모순과 외세의 수탈에 지친 백성들, 동학교도가 되다. 이내 대규모 저항운동인 동학농민운동 일어나다.
- 동학군의 엄청난 기세에 관군, 크게 힘을 쓰지 못하다. 고종, 한양을 수비할 병사를 남겨 두어야 하니 외국에 파병을 요청해 동학군을 막자고 제의하다.
- 청나라군, 조선에 파병되다. 그러나 갑신정변 때 일본과 맺은 불공정 조약인 톈진조약에 따라 일본군 역시 조선에 주둔할 권리를 얻고 만다. 놀란 조정과 동학군, 급히 '전주화약'을 맺어 서로 합의하다.
- 그러나 일본군, 군사를 물리지 않다. 청나라와 일본, 조선 주권을 두고 조선 땅에서 서로 싸우다. #청일전쟁
- 일본, 청일전쟁에 승리해 청나라 영토 빼앗다. 그때 러시아 제국이 "어지간히 하라"며 중재하고, 일본은 요구 일부 철회하다. #삼국간섭
- 이를 본 명성왕후와 고종, 친러 성향 뚜렷이 드러내다. 러시아 힘을 빌어 일본 견제하고자 하다.
- 이를 눈치챈 일본과 친일파들, 친일조선을 만드는 데 방해가 되는 명성왕후를 칼로 몇 번이나 찔러 시해하고는 시신을 불에 태워 버린다.
- 세자(훗날 순종)는 범인들에게 머리채를 붙잡혔으며, 세자빈도 배를 걷어차여 앓다가 사망했다.

픽션

기록에 없는 것

- 고종은 범인들에게 붙잡혀 있느라 명성왕후에게 어떤 연락도 하지 못했다고.

1895.

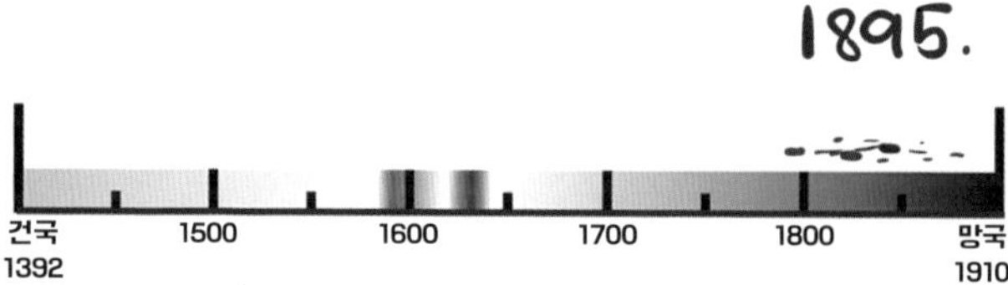

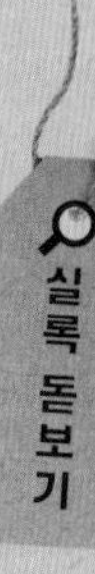

- 서른 번째 이야기 -

을미사변의 협력자들

을미사변이라는 이름은 1895년 을미년에 벌어졌다고 해서 붙은 이름이며, 명성왕후(황후) 시해사건이라고 부르는 게 더 정확하겠다. 일본군의 한성수비대가 경복궁에 침입해 왕비인 명성왕후를 살해하고 그 시체를 불에 태우기까지 했던 끔찍한 사건이다. 엄연한 자주권을 가지고 있는 나라의 왕비가 외국 병사들에게 살해당하고 시체마저 불탄 사건은 역사적으로도 그 예를 찾아볼 수 없을 만큼 잔인했다. 왜 이런 사건이 벌어지게 된 걸까.

이 시기 일본은 조선 장악력을 차츰차츰 늘려가고 있었고, 청나라와의 전쟁에서 이기면서 쐐기를 박는 듯했다. 하지만 조선은 러시아에게 손을 내밀었다. 어떻게든 외세를 끌어들여 힘의 균형을 맞추겠다는 게 조선의 속셈이었지만 사태를 해결하기보다는 늑대와 호랑이를 한꺼번에 방에 들인 것 같은 형국이 되었다. 아무튼 일본으로서는 다 되어가는 밥에 콧물이 빠지는 게 반갑지 않았다. 일본의 명성왕후 민씨 암살 계획은 여기부터 시작됐다.

왜 하필 그녀가 왜 표적이 되었는지는 알 수 없는데, 그녀가 그동안 어떤 활동을 하여 일본에게 밉보이게 되었는지 『조선왕조실록』을 비롯한 공식 기록에 남아 있지 않기 때문이다. 하지만 앞서 임오군란 때에도 표적이 되었던 것을 보면 명성왕후는 앞서 순원왕후처럼 친정 가족들에게 장단 맞춰주는 꼭두각시는 아니었던 것 같다.

이 참혹한 일에 일본만 참여한 것은 아니었다. 조선인 협력자들이 있었기에 가능한 일이었다. 어떻게 조선 사람이면서 일본과 손을 잡아 왕비를 죽였는가 한탄할 수 있겠지만 그 당시 조선의 정치적 갈등은 이만저만한 게 아니었다.

을미사변의 협력자들은 누구였을까? 첫 번째는 흥선대원군이었다. 그는 명성왕후의 가장 큰 정적이었고, 그래서 사건이 일어날 것을 알고 있었다거나 심지어 참여하기까지 했다는 소문이 돌았다. 일본은 이 모든 일은 대원군이 한 일이라고 조작하려고도 했다.

두 번째, 일본군에게 길을 알려주고 많은 도움을 주었던 또 다른 협력자는 우범선을 비롯한 대대장들이었다. 우범선은 조선을 위해 일본과 손을 잡아야 한다고 생각한 사람이었고, 훈련대 대장으로 군대를 인솔하여 일본 낭인들의 뒤를 따라 경복궁으로 향했다. 그 외에 또 다른 훈련대 대장들도 사변에 참여했다.

명성왕후가 살해당한 직후 조선 정부는 왕비의 죽음에 충격을 받고 일본에게 항의를 하는 대신 명성왕후의 신분을 폐서인으로 내려 버린다. 당시의 조선 정치는 일본의 압력을 받고 있었고, 그들이 원하는 대로 개혁을 추진하고 있었다. 그러다 보니 명성왕후로서는 살해당한 것도 억울한데 폐위까지 되고 말았다. 조선 정부는 무력을 가진 일본의 눈치를 보는 신세였고, 차마 일본을 탓할 수는 없으니 그냥 명성왕후를 나쁜 사람으로 만들어 버리려 했거나 실제로 악감정이 있었던 것 아닐까 추측된다.

하지만 나라의 후계자인 세자(순종)가 격렬하게 반발하고 백성들은 국모가 처참하게 살해당했다는 사실에 충격을 받고 분노해 의병을 일으키기도 했다. 이 사건은 지금까지도 충격을 주고 있으니 당시의 여파는 말할 것도 없었다.

어이없게도 일본과 협력자들은 그런 참혹한 일을 벌이고도 사람들이 유야무야 넘어갈 것이라고 생각했던 것 같다. 결국 무시무시한 여론에 밀려 명성왕후는 다시 왕비의 지위를 되찾았고, 처음엔 문성왕후라는 시호를 받았다가 명성왕후로 바뀌고, 대한제국의 성립과 더불어 첫 번째 황후로 봉해졌다.

을미사변의 협력자였던 이들은 일본으로 망명했는데, 우범선은 일본 여자와 결혼해 자식을 두고 살다가 자객에게 살해당했다. 우범선의 자식은 태평양전쟁이 끝난 뒤 한국으로 가서 농업연구소에서 일하게 되었다. 그가 육종학에 엄청난 업적을 이루고 씨 없는 수박을 한국에 소개한(처음으로 만든 건 아니다) 우장춘이었다.

조선왕조실톡 31

말을 탄 공주님

고종 헤협 미ㅠ

루스벨트 (알수없음)

하나요 SOS

'폭풍 앞의 촛불.'

딱 지금
우리 조선을 두고 하는 말이다.

[고종(54세)]

[조선 26대 왕]
[첫 번째 대한제국 황제]

일본 놈들이
자꾸 우리 넘봐ㅠㅠ

도와줘요.
미국ㅠㅠㅠㅠㅠㅠ

왜지ㅠㅠ?
왜 우릴 씹는 거야?
미국은 착한 강대국이라며??

[미국인 선교사 헐버트]
[대한제국 사랑하는 미국남]

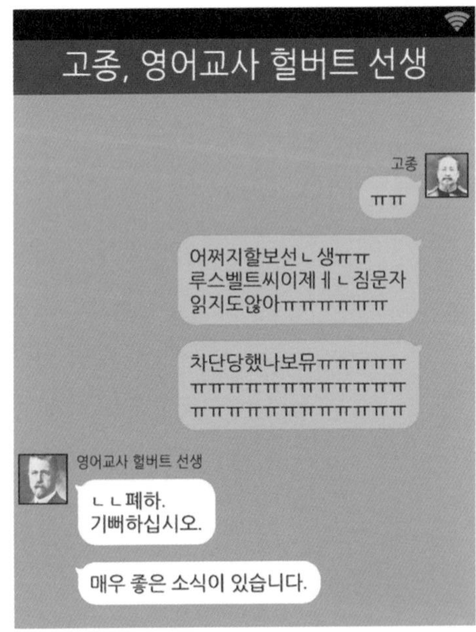

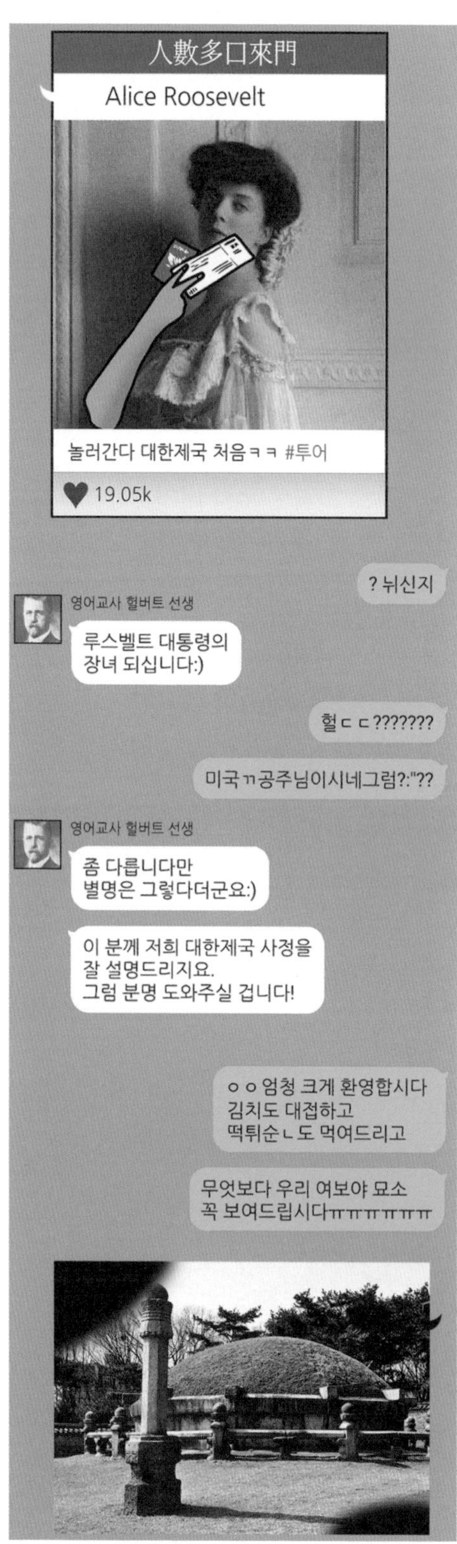
人數多口來門
Alice Roosevelt
놀러간다 대한제국 처음ㅋㅋ #투어
19.05k
? 뉘신지
영어교사 헐버트 선생
루스벨트 대통령의
장녀 되십니다:)
헐ㄷㄷ???????
미국ㄲ공주님이시네그럼?:"??
영어교사 헐버트 선생
좀 다릅니다만
별명은 그렇다더군요:)
이 분께 저희 대한제국 사정을
잘 설명드리지요.
그럼 분명 도와주실 겁니다!
ㅇㅇ엄청 크게 환영합시다
김치도 대접하고
떡튀순ㄴ도 먹여드리고
무엇보다 우리 여보야 묘소
꼭 보여드립시다ㅠㅠㅠㅠㅠㅠ

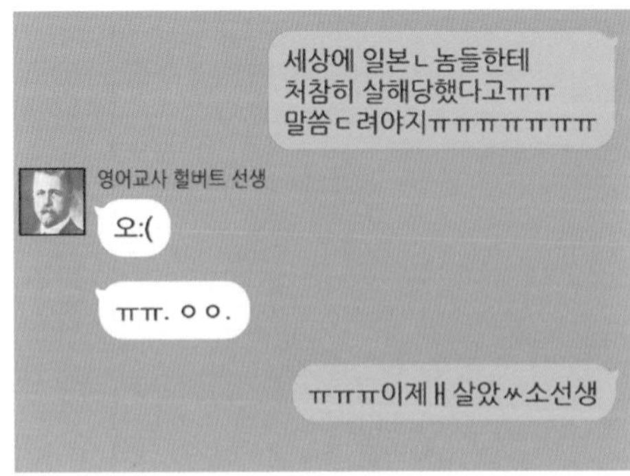

다행이다ㅠㅠ
미국은 우릴 버리지
않았어ㅠㅠㅠ!

짐과 신하들은 버선발로
앨리스 공주님을
맞으러 뛰어 나갔다.

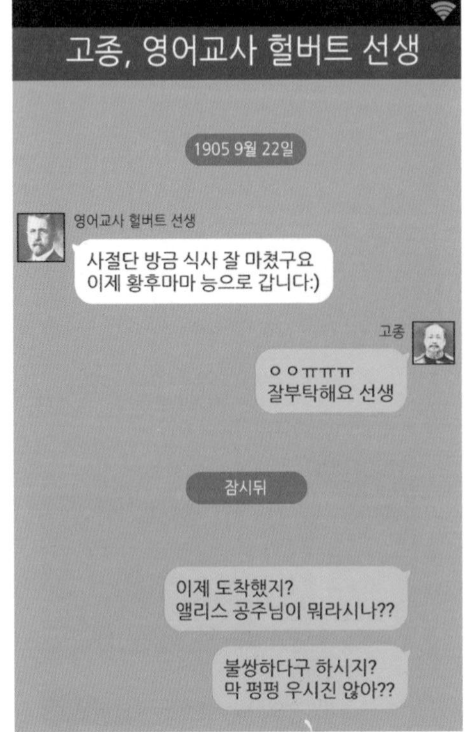

눈물이 날 지경이었다.

아니…….
저걸 왜 타???
묘비 수호석상을??
우리가 우스워???

결국 밥만 먹고
공주는 떠나 버렸다.

화나도 참아야지 어쩌겠어.
몰라서 그랬을 거야.

이완용
미국_일본_비밀대화방.jpg

태프트, 가쓰라
William Taft
아 고종 문자 엄청하네 짜증나
What the hell are
일본님들 뭐해요
빨리 대한제국 먹어요
우리가 못본척 해주께
かつら たろう
OK?
헐?ㄱㅊ?
진짜 우리가 먹어도 괜춘???
William Taft
ㅇㅇ안될건 뭐죠
Oh arigatou
ㄳㄳㄳㄳㄳ
You can eat Philippines
대신 님들이 필리핀 먹어요
못본척해드림ㅋㅋㅋㅋ
William Taft
올 그래도됨ㅋ???
Oh thank you :)
ㅋㅋㅋㅋㅋㅋㅋㄳㄳ
루스벨트 각하께서도 ㅇㅈ하실듯ㅋ

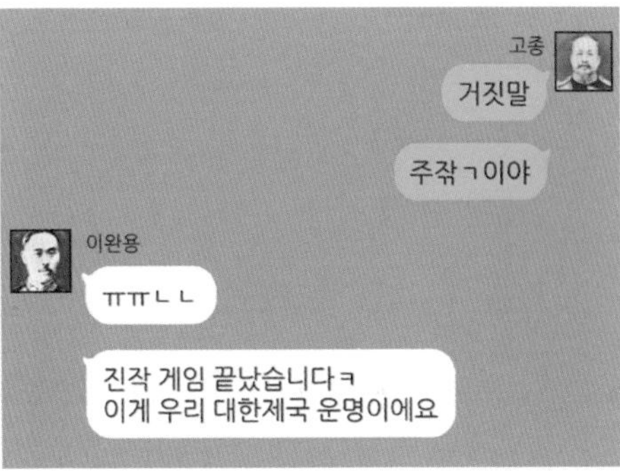
고종
거짓말
주작ㄱ이야
이완용
ㅠㅠㄴㄴ
진작 게임 끝났습니다ㅋ
이게 우리 대한제국 운명이에요

그리고 5년 뒤,
대한제국,
지도상에서 사라지다.

#망국

실록에 기록된 것 / 정사 正史

- 가쓰라 태프트 밀약 맺다.
- 루스벨트 대통령 딸, 대한제국에 방문해 실례를 하다.
- 1905년 11월 17일, 을사늑약 맺다.
- 1910년, 경술국치로 조선 망하다.

기록에 없는 것 / 픽션

- 앨리스는 배를 타고 왔다.

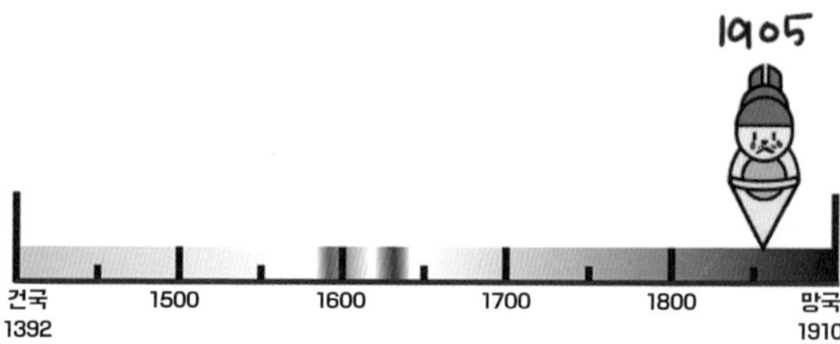

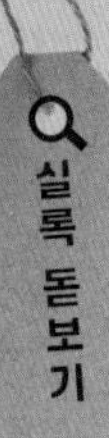

- 서른한 번째 이야기 -

세상에 믿을 놈 하나 없다네

조선, 특히 고종과 명성황후는 미국에게 굉장히 호의적이었는데 이것은 주치의인 알렌의 영향이 컸다. 갑오개혁 때 칼을 맞고 사경을 헤매던 민영익을 수술해 목숨을 구해주었던 의사 겸 선교사 알렌은 조선 왕과 왕비의 두터운 신임을 받았고, 훗날 세브란스 병원의 전신이 되는 제중원을 만들어 서양 의학을 전파하는가 하면, 나중에 선교사를 그만둔 뒤 외교관으로 변신하여 미국의 공사가 되었다. 고종은 그에게 많은 호의를 보였으니 대한제국을 선포한 뒤 알렌을 1등에 서훈하고 태극장太極章을 내렸다. 이는 다른 나라 외교관들에게 주는 것보다 월등하게 높은 것이었다.

알렌에게 가장 중요한 것은 당연히 조선이 아니라 미국이었다. 그의 열렬한 활동 덕분에 조선은 첫 전기나 상수도, 전차와 같은 근대의 문물들을 미국 산으로 시작했다. 주는 게 있으면 받는 게 있는 법. 그는 조선에서 손꼽히는 운산금광의 채굴권을 따내어 미국으로 넘겼고, 미국은 여기서 어마어마한 이익을 낼 수 있었다. 어디까지나 전해지는 이야기이긴 한데, 수많은 금을 캐냈지만 정작 힘든 일을 해낸 조선인들은 손도 대지 못하게 하느라고 미국인들이 수도 없이 "노 터치(No-touch)"를 외쳐, 노 터치가 변한 노다지가 황금을 뜻하는 말이 되었다고도 한다. 금광 채굴 때는 금 분배 문제뿐 아니라 비용 절감을 위한답시고 일꾼들인 조선 사람들을 착취하거나 근처 나무들을 싹쓸이해 버리는 등 열강 침탈의 기본적인 일들이 모두 벌어졌다.

알렌이 남긴 편지에는 조선을 무시하고 조선 사람들을 천시하는 내용들이 꽤 많이 발견된다. 이걸 가지고 굳이 두 얼굴의 알렌이라 평할 것은 없다. 당시는 제국주의의 시대였고, 백인들은 자신들이 가장 우월하다는 굳건한 믿음을 가지고 있었으며 동양인이나 흑인들은 '유전적으로' 훨씬 열등하다고 생각하며 이것을 과학적으로 입증하려고까지 했다. 알렌은 그저 시대를 앞선 평등사상을 가지지 못한 평범한 백인이었을 뿐이다.

아무튼 그와 별개로 조선은 미국에게 많은 호의를 품었으니, 미국도 한때 식민지였다가 독립했던 과거가 있었던 탓도 있겠고 당대의 지식인들도 영국이나 프랑스에 비하면 미국을 높게 평가했다. 하지만 그런 조선의 일방적인 믿음에 뒤통수를 거하게 때린 사건이 바로 1905년(고종 42)7월에 있었던 가쓰라-태프트 밀약Taft-Katsura Secret Agreement이었다. 당시 일본의 내각 총리대신인 가쓰라 다로桂太郞와 미국의 전쟁부 장관이이자 훗날 27대 미국 대통령이 되는 윌리엄 하워드 태프트William Howard Taft가 만나 한 비밀 약속이었다. 이는 조약이 아니라 협약이었고, 정식으로 체결한 것이 아니라 "너도 알고 나도 아니 앞으로 어떻게 해야 하는지 알지?"라는 식의, 두루뭉술하게 말하는 외교적 언사의 끝판왕이었다. 그리고 그 내용의 가장 큰 줄기는 미국은 필리핀을 먹고, 일본은 조선을 먹기로 하고 서로 간섭하지 말자는 땅따먹기 약속이었다.

가장 아이러니한 것은 태프트의 상관이자 앨리스의 아버지였던 시어도어 루스벨트Theodore Roosevelt 대통령이 노벨평화상을 받았다는 것이다. 수상 이유는 러일전쟁을 끝나게 해 세계평화에 기여했다는 것이었다. 그래서인지 루스벨트는 동아시아의 평화 유지를 위해 일본과의 충돌을 피하려고 많은 애를 썼다. 협약 역시 일본과의 충돌 여지를 없애 평화를 유지하고자 했던 것일 수도 있다. 이는 미국에게는 다행한 일이었지만 조선 사람들에게는 최악의 전개였으니. 협약 사실을 몰랐던 고종은 끈질기게 미국에게 도와 달라는 내용의 밀서를 보냈지만 모조리 무시당했고 1905년 11월 17일, 마침내 을사조약이 체결되었다.

조선왕조실록

고종의 애틋한 부재중 전화

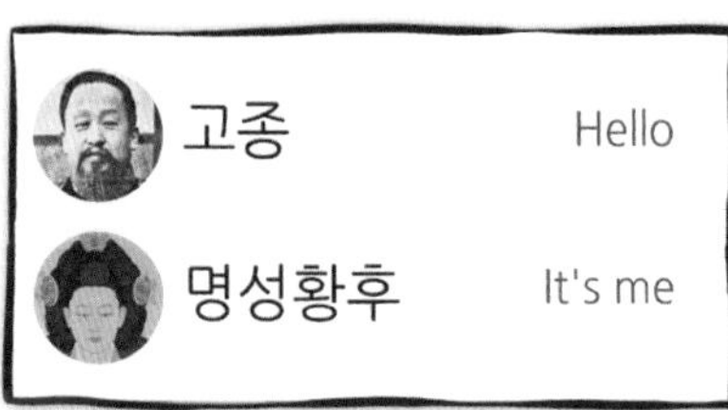

하나요 모닝콜

상쾌한 아침.
오늘도 나는 아내에게
♥러브러브♥ 모닝콜을 걸며

[조선 26대 왕 고종]

1897년부터는 대한제국의 황제

하루를 시작한다.

여보
잘잤어용?
난 잘잤어요~
근데 늦가을이라 그런가
이제 아침엔 춥네ㅎㄷㄷ;;;
여보야도 감기조심해요
보구싶당♥
1897년
고종
부재중전화
19 : 10
여보 생일ㅊㅋㅊㅋ~♥
이제 40대 후반이넹♥
합비
바수대
47
솔까 중반 후반 뭔 상관이야
여보야는 평생 나으 꽃사슴인걸
오늘도 춥네
보구싶당♥
얼마 후
고종
부재중전화
19 : 19
여보 나 오늘 이발해요ㅎㅎ
근데 여보야도 슬슬
미용실 갈 때 되지 않았나?
안 간 지 1년 넘었지 벌써?

그쪽으로 사람 보낼게요
머리 이쁘게 해요~ ❤
그날 오후
여보야ㅠㅠㅠ미안해ㅠㅠㅠ
내가 죄인이에요 어후;;;;
세상에 투블럭을 쳐놨다며ㅠㅠㅠ?
난 여자 머리는 잘 몰라서
잘 다듬어달라고만 했는데
쏴리ㅠㅠㅠㅠㅠㅠㅠㅠㅠㅠㅠㅠㅠㅠ
전송

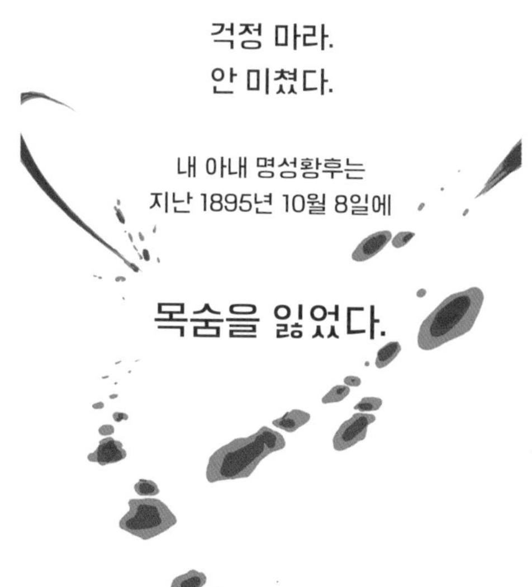
걱정 마라.
안 미쳤다.
내 아내 명성황후는
지난 1895년 10월 8일에
목숨을 잃었다.

그때 생각만 하면
지금도
돌아 버릴 것 같다.

[속보]중전마마, 일본세력에 살해당해

시신마저 불태워 재만 남아…고종전하 망연자실

네티즌 덧글(189510개)

ㄴ계동님 : 헐
ㄴ외국세력OUT님 : 헐;;;;;;;;;;;;;;;;;;;;
ㄴ꽃분님 : ㅁㅊ놈들아ㅜㅜㅜㅜㅜㅜㅜㅜㅜㅜㅜ

1년 365일,

아내 무덤을 끌어안고
울고만 싶었다.
미안하다고. 같이 가자고.

하지만 난 왕이었고
나라의 운명은
바람 앞의 촛불처럼 위태위태했다.

[속보] 고종전하 러시아 공사관으로 피신

[칼럼] 일본극혐…반일정서 극심

러"자원 채굴권 내놔라"…주상전하는 인질?

결국
억지로 슬픔을 삼키며
아내를 그리워만 하고 있었는데.

......?

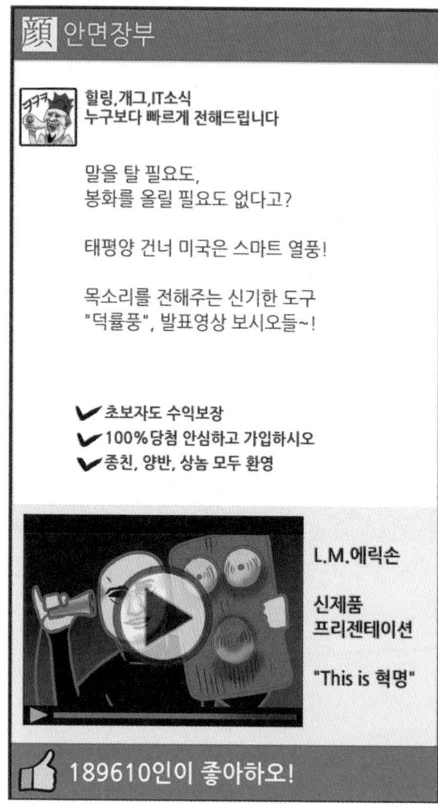

顔 안면장부
힐링, 개그, IT소식
누구보다 빠르게 전해드립니다
말을 탈 필요도,
봉화를 올릴 필요도 없다고?
태평양 건너 미국은 스마트 열풍!
목소리를 전해주는 신기한 도구
"덕률풍", 발표영상 보시오들~!
초보자도 수익보장
100% 당첨 안심하고 가입하시오
종친, 양반, 상놈 모두 환영
L.M.에릭슨
신제품
프리젠테이션
"This is 혁명"
189610인이 좋아하오!

Pabal-ma
Bong-hwa
BMW
- 우리는 멀리 있는 사람과
대화를 하기 위해, 너무나 많은 노력을
들여야 했습니다. 그것은 쿨하지 못했죠.

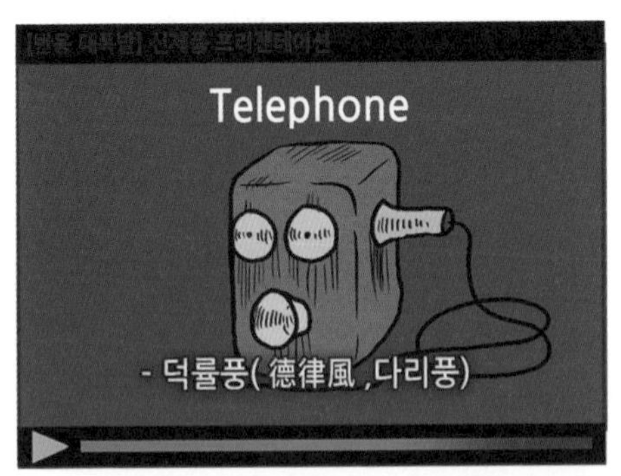

#덕률풍이_없다는건_이런_덕률풍이_없다는것

여보!

당장 주문했다.
보자마자 뽐뿌질이 왔다.

이거다!
바로 이거야!

고갱님 기사입니다~
다리퐁 어디다 설치할까요?

안방에서 무덤까지

예??

묘지 관리인에게
첫 전화를 거는 내 손이
기쁨으로 떨렸다.

이제 걱정하지 않아도 된다.
언제든 연락할 수 있으니까.

여보야가 잘 있는지…….
간밤에 비에 젖진 않았는지…….

뚜르르…

뚜르르르…

아아 여보,
이제 다리폰만 있으면

우리는 늘
함께라오!

"♪연결이 되지 않아
소리연못으로 연결하오이다♪"

뚝

?

뚜르르……

뚜르르르……

"♪연결이 되지 않아
소리연못으로 연결하오이다♪"

뚝!

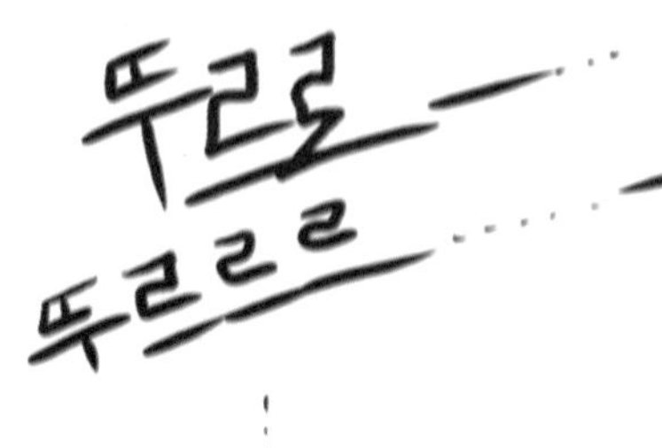

"♪연결이 되지 않아
소리연못으로 연결하오이다♪"

?????;;;;;

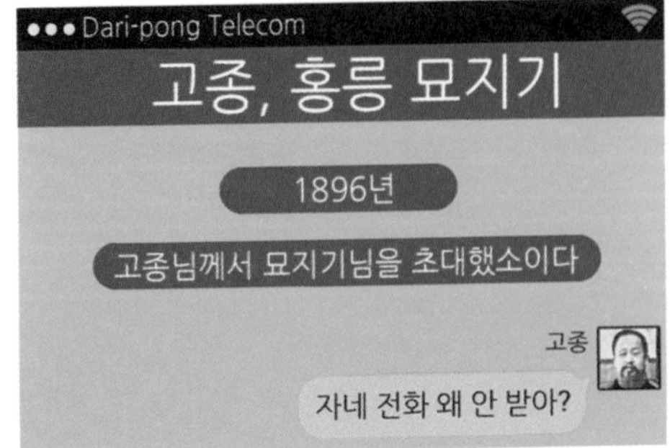

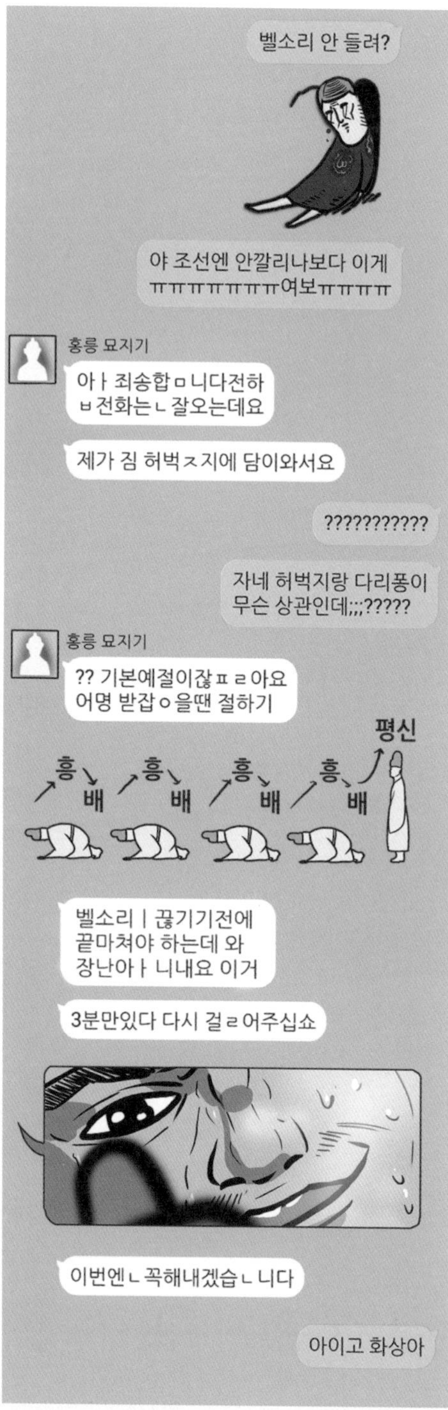
벨소리 안 들려?
야 조선엔 안깔리나보다 이게
ㅠㅠㅠㅠㅠㅠㅠㅠ여보ㅠㅠㅠㅠ
홍릉 묘지기
아ㅏ 죄송합ㅁ니다전하
ㅂ전화는ㄴ 잘오는데요
제가 짐 허벅ㅈ지에 담이와서요
???????????
자네 허벅지랑 다리퐁이
무슨 상관인데;;;?????
홍릉 묘지기
?? 기본예절이잖ㅍㄹ아요
어명 받잡ㅇ을땐 절하기
평신
흥
배
흥
배
흥
배
흥
배
벨소리ㅣ끊기기전에
끝마쳐야 하는데 와
장난아ㅏ 니내요 이거
3분만있다 다시 걸ㄹ어주십쇼
이번엔ㄴ 꼭해내겠습ㄴ니다
아이고 화상아
전송

정사 正史

실록에 기록된 것

- 1800년대 후반, 전화기 발명되다. 조선에도 알려지다.
- 1895년 명성왕후(당시에는 대한제국 이전이라 황후가 아니라 왕후) 시해당하다.
- 1896년 고종, 행정 편의를 위해 덕률풍 설치하다. 덕수궁과 명성왕후의 묘 홍릉을 잇는 전화선도 깔다.
- 고종, 틈이 날 때마다 홍릉에 행차하다. 바쁠 땐 전화를 걸다.
- 1897년 고종, 대한제국을 선포하고 황제가 되다. 명성황후 무덤에 가 알리다.
- 1910년 경술국치, 한일병탄 일어나다. 1919년 고종이 급사하여 아내가 있는 홍릉에 묻히다. 순종도 아버지처럼 무덤에 수화기를 갖다 대라고 한 뒤 밤낮으로 통곡하다.

픽션

기록에 없는 것

- 로골 덕률풍이 있었다는 기록은 없다.

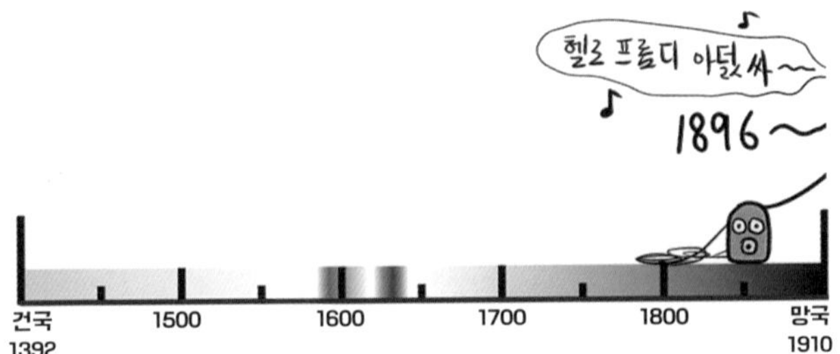

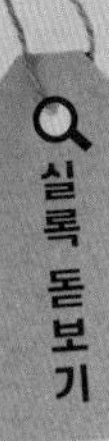

- 서른두 번째 이야기 -

명성황후의 조선

1866년(고종 3), 명성황후 민씨는 고종과 가례를 올렸다. 하지만 이미 결혼하기 전부터 고종은 다른 궁녀를 총애하고 있었고 그 사이에서 완화군이라는 첫 아들도 낳았다.

명성황후는 1871년에 처음으로 아들을 낳았지만 아이는 태어나면서부터 항문이 막혀 있어 결국 오래지 않아 세상을 떠났다. 이후로도 딸 하나에 아들 셋을 더 낳아 모두 다섯 명의 자식을 두었지만 모두 한 살을 채우지 못하고 죽었고 유일하게 살아남은 아들이 훗날의 순종이 되었다. 그러나 순종도 몸이 몹시 약해 일찌감치 자식을 볼 가능성이 없다고 여겨 동생 영친왕을 후계자로 삼았다.

이 일은 왕비로서나 어머니로서나 명성황후에게 큰 비극이었다. 개화와 제국주의의 풍파를 맞고 흔들리고 있다고 하지만 조선은 여전히 왕의 나라였다. 그것도 500년 가까이 이어져 온 전통 깊은 나라였고, 왕에게서 왕으로 권력이 이어졌기에 왕국의 왕비가 해야 할 가장 중요한 일은 대를 이을 튼튼한 후계자를 낳는 것이었다.

고종에게는 왕이 되지 못한 형 이재면이 있었고, 그에게는 아들 영선군이 있었다. 영선군 이준용은 젊어서 호탕한 성격이었다고 하며 할아버지 흥선대원군의 총애를 받아 순식간에 정치적 거물, 곧 고종의 정적으로 떠올랐다. 그렇기에 고종에게는 번듯한 자식 특히 적자가 필요했으나 명성황후는 그런 자식을 낳지 못했다. 이 문제는 명성황후에게 큰 좌절감을 안겼던 것 같은데 이것은 다른 후궁들에게 질투로 발현되어 고종의 총애를 받은 여자들은 모두 궁궐 밖으로 쫓겨나야 했다.

황현은 『매천야록』에서 원자(순종)가 태어나자 그 복을 빌기 위해 전국의 명산에다가 제사를 지냈고, 금강산의 1만 2천 봉우리 하나하나마다 쌀 한 가마니, 돈 100냥, 베 한 필을 공양했다고 했다. 그래서 대원군이 모아 둔 국고의 돈을 금방 다 써 버렸고, 그러다 보니 신하들 급료를 주지 못해 임오군란이 일어났다는 것이다.

『매천야록』은 당대의 '찌라시'를 많이 싣고 있어 사료적 가치에 검증이 필요하긴 하지만 아주 근거 없는 이야기는 아닐 듯하다. 당시 의학으로는 한계가 있고 이미 허약하게 태어난 몸을 고칠 수도 없는 노릇. 그러니 명성황후가 할 수 있는 것은 기도뿐이었다. 그녀는 왕비로서 가진 권력과 돈을 자식들의 명복과 건강을 기원하는 데 모조리 퍼부었던 듯하다. 그렇게 해서라도 자식이 건강해지길 바랐을 것이다.

비슷하게 나라가 멸망할 즈음 권력을 잡고 휘두른 여성이라 해도 청나라의 서태후는 온갖 사치스러운 건물을 짓고, 좋은 옷을 입으며 한 끼니에 수백 가지 요리를 맛보는 등 자신을 위해 돈을 썼다. 그러나 명성황후의 재산은 거의 자식들의 건강을 기원하는 의식에 쓰였던 듯하다.

명성황후를 직접 만난 서양인들이 남긴 기록을 보면 그녀는 침착하고 총명하며 값비싼 장신구를 그다지 걸치지 않은 수수한 여인이었다고 한다. 그 당시 서양인들 대다수가 '동양은 모두 미개하다'는 편견을 가졌던 것을 생각하면 상당히 호의적인 평가였다. 뒤집어 말한다면 그런 여성조차 자신의 자식 일에는 이성을 잃었다는 것이니 어찌 비극이 아니겠는가.

최익현이 다른 이에게 보낸 편지에는 명성황후를 일러 '여중요순女中堯舜'이라고 표현하고 있다. 여자 중에서 명군 요와 순과 같은 사람이라는 말이니 굉장한 칭찬이라고 할 수 있겠다. 반대로 황현 같은 사람은 명성황후를 싫어해 부정적인 평가를 남기기도 했다. 조선왕조실록

33 조선왕조실톡

갑오개혁과 머슴

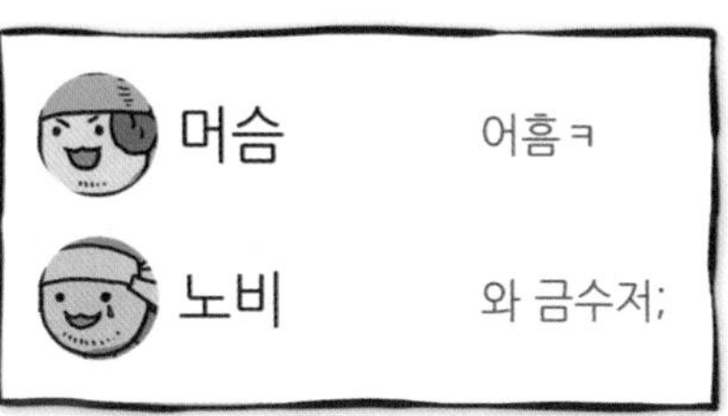

하나요 최저시급 6030원

남의 돈 받고 일하기는
쉽지가 않다.

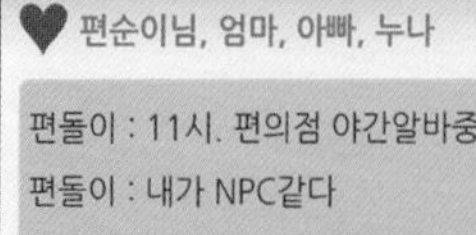

그래서 부당한 대우를
받더라도
그만 꾹 참고 만다.

오늘만 벌써 세명째ㅜㅜ

누나

ㅋㅋㅋㅋㅋㅋㅋㅋㅋ짤보소

그러게 야간타임은
빡세다고 했잖아ㅠ

ㅜㅜ사장님한테 속아써.......

손님 거의 없다면서
시급 깎고 또 깎으시더라ㅠ

시급깎이 인형이신줄ㅋㅋㅋ

누나

ㅋㅋ에휴 넌그냥 사장님 머슴인듯

ㅇㅇ사노비각

머슴 돌쇠님께서 입장하셨습니다.

머슴★돌쇠

ㄴㄴㄴ

오리지날 조선머슴으로서
불쾌해서 못참겠네요.
정.정.해.주.시.죠.

????;;;;;;;;;;

머슴★돌쇠

어떻게 머슴을 천.박.한
노비따위와 비교할 수 있죠?

둘이요 노비제 폐지

노비는
자유가 없는 천민.

하지만 머슴은
돈 받고 일하는 자유인으로,
직장을 때려칠 수도 있었다.

그 둘이 헛갈리기 시작한 건
조선 말부터였는데.

노비 돌쇠, 주인마님
1894년, 조선말
7월 27일
주인마님
헐;
[속보] 갑오개혁…"노비제 폐지"
[사진] 개혁안을 두고 논쟁중인 군국기무처
"전국 노비들, 이제 자유다!"
신분차별도 금지…집에 노비 있으면 불법
노비★돌쇠
헐
안돼요 저
갈데업ㅆ어요마님;;;
엄빠;;;이집에서태어나셧구;;;;;;
저도여기서만살앗는데;;;;;;;;;
주인마님
헐야나두
너없으면안돼;;;;;;
소닭 누가 길러
쌀채소 누가 사와
농사도 나 잡초재배밖에 못해;;;
우리가족들 굶어죽음 ;;;;;;;;;;;;;
....
;;;;;;;;;;;;;;;;;;;;;;;;;;;;

많은 노비들이 기뻐했지만,
일부는 당황했다.

[노비문서]

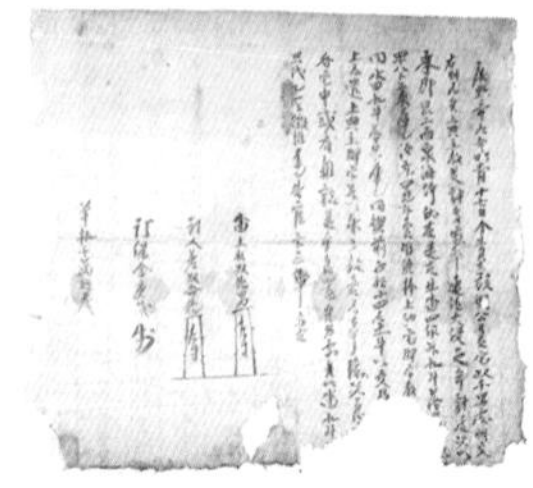

바뀐 현실에 노비도, 주인도
어쩔 줄 몰랐으니.

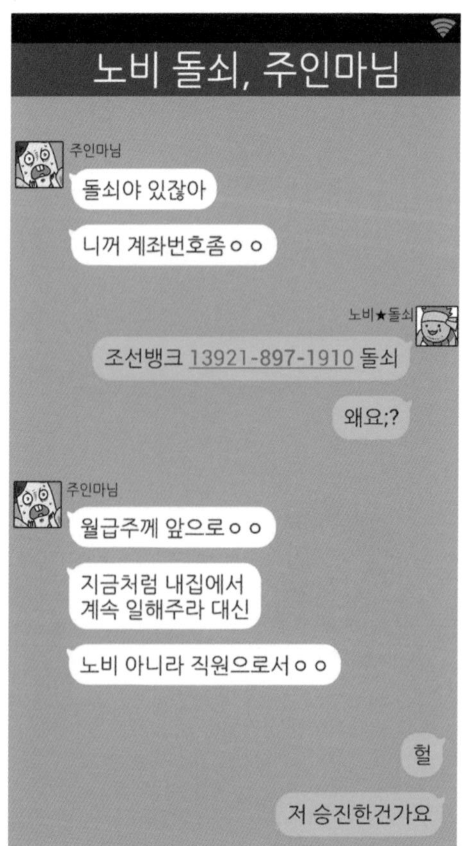

머슴된건가요;
주인마님
ㅇㅇㅇ
착한
보스
잘해봅시다 돌쇠씨!
친절머슴
그럽시다 사장님!!!
주인마님
야 사장님은 좀;
호칭은 계속 마님 해주라...ㅎㅎ;
전송

[노비츄]
자유 없음, 무급 노동.
(or 주인에게 돈을 바침)

[머슴츄]
자유, 돈 받고 일함.

[마님츄]
예 암 프리.
암 프리 프리 프리.

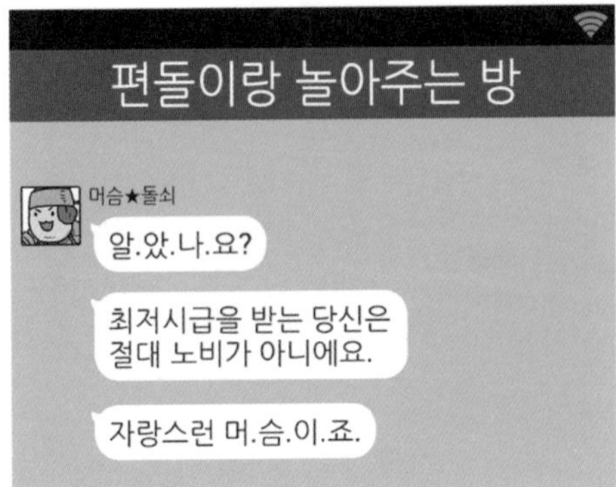

Q. 빈칸에 '노비'와 '머슴'을 알맞게 쓰시오.

ⓐ 빵&초코 우유 바치는 간식 셔틀 제갈민수(　　　)
ⓑ 월급 30만 원 받고 연구 뛰는 대학원생 김철수(　　　)
ⓒ 정직원 일까지 하는 무급 인턴 박안나(　　　)
ⓓ 사직서를 품고 일하는 회사원 권영희(　　　)

정사 正史

실록에 기록된 것

- 머슴을 고공(雇工 : 고용된 인부)이라고 불렀다. 가난한 양반들이 먹고 살기 위해 머슴살이를 하기도 했다.
- 머슴은 대개 대가를 받고 일하는 남자 일꾼을 뜻하지만, 여성 일꾼 중 가사 노동을 도맡아 하는 사람을 '안머슴'이라고도 불렀다고.
- 갑오개혁으로 전화국이 생기고 과거제가 폐지되고 조혼이 금지되었으며, 신분제가 없어지고 사노비가 철폐됐다.
- 대대로 상속되어 한집에서 일하는 일이 많았던 노비들. 주인집 의식주는 물론 재정 관리까지 도맡아 했기 때문에 주인들은 노비제가 철폐된 후에도 월급을 주며 노비를 그대로 일하게 했다.
- '~쇠'라는 이름은 노비들에게 흔했다. 한자로는 율금栗金(밤쇠), 마당금麻堂金(마당쇠).
- 그러나 노비제가 완전히 사라진 것은 더 시간이 흐른, 1900년대 초반이었다.

※문화재 사진 출처 – 국립민속박물관 소장품 검색

픽션

기록에 없는 것

- 당시 계좌번호는 없었다.

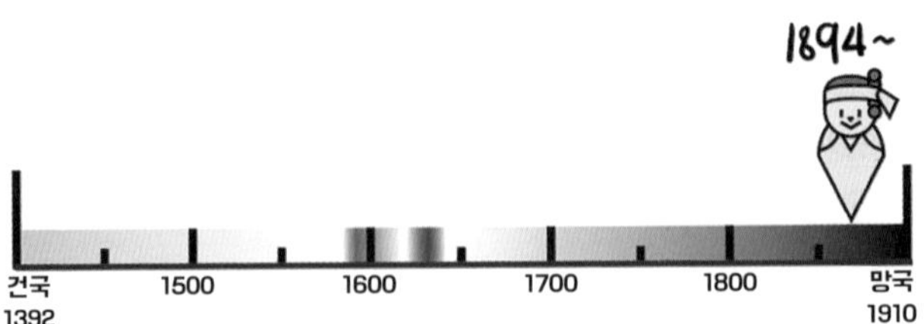

- 서른세 번째 이야기 -

외통수 갑오개혁

갑오개혁만큼 조선 역사를 뒤흔든 조치는 찾기 어렵다. 신분 제도 폐지, 단발령, 과부의 개가 허용, 청나라 연호 폐지, 조선의 독자적 개국기년 사용, 연좌제 폐지, 행정 조직 및 지방 제도의 전면 수정 등 조선이라는 국가 체제의 대변혁이었다. 이제까지 이조, 병조, 호조 등 6조로 나누던 행정 체제도 '아문'으로 바뀌었다. 지금 우리가 알고 있는 많은 근대적 제도의 시작을 찾아보면 거의 대부분이 갑오개혁부터일 정도로 갑오개혁은 한반도 근대화의 시발점이었다. 하지만 그 내막은 밝지만은 않았다.

1894년 6월, 청일전쟁에서 승리한 일본은 군대를 동원해 경복궁을 점령했다. 명성왕후 민씨의 세력들은 쫓겨나고 흥선대원군은 '또' 고종의 섭정이 되었는데, 실제 권력은 군국기무처에 있었으며 이들은 입법과 행정 권한을 함께 가진 초월적인 기관이었다. 여기에 참여한 사람들은 세 부류가 있었다.

1. 갑신정변에 참여하지 않았던 온건한 동도서기론자들로, 김홍집, 김윤식, 어윤중 등이었다.
2. 왕실이나 민씨의 측근이었던 신진관료들로 유길준, 김가진, 안경수 등이었다.
3. 갑신정변에 참여했다 살아남은 사람들. 고종의 사위였던 박영효가 대표적인 인물로, 내내 일본에 망명하고 있다가 귀국했다.

모아 놓고 보면 이들끼리 뭉쳐 조선의 개혁을 위해 힘을 썼다는 게 놀라운 조합이었다. 이미 10년 전 갑신정변이란 크나큰 사건을 겪은 뒤 급진적 개화파들은 갈려 나간 뒤였고, 그러다 보니 살아남은 사람들은 온건하고 점진적인 개혁을 원하는 이들이었다. 하지만 정작 갑오개혁은 이렇게까지 급진적일 수 있을까 싶을 정도로 급하게 진행되었다.

이처럼 과격한 개혁에는 조선 집권층의 조급함이 반영된 것으로 보인다. 그도 그럴 것이 세계 밖에는 전쟁이 벌어지고, 일본과 청나라, 러시아는 조선을 서로 자기 세력 아래에 두려고 다투고 있었으며, 그에 비해 조선의 발전은 너무나 미미했다. 게다가 일본군이 경복궁을 점령하기도 했으니 나라의 체면이 정말이지 말이 아니었다. 어떻게든 개혁을 하지 않으면 국제 사회에서 도태되고 말 것이라는 불안을 모두가 느끼고 있었다. 하지만 '어떻게' 개혁을 하느냐는 사람들 사이에 의견이 달랐고, 군국기무처는 고작 5개월만 지속될 뿐이었다.

그럼에도 개혁은 계속되었다. 2차 갑오개혁 때는 내각제도 도입되었고, 한성사범학교도 세워졌으며 재판소가 만들어져 사법과 행정이 나뉘었다. 지방관에게 군사권과 사법권을 빼앗고 행정만 가능하게 했다.

이처럼 급진적인 개혁이 가능했던 것은 바로 일본이라는 뒷배경 때문이었다. 바꿔 말하면 조선의 힘으로 주체적으로 한 개혁이 아니라 일본에게 끌려가듯이 한 개혁이었으니, 절차도 진행도 일본의 눈치를 볼 수밖에 없었다. 무작정 끌려간 것만은 아니었다는 게 작은 위안이긴 했지만, 이전 갑신정변과 달리 갑오개혁이 3차까지 이어질 수 있었던 배경에는 1894년 경복궁을 점령했던 일본의 군대가 있었다.

조선 사람들은 이런 근대화의 첫걸음을 반가워했느냐? 천만의 말씀이었다. 대표적인 게 단발령이었다. 신체발부 수지부모의 나라 조선에서 머리를 자르라는 것은 당시에는 천지가 뒤집힐 만큼 놀라운 일이었다. 신분 제도 폐지는 또 어떤가. 아무런 사회적 대책 없이 "오늘부터 신분 없어졌음!"이라고 선언해 버리니 사람들은 당황했고 그 다음에는 분노했다. 지금 사람들의 눈으로 보기엔 그들의 저항이 쓸데없어 보이지만 몇 백 년 간 유지해온 삶의 근간을 한순간에 뒤흔드는 변화에 반발하지 않기가 더 힘들 것이다.

이런 제도들의 변화는 국가의 재원 고갈이라던가 만성화된 관리들의 농간 등 수많은 심각한 문제들에 비하면 사소한 일이었다. 하지만 백성들의 생활과 밀접한 일이었기에 어마어마한 반발에 부딪혀야 했으며, 갑오개혁의 주역들은 이들을 설득하고 이해시키려하기보다는 어리석은 사람들로 치부했고 동학농민운동도 잔인하게 진압했다. 노비 제도의 완전 폐지도 정작 양반들의 반대에 부딪히자 관리가 될 때 신분 차별을 금지하고 노비 매매를 금지하는 정도로 후퇴했으니, 결국 조선의 개혁은 돌고 돌아 외통수로 가고 있었던 것이다.

34 조선왕조실록

엄상궁의 비밀 드라이브

	상궁 엄씨	부릉부릉
	고종	고맙소ㅜ

하나요 밤마실

하잇(`_´) ゞ
이 몸은 대일본제국 군인
다나카!

이곳 죠센(쑛)에서
덴노폐하를 위해
임무수행 중………인데.

에에에에엘…
또 이 아줌마까요(쑻쑻)

상궁이라는데,
밤마다 후배 궁녀들 데리고
도라이부 간다요.

하…… 실망데스(笑)

놀러가고 싶데스까?
이런 시국에?

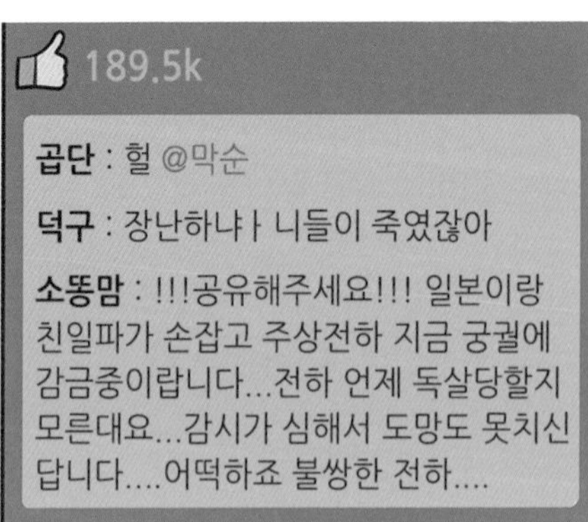

심지어 알아?
저 상궁 죽은 명성왕후
모시던 사람인거?

헤에에에에에에에에 #극혐
사이코패스데스까…?

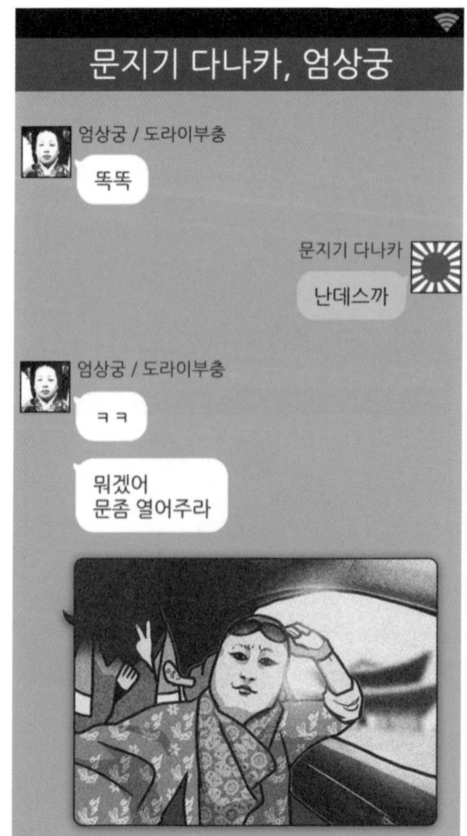

하(笑)
뭐랄까, 미개데스네(笑)

역시 죠센징 클라스랄까?

빨리 우리 일본이
다스려줘야겠달까…(笑笑笑)

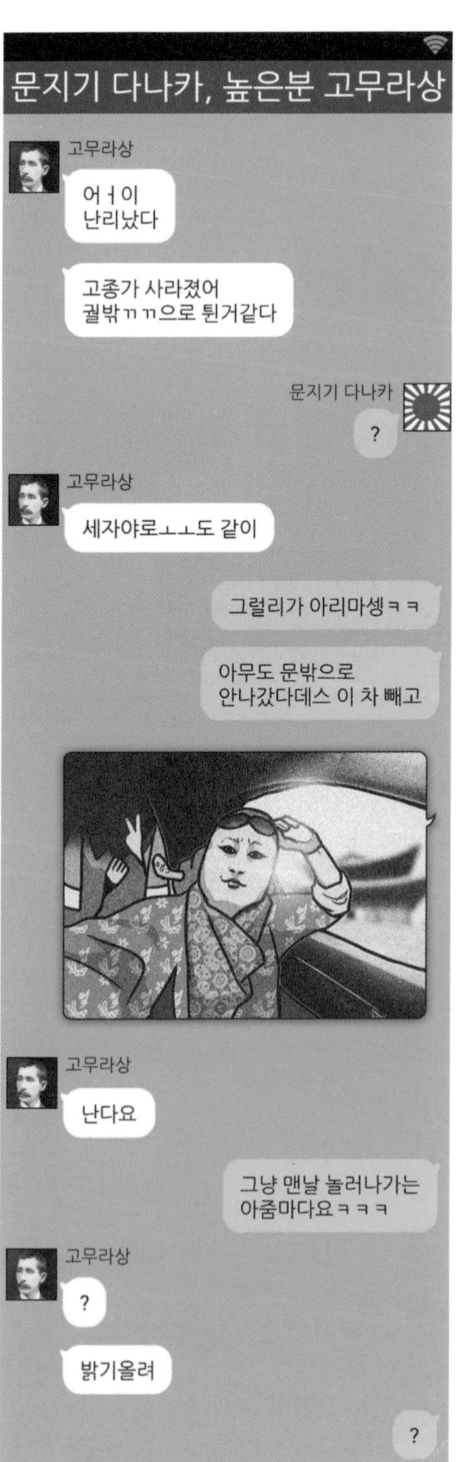
문지기 다나카, 높은분 고무라상
고무라상
어ㅓ이
난리났다
고종가 사라졌어
궐밖ㄲㄲ으로 튄거같다
문지기 다나카
?
고무라상
세자야로ㅗㅗ도 같이
그럴리가 아리마셍ㅋㅋ
아무도 문밖으로
안나갔다데스 이 차 빼고
고무라상
난다요
그냥 맨날 놀러나가는
아줌마다요ㅋㅋㅋ
고무라상
?
밝기올려
?

"엄상궁,
고종과 세자(순종) 무사히
탈출시키다."

"일본, 닭 쫓던 개 되다."

#밑장빼기 #성공

정사 正史

실록에 기록된 것

- 외세, 조선에 파도처럼 물밀려 들어오다. 미국, 영국, 프랑스, 청, 일본 등 다양한 국가와 불평등조약을 맺고 개항하다.
- 그러나 점차 청나라와 일본 2강으로 굳어지다. 임오군란을 진압한 청나라가 조선을 장악하다.
- 그러나 청일전쟁에서 일본이 승리해 청나라, 조선에서 손을 떼다. 일본, 친일내각 세워 고종을 꼭두각시로 만들다.
- 명성왕후, 다른 강국인 러시아에 러브콜을 보내다. 친러파 힘을 얻다. 분노한 일본, 엘리트 대학생, 정치인 등을 조선에 보내 명성왕후 시해하다. #을미사변
- 다시 세워진 친일내각, 고종을 볼모로 잡다. 고종, 언제 독살당할지 몰라 선교사 및 미국, 러시아 공사들이 가져오는 도시락만 먹으며 연명할 정도였다고.
- 명성왕후를 모셨으며 고종의 후궁이기도 한 엄상궁, 밤마다 가마를 타고 마실나가다. 일본인에게 사탕발림도 해가며 경계 풀다. 그러다 고종과 세자(순종) 가마에 태워 궁에서 빼내다. 러시아 공사관으로 무사히 탈출시키니 일본, 식민야욕 잠시나마 접을 수 밖에 없게 되다.

픽션

기록에 없는 것

- 중형 세단이 아니라 가마였다.

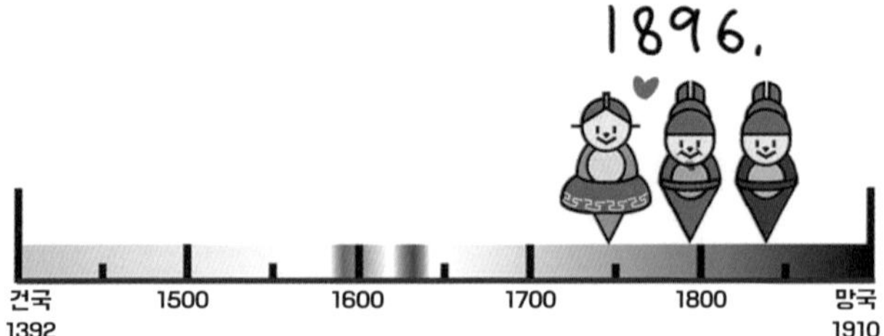

- 서른네 번째 이야기 -

아관파천, 러일전쟁으로 향하는 길

명성왕후가 살해당한 뒤 조선 사람들은 분노에 치를 떨게 되었다. 단발령을 비롯한 과격한 개혁안들은 분노에 기름을 부었고 조선 곳곳에서 의병들이 일어났다. 이들을 진압하기 위해 일본군과 조선군들이 흩어진 틈을 타서 고종은 궁궐을 탈출해 아관으로 가게 된다. 아관이란 아라사俄羅斯, 즉 공산주의 혁명이 일어나기 전 니콜라이 2세가 다스리던 황제의 나라 러시아의 공사관이었다.

한 나라의 왕이 남의 나라 대사관에 찾아가 도움을 요청한다는 것은 엄청나게 체면을 구기는 일이었지만 당장이라도 나라가 일본 손에 꿀떡 넘어가게 생겼던 고종에게는 그것이 최선이었을 것이다. 비록 첫 번째 탈출 시도는 친위대의 밀고로 실패로 돌아갔지만(춘생문 사건), 마침내 성공하여 1896년 2월 아관파천이 벌어지게 된다.

아관으로 옮겨 간 즉시 고종은 그동안 꾸욱 참고 있던 본심을 탈탈 털어 김홍집, 어윤중을 비롯한 내각의 친일 대신들을 파면하고 역적으로 규정했다. 그러자 고종만큼이나 치밀어 오르는 분노를 참고 있던 민중들은 당장 들고 일어나 김홍집 등은 거리에서 맞아 죽었고 나머지는 일본으로 망명했다. 그리하여 조선 안의 일본 세력들은 크게 풀이 죽었고, 친일 세력들은 힘을 잃었으며 그동안 이름만 왕일 뿐 내각들이 시키는 대로 꼼짝하지 못하던 고종은 마침내 통치권을 되찾게 된다. 물론, 러시아 공사관 안에서 지내는 신세이다 보니 러시아의 간섭이 늘어나게 되었지만 말이다.

그리고 친일파들의 빈자리를 채우며 이완용을 비롯한 친러파(정동구락부)들이 활약하기 시작한다. 어디서 많이 본 듯한 이름이 있다고 하면 맞다. 이완용은 을사오적으로 굉장히 유명한 그 사람인데, 원래는 친미파였다가 이 당시에는 친러파가 되었고 결국은 친일파가 되었다.

하지만 이 즈음 국제 관계는 고종이 원하는 대로 돌아가지 않았다. 러시아는 고종의 피난을 받아주긴 했지만 일본과 충돌하기를 원하지 않았다. 당시 러시아는 조선이 아니라 만주에 더 많은 관심을 가지고 있었기 때문이다. 그래서 러시아는 고종의 부탁들을 최소한의 선에서 들어주는 한편 금광이나 각종 이권은 냠냠 받아 챙겼고, 영국이나 프랑스 등 다른 나라들이 조선에서 뭔가를 받아 가게끔 도와주기도 했다. 심지어 조선 문제를 놓고 일본과 이것저것 협의를 하기까지 했으니, 러시아를 끌어들여서 일본과 맞서게 한다는 고종의 목적은 그리 효과적으로 이루어지진 못했다. 영국이나 프랑스처럼 도움은 안 주고 단물만 빨아먹는 더부살이까지 붙었다.

러시아 공사관에서 지낸 지 1년 후, 고종은 다시 경운궁으로 돌아온다. 1년이나 외국 대사관에서 빌붙어 산 것 치고는 아쉬운 결과였지만 적어도 파천을 통해 고종은 자신을 에워싸고 있던 친일내각을 몰아내고 통치권을 되찾기는 했다. 조선의 옛날 틀을 완전히 벗어던지고 새 나라를 만들기로 결심한 그는 1897년 환구단에 나아가 하늘에 제사를 지내며 스스로 황제가 되었음을 선언했으니 그것이 대한제국의 시작이었다.

하지만 아관파천의 진정한 역사적 결과는 다른 데 있었다. 고종이 돌아간 이후 러시아는 뒤늦게 조선에게 관심을 가지게 되었고 차츰 일본과 대립하기 시작했다. 두 나라의 대립은 극한에 치달아 일본은 선전포고도 없이 러시아의 함대를 공격했다. 이것이 바로 러일전쟁의 시작이었고 아관파천 이후 6년 만의 일이었다. 처음에는 누구나 전통의 강국 러시아가 일본을 가볍게 이길 것이라고 예상했으나 결과는 일본의 승리였다. 그리고 러시아의 패망을 마지막으로 조선(대한제국)에서 일본을 견제할 상대는 누구도 남지 않게 되었다. 조선왕조실록

35 조선왕조실록

만세 만세 만만세

 고종 당당하게

 조선인들 만세!

하나요 두근두근

나 고종,
오랜만에 새 옷을 샀다.

人數多口來門

 고종

후 노란색 옷 태어나서 처음 사봄
잘 어울리는가? ㄷㄷ #패션이수다

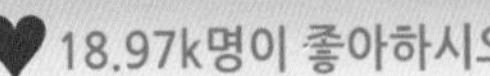

엄상궁 : (입모양)이뻐이뻐

이척 : 아바마마 웜톤이셨구나

머리를 맞대고
열심히 고민도 하고 있다.

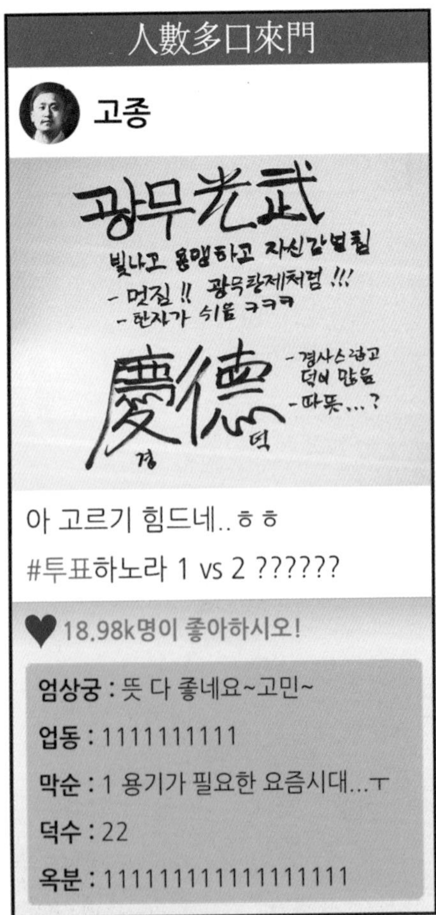

뭐하는 거냐고?
이 조선을 끝낼 준비.

놀랐어? 미안.
하지만 난 우리 @조선
막을 내려야 해.

왜냐하면, 이제
완전히 @새로운 나라로
거듭나야만 하니까!

후…… 떨리네.

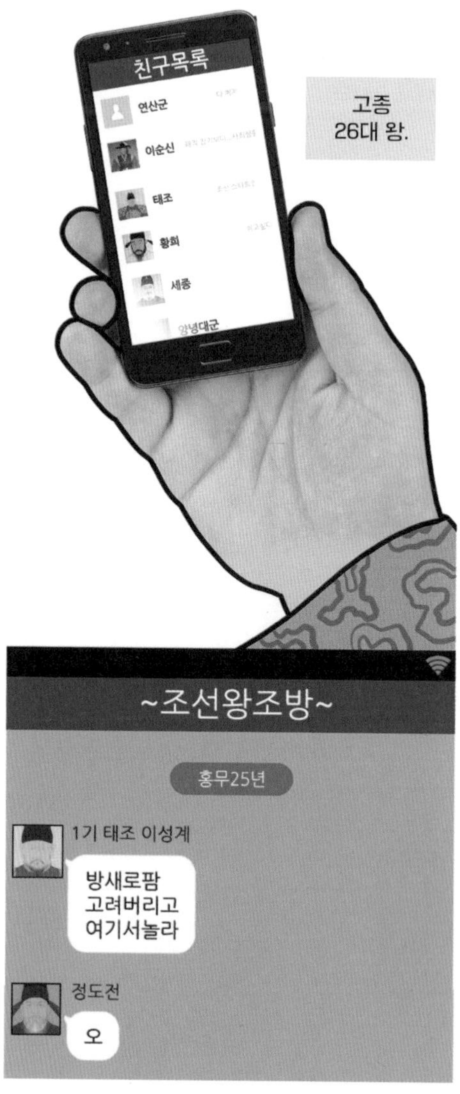

이방원
오오 넴
정통11년
4기 세종
한글패치 만들어봤습니다
설치해보시고 감상좀
[패치] 훈민정음_1_0_0.zip
확인하고 다운노두받기
수양대군
크으으 아바마마
만력20년
14기 선조
살려줏ㅁㅇ메요 왜놈들이
숭정9년
16기 인조
사ㅏ ㄹ려주세요 뙤놈들이
건륭55년
22기 정조
개 끼들 갈아버려
탕평 존 안해 씨
21기 영조
어허 예쁜말써야지
방금전
26기 고종
ㅎㅎ...

500년간
고생하셨습니다
선배님들

저 방 새로 파겠습니다
거기서들 다시 뵈어요

정말 퇴장하시겠소?

예 | 아니오

+ 전송

휘…… 심장 뛰어!
좋아! 나 준비됐어! 고!

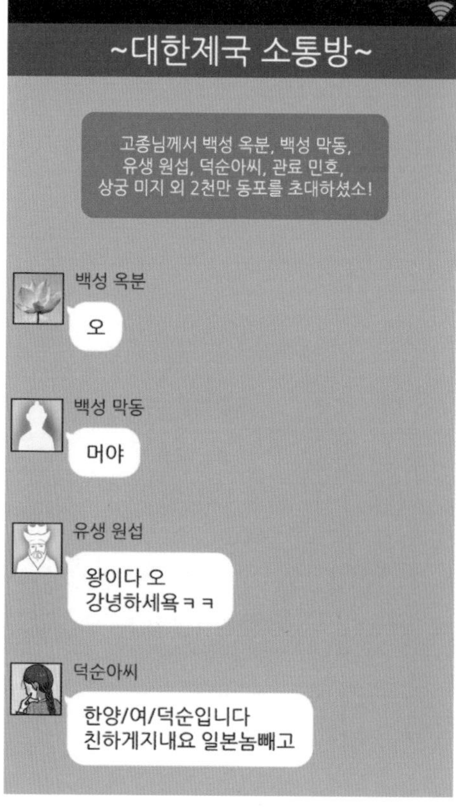

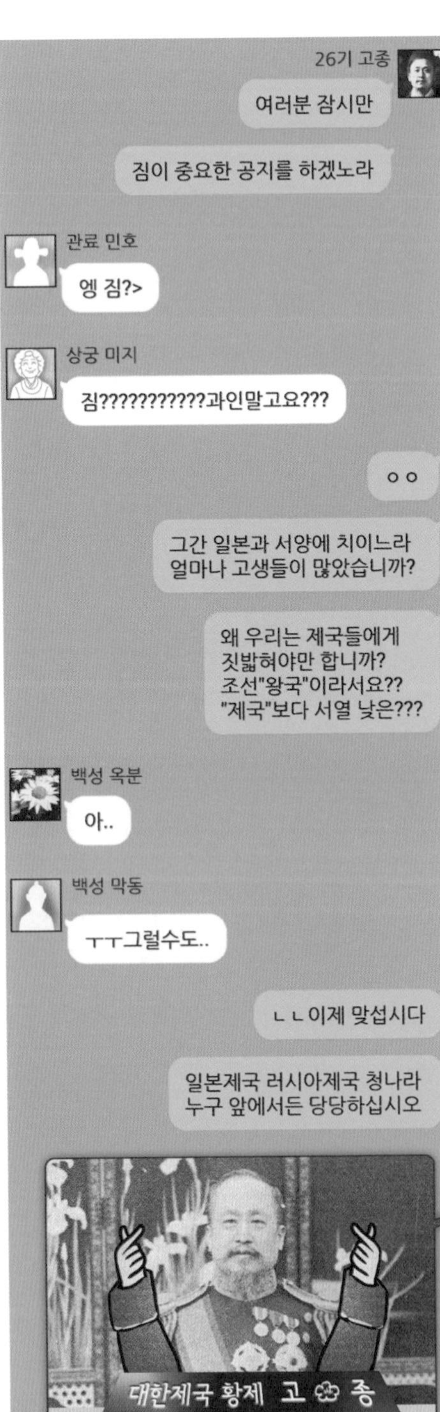
26기 고종
여러분 잠시만
짐이 중요한 공지를 하겠노라
관료 민호
엥 짐?>
상궁 미지
짐???????????과인말고요???
ㅇㅇ
그간 일본과 서양에 치이느라
얼마나 고생들이 많았습니까?
왜 우리는 제국들에게
짓밟혀야만 합니까?
조선"왕국"이라서요??
"제국"보다 서열 낮은???
백성 옥분
아..
백성 막동
ㅜㅜ그럴수도..
ㄴㄴ이제 맞섭시다
일본제국 러시아제국 청나라
누구 앞에서든 당당하십시오
대한제국 황제 고 종
왜냐하면 우리도
오늘부터 제국 할거니까

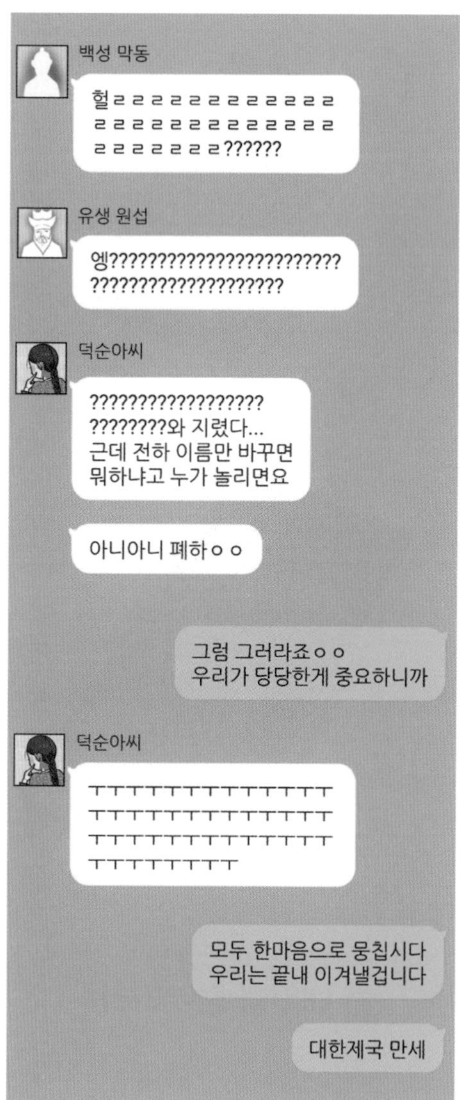

그래.
힘든 일, 험한 시련이
우릴 기다리고 있으리라.

무릎을……
꿇게 될지도 모르지.

그래도,
늘 내일을 꿈꾸리라!

정사 正史

실록에 기록된 것

- 고종, 일본의 위협을 피해 러시아 공사관으로 가다. #아관파천 그곳에서 친러내각을 세우고 친일파들을 몰아내다.
- 그러나 열강의 침탈로 뒤숭숭한 분위기 계속되다. 그리고 백성들도 왕이 궁궐을 떠나 있다는 사실에 불안해하다. 환궁해 달라는 요청 이어지고, 고종, 1년 만에 다시 경운궁으로 돌아가다.
- 전 승지 이최영 등, 고종에게 청하다. "폐하의 훌륭한 업적으로 자주독립의 시대를 만나 이미 황제의 제도를 시행하고 있는데 어찌 아직 군주(왕)의 지위에 계십니까? 모든 신하들이 원합니다. 속히 황제라는 크게 보배로운 자리에 임하소서." 고종, "매우 옳지 못하다"며 사양하다.
- 그러나 고종, 1897년 8월 14일 곧 연호를 '광무'로 지어 발표하다. 본디 연호는 황제만이 정할 수 있는 것으로, 조선은 건국 때부터 내내 명나라, 청나라의 연호를 빌려 사용하고 있었다. 즉 고종이 황제가 되겠음을 밝힌 것.
- 사흘 뒤, 대한제국 건국 의의를 밝히는 국제를 발표하다. 제1조는 이렇게 시작한다 :

  "대한국(大韓國)은 세계 만국에 공인된 자주독립(自主獨立)한 제국(帝國)이다."
- 1897년 10월 12일, 대한제국 건국하고 고종이 황제로서 즉위하다. 조선왕국, 막을 내리다. 1910년 한일병탄조약으로 대한제국 망하다.
- 황제만이 금색 옷을 입고 자신을 '짐'이라고 칭할 수 있었다. 또한 황제에게는 만세를, 왕에게는 천세를 외쳤다.

참고

- 2천만 동포란 숫자는 다소 과장된 것이라고. 5천만 한국인처럼 관용적인 표현.

1392 ~ 1897

건국 1392 | 1500 | 1600 | 1700 | 1800 | 망국 1910

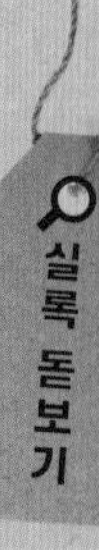

- 서른다섯 번째 이야기 -

조선의 마지막 황후

흔히 조선의 마지막 왕으로 순종을 들지만 정확히 말하자면 고종이 대한제국을 세우고 자신이 첫 번째 황제가 되었으니 원칙적으로는 순종은 조선의 마지막 왕이 아닌 대한제국의 두 번째 황제였다. 그러나 조선왕조의 마지막 세자로 지낸 시기가 있었고, 당대 사람들도 순종을 '500년 종사 최후의 군주'로 언급했다. 순종의 시호는 문온무녕돈인성경효황제, 줄여서 효황제였다. 치세 시절 연호를 따 융희황제라고도 불렸고, 조선이 일본에 완전히 병탄된 이후로는 창덕궁 전하로도 불렸다.

순종은 원래부터 몸이 허약하고 성격도 얌전했던 듯하다. 아버지 고종이 치열하게 외세를 끌어들이고 줄다리기를 하는 등 많은 노력을 기울였던 데 비하면 순종은 매우 조용했다. 타고난 몸이 병약해서도 있겠지만 충격적인 일을 많이 겪기도 했고, 무엇보다 순종이 왕위를 계승했을 때 나라가 이미 껍데기만 남아 있어 아무것도 할 수 없었던 탓이 클 것이다. 그는 조선이 망한 뒤 16년을 조용히 살다가 1926년에 세상을 떠났다.

"가심이 몸뿐임을 나는 어이 모릅니까. 그 마음 벼르신 칼 물려 제게 있을사
참아도 이냥 떠나심 못내 섧소이다."

훗날 친일파가 된 당대 문인 최남선이 지은 순종의 만사이다. 순종은 갔으나 그의 아내는 남았다. 한일병탄의 날, 조선의 옥새를 치마 속에 집어넣어 지키려고 했던 순정효황후 윤씨였다.

순정효황후는 죽은 다음에 올린 시호이며 그녀는 한동안 윤비라고 불렸다. 그녀는 멸망한 조선만큼이나 기구하게 살았다. 열네 살에 스무 살이나 더 많은 순종과 결혼했으며 조선 왕실의 큰어른으로서 근현대사의 폭풍을 온몸으로 맞아야 했다.

서른 즈음에 남편 순종이 세상을 떠나 그녀는 자식도 없는 홀몸으로 지내게 된다. 그녀의 아버지 윤택영은 지나친 낭비로 어마어마한 빚을 졌는데, 보다 못한 조선 왕실이 그 빚을 갚아 줬지만 또 300만 원의 빚을 만들어 채무왕이라는 별명이 붙을 정도였다. 그는 결국 빚 때문에 일본 귀족 작위도 잃고 외국으로 달아나 이곳저곳을 떠돌다가 객사했다. 또 큰아버지 윤덕영은 그녀에게서 옥새를 빼앗은 것은 물론 고종을 협박하는 등 일본 사람들도 혀를 내두를 정도로 악독한 친일파로 엄청난 돈을 긁어모아 떵떵거리며 살았다. 형제인 윤의섭도 아버지의 작위를 물려받고 친일파로 활동했다. 이런 친정 가족들로 인해 순정효황후가 겪은 고통이 얼마나 컸을지는 가늠하기 어렵다.

그나마 위안이 있다면 오빠 윤홍섭이 독립운동을 했다는 정도일까? 미국에서 유학하는 동안 누이동생에게 늘 돈을 보내 달라는 편지를 보내 괴롭혔다고는 하지만 그 돈으로 다른 독립운동가를 도왔다고 하니 친정 식구들 중에서는 그나마 나은 편이다.

수난은 계속되었다. 해방 이후 대한민국의 초대 대통령이 된 이승만은 외국에 있는 조선 황족들의 귀국을 금지하는 한편, 순정효황후에게도 좋은 대접을 해주지 않았고 한국전쟁이 터지자 내버려 두었다. 한강 다리가 끊겨 피난을 갈 수 없게 된 순정효황후는 낙선재에서 빠져나와 몇몇 도와주는 사람 덕분에 간신히 연명했다.

전쟁이 끝난 뒤, 이승만은 낙선재가 국가의 재산이라며 순정효황후가 머무르지 못하게 해 한참 남의 집에 얹혀사는 등 고생을 해야 했다. 그나마 어느 정도의 연금이 지급되었으나 구황실재산관리사무총국장인 윤우경이 그 돈마저 몰래 빼돌려서 부정 선거에 썼음이 밝혀지게 되었다. 윤우경은 재판을 받고 1962년에 5년형을 구형받았다. 바로 다음 해에 5.16 특사로 석방되었지만 말이다.

1960년, 순정효황후는 마침내 낙선재의 옛집으로 돌아오게 된다. 그리고 홀몸이 된 영친왕의 부인 이방자 여사와 병으로 인사불성이 된 덕혜옹주와 함께 지내다가 1966년 낙선재에서 숨을 거두었으니 그녀의 나이 73세였다. 비록 꽃을 피우지도 열매를 맺지도 못했지만 거친 파도와 환란 속에서 결코 꺾이지도 무너지지도 않고 삶을 이어 나갔던 순정효황후의 마지막은 500년 조선의 끝에 어울린다는 생각이 든다.

- 서른여섯 번째 이야기 -

독립협회, 해산당하다

1897년, 고종은 환구단에서 황제 즉위식을 치르고 나라의 이름을 대한제국으로 선포했다. 대한제국 선포는 "간판만 바꾼 것이지 바뀐 건 아무것도 없지 않느냐"라는 비판을 그 당시부터 들었지만 그래도 아주 같지만은 않았다. 그때까지 조선이 제후국이라는 상징이자 중국 사신을 맞이하던 곳인 모화관과 영춘문을 부수고 그 자리에 독립문을 세웠으니, 그 일을 주도한 것은 1년 전 만들어진 독립협회였다.

사실 독립협회는 100% 순수한 민간단체라기보다는 어느 정도 정부의 뒷배를 통해 만들어진 관변단체로 시작한 것이었다. 서재필, 윤치호를 비롯한 개화파가 주축이 되고, 시간이 흐르면서 중인 출신 등 신분과 상관없이 여러 사람들이 참여해 점점 계몽단체가 되었다. 여기에 만민공동회까지 합쳐지면서 규모가 더 커졌다. 이들은 대한제국의 미래를 입헌군주제에서 찾으며 고종 측근의 대신들을 탄핵하는 한편, 의회를 조직하려고 했다.

그때 독립협회가 고종을 폐위시키고 공화정을 시행하려 한다는 거짓의 익명서가 고종에게 도착했고, 고종은 기습적으로 보부상(황국협회)을 동원해서 독립협회를 강제 해산하고 만민공동회를 때려 부쉈다. 백성들은 여기에 분노하여 고종에게 항의를 하는 등 맞섰지만 이후로도 정치적 탄압은 계속되었고, 1899년 발표된 헌법인 「대한민국국제」에 따르면 대한제국은 근대적 국가라기보단 강력한 황제의 나라였다. 국가 재정과 황실 재정이 분명하게 분리가 되어 있지 않은 것은 물론 궁내부가 가장 강력한 기관이었으니 말이다. 결국 고종은 입헌군주제보다도 자신이 막강한 권력을 가질 수 있는 전제군주제를 선택한 것이다.

섭정이 있기는 했지만 고종은 열두 살 때부터 조선의 지존으로 살아온 사람이었다. 조선은 500년을 이어온 나라였고, 고종은 그런 조선 왕가의 대표였다. 그런데 갑자기 왕은 군림하되 통치하지 말라니? 왕 없이 신하들이 나라를 다스리라니? 당시로서는 세상이 뒤집어지고도 남는 충격이었다. 게다가 독립협회의 구심점이 된 이들은 바로 이전 갑신정변을 일으켰던 이들이 일부 참여하고 있었다. 임오군란, 을미사변을 겪었던 고종은 개화파들을 믿기 어려웠으리라고 '인간적으로는' 이해할 수도 있겠다.

독립협회의 사람들도 내내 왕국에서 살았던 사람이니만큼 입헌군주제의 실제를 잘 알았을 것 같지는 않다. 만약 고종이 입헌군주제를 선택했다 하더라도 여기저기 불협화음이 끊이지 않았을 테고, 일본은 어떻게든 대한제국을 집어 삼키려고 입을 벌리고 있었으니 더더욱 쉽지 않았을 것이다. 어쨌든 고종은 자신의 권력을 위해 백성들을 폭력으로 진압한 옹졸한 임금의 타이틀을 얻었고 당대에도 많은 욕을 먹었다. 특히 윤치호는 고종에게 암살당할 뻔한 뒤, 그의 일기에다 "이게 무슨 왕이냐!"라며 분노에 찬 글을 쓰기도 했다.

하지만 고종의 대한제국 선포와 중립국 선언이 무색하게 열강은 무섭게 조선 안으로 들이닥쳤다. 특히 일본은 조선의 화폐 제도까지 뜯어 고칠 정도로 막강한 영향력을 발휘했고 그들의 간섭으로 고종의 강력한 황제 권력이 무너지기 시작한 1904년이 되어서야 다시금 시민운동이 나타나게 된다.

고종이 조선의 독립을 위해 노력한 것을 부정할 수는 없지만, 고종이 생각하는 조선이란 어디까지나 자신, 그리고 전주 이씨가 왕으로 군림하는 조선이었다. 결국 조선이 병합된 뒤 중국으로 탈출해 독립운동에 참여하려다가 실패하고 원자폭탄에 피폭되어 죽은 의친왕을 제외하고 다른 조선의 왕족들, 특히 흥선대원군의 손자들이자 고종의 조카들은 후작 작위를 받고 성실한 친일파로 살았다. 독립 이후 조선 왕조가 부활하지 못한 데는 이유가 있지 않겠는가. 조선왕조실톡

조선
왕조
실톡

웹툰 〈조선왕조실톡〉 Staff

기획/총괄프로듀서 | 윤인완
글/그림 | 무적핑크

YLAB
프로듀서 | 윤인완
제작총괄 | 윤지영 심준경
책임편집 | 성미나 박지우
디자인편집 | 정윤하 박지우
도움 | 최희연 박은아 임민지 한애라

NAVER
책임총괄 | 김준구
담당편집 | 이승훈

온라인 배급 | NAVER WEBTOON
제작 | YLAB

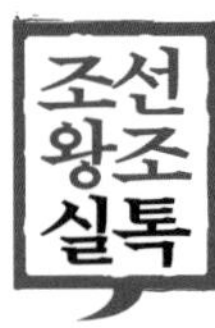

7 안녕, 조선 패밀리

초판 1쇄 발행 2017년 8월 28일 **초판 17쇄 발행** 2024년 7월 12일

지은이 무적핑크
펴낸이 최순영

출판1 본부장 한수미
컬처 팀장 박혜미
기획 YLAB
해설 이한
디자인 designgroup all

펴낸곳 ㈜위즈덤하우스 **출판등록** 2000년 5월 23일 제13-1071호
주소 서울특별시 마포구 양화로 19 합정오피스빌딩 17층
전화 02) 2179-5600 **홈페이지** www.wisdomhouse.co.kr

ISBN 979-11-86940-30-3 04910
979-11-954340-6-0 (세트)